JCWP2001 엠블렘

디자인의 기본 의미

1. 서로 손을 잡고 힘을 합해 집을 짓는다는 이미지를 형상화
2. 파란색 사람과 빨간색 사람은 인종과 계층을
   구별하지 않고 행하는 사랑을 상징함
3. 서로 고개숙여 사랑의 집을 주고 받는 결실의 모습을 상징화

JCWP2001 엠블렘은 해비타트 정신과 건축봉사의 의미에 깊이 감동한
디자인 전문회사 (주)커뮤니케이션 크리(대표 강철호)에서 지원한 것입니다.

사랑을 짓는 사람들

JCWP2001 준비 현장

JCWP2001 건축 일정

8월 5일 일요일
해비타트 싸이클링2001 도착
자원봉사자 등록
오리엔테이션

8월 6일 월요일
벽체 설치
다우 블루보드 단열재 설치
외벽 외장널판 설치 착수
지붕 아스팔트슁글 설치 착수
천정 및 벽체 석고보드 설치
단열재 설치

8월 7일 화요일

외장널판 설치 계속
아스팔트슁글 설치 계속
석고보드 설치 마무리
석고보드 마감 재작업

8월 8일 수요일

외장널판 설치 계속
내부 창호 설치

8월 9일 목요일

거실, 주방, 침실, 천정 벽체 마감재 설치

플라스틱 걸레받이 설치

다용도실, 보일러실, 계단실 도장작업

조경작업 착수

문고리 설치 착수

8월 10일 금요일

조경공사 마무리
주방 싱크대 설치
내벽 및 덮개 설치 마무리
도장 덧칠작업
문고리 설치 마무리
욕실 설치 마무리
청소 및 뒷정리
주택헌정식

JCWP2001 완공 현장

아산 주사업지

8월 11일 토요일
기타 마무리 작업
귀가

군산

경산

진주

태백

파주

2000년 평화를 여는 마을

소박하고 튼튼한 집

*본서에서 한국 해비타트를 칭하는 단체 및 행사명 등은 붙이는 것을 원칙으로 합니다.

지미 카터와 함께한 일주일

소박하고 튼튼한 집

지은이 · 정근모
초판 1쇄 펴낸날 · 2002년 3월 2일
초판 2쇄 펴낸날 · 2002년 3월 8일
펴낸이 · 김승태
편집장 · 최창숙
표지디자인 · 황수진
등록번호 · 제2-1349호(1992. 3. 31)
펴낸곳 · 예영커뮤니케이션
　　　　110-616 서울 광화문 우체국 사서함 1661
　　　　출판유통사업부 T. (02)766-7912 F. (02)766-8934
　　　　　　　E-mail: jeyoungsales@chollian.net
　　　　출판사업부 T. (02)766-8931 F. (02)766-8934
　　　　　　　E-mail: jeyoungedit@chollian.net

ISBN 89-8350- 651-2　　03330

값 9,000원

지미 카터와 함께한 일주일

소박하고 튼튼한 집

정근모 지음

예영커뮤니케이션

서문

　막 산에 오르기 시작했을 땐 금방이라도 저 산 꼭대기까지 뛰어 올라갈 것 같은 자신감이 솟구칩니다. 산 중턱쯤 오르다 보면 다리에 힘도 빠지고, 목도 마르고, 여기서 멈출까 포기하고 싶어집니다. 게다가 바람도 세지고, 비도 내리고 안개에 싸여 정상도 눈에 들어오지 않게 되면 그야말로 절망하고 맙니다. 그런데 참 신기한 건 나와 꼭같은 목표 그러니까 산의 정상을 향하고 있는 동반자를 만나는 순간 갑자기 새로운 힘이 생긴다는 사실입니다. 깜깜하기만 했던 앞길이 환하게 열려짐을 느끼고, 그 때부턴 보이지 않는 손에 이끌려 어느 새 정상에 다다르게 됩니다. 산 꼭대기에 내 두 발을 디디고 바라보는 하늘, 그 희열과 환희 그리고 감사.

　2001년도 지미카터특별건축사업을 진행하며 저는 바로 이런 체험을 했습니다. 아니, 이 소중한 감동과 추억은 저뿐 아니라 여기에 참여했던 입주가족, 자원봉사자, 후원자 우리 모두의 것이라고 확신합니다. 이제 이 감동과 추억을 간직하고 되뇌이며 강퍅한 현재의 우리 사회를 아름다운 삶의 공동체로 바꾸는 것은 우리들의 임무이며 특권이라고 생각합니다.

여기에 2001년 우리나라에서 일어났던 사랑의 집짓기 '해비타트' 운동 이야기를 서술합니다. 우리들의 소망은 해비타트의 망치소리가 한반도 전역에 계속 이어져 나갈 뿐 아니라 우리 젊은이들의 헌신을 통해 전 아세아 및 세계로 퍼져나가는 것입니다. 해비타트 운동은 어느 한 개인이 한 것이 아니고 우리 모두가 뜻과 정성을 합친 사랑의 잔치였습니다. 이 행동하는 사랑이 우리 삶의 청량제가 되고, 우리 사회의 빛이 되고, 온 세계를 평화로 이끄는 도구가 될 것을 확신합니다.

2001년 지미카터특별건축사업은 세상의 잣대로 보아도 '성공'한 사업입니다. 그러나 이 일을 추진하면서 인간적으로 불가능하다는 생각에 여러 번 좌절했었음을 솔직히 고백합니다. 그러나 그 때마다 하나님은 제게 마음의 평안을 주셨고 저의 이런 담대한 모습은 함께 일하는 젊은 봉사자들에게 새로운 에너지로 전달되었습니다. 그리고 전혀 예상치 못했던 분들로부터의 도움은 지미카터특별건축사업을 은혜 가운데 마무리하도록 큰 힘을 실어주었습니다.

본 저서는 JCWP2001 주사업지인 아산 현장을 중심으로 서술되었습니다. 따라서 지면상 언급되지 못한 후원사가 있을 수 있으며, 또한 도와주신 분들의 성함이 누락된 경우도 있을 것입니다. 이 점 미리 양해를 구합니다.

이 글을 정리하는 데에는 유진희 한국 해비타트 홍보위원과 신중선 작가님의 특별한 봉사가 있었습니다. 인터뷰에 응해주시고 기억을 통해 실천하는 사랑을 글로 남기도록 허락하신 한국사랑의집짓기운동연합회 임직원 여러분과 해비타트 지회 가족 여러분께 심심한 감사의 말씀을 전합니다. 또한 이 작은 기록이 세상에 나와 독자들의 마음에 전해질 수 있도록 힘써주신 예영커뮤니케이션 김승태 사장님께도 감사드립니다.

"하나님은 살아계십니다."

2002년 2월 20일
충남 아산에서 정근모

차례

2장 사랑을 짓는 사람들

1장
우리는 희망을 짓는다

1. 그 여름, 우리는 하나였다

작열하는 태양 아래 뚝뚝 떨어져 내리는 굵은 땀방울이 있었다. 찜통 같은 더위와 싸우다 지쳐버린 10대의 어린 얼굴도 있었고 말로만 듣던 이 낯선 나라를 처음으로 찾아온 외국인들도 있었다. 금방이라도 쓰러질 듯한 육신이었지만 그들의 가슴 밑바닥에는 8월의 태양보다 더 뜨거운 사랑이 들어있다는 걸 나는 누구 보다 잘 알고 있었다.

가족도 아니었고 친구도 아니었다. 생면부지의 사람들에게 집을 지어주겠다는 신념으로 커다란 가방 가득 연장을 넣어 가지고 왔다. 집을 지어주고 가족의 평화를 주고 자신의 사랑을 전해 주러 왔지만 오히려 더 많은 것을 얻었다고, 환하게 웃던 사람들이 있었다. 연일 40도를 웃도는 폭염 속에서 잠시도 일손을 놓지 않았던 사람들, 아주 특별했던 지난 여름….

국적이 다르고 생김새가 다르고, 나이도 천차만별인 사람들이었지만 목표는 단 하나였다. 사랑이 넘치는 튼튼한 집을 짓겠다는 것, 이 목표를 달성하기 위해 우리 모두는 하나가 되었다. 참으로 벅찼던 2001년 여름, 지금도 그때를 회상하면 가슴 가득 번지는 에너지와 감동, 그리고 뜨거운 사랑이 충만해 옴을 느낀다. 지금도 내 귓가에 메아리치는 그 아름답던 망치소리! 이름하여 지미카터특별건축사업2001(Jimmy Carter Work Project 2001, 이하 JCWP2001), 그 여름 그곳은 사랑과 나눔의 한마당이었다.

JCWP2001 현장에는 여름 휴가를 봉사활동에 바치겠다는 각오로 참석한 가족들이 있었고, 뜻 있는 일을 하겠다는 의지로 충만한 대학 동아리 회원들이 있었다. 군인들, 주한 미군들, 의사들, 교회 봉사자들, 휴가중인 직장인들, 다리에 깁스를 한 채 열심히 통역을 하던 재미 고교생, 직업 교육을 받은 소년원생들, 자전거를 타고 현해탄을 건너온 일본의 대학생들, 그리고 70세 고령의 한국전 참전 용사들을 비롯하여 세계 각국에서 온 다양한 자원봉사자들도 있었다.

대체 무엇이 이들을 이곳으로 불렀는가. 그리고 대체 무엇이 이들을 지속적으로 이 일에 참여하게 만들고 있는가. 열병처럼 지구촌 곳곳으로 퍼져가고 있는 이 '사랑의 집짓기 운동'의 실체는 대체 무엇이란 말인가.

'사랑의 집짓기 운동' 즉 해비타트(Habitat for Humanity)라 불리는 이 운동에 벌써 10년째 참여하고 있다는 미국인 라이어드 씨(46세)는 이것을 '전염병(Contagious disease)'이라 명명하고 있었다. 그는 이렇게 말한다.

"알려진 치료방법은 없어요. 이 전염병의 고통을 잊기 위해서는 해비타트 운동에 다시 참여하는 수밖에 없죠. 한번 감염되면 계속 해비타트에 참여해야 합니다. 내가 바로 이 전염병을 앓고 있는 사람입니다."

그렇다. 해비타트는 바로 이런 묘한 매력 때문에 세계 각지의 자원봉사자들을 속속 불러모으고 있는 것이다. 수고의 대가를 지불 받는 것이 아니라 오히려 참가비를 내고 일하러 오는 사람들, 당신은 이 사람들을 이해할 수 있는가. 만약 도무지 이해하지 못하겠다면 나는 이렇게 권하고 싶다.

"한 번 참가해 보십시오. 그러면 당신도 이 전염병에 감염될 것입니다. 기술로 짓는 집이 아니라 사랑으로 짓는 집을 찾아 당신 역시 지구촌 곳곳을 헤매게 될 것입니다."

해비타트 운동을 한 마디로 표현하자면, 저소득층 무주택서민들에게 인종이나 종교를 초월해 안락하고 소박한 집을 만들어주는 일이다. 이 운동은 미국인 변호사 밀러드 풀러(Millard Fuller)에 의해 1976년 시작된 사랑의 실천으로서 2002년 1월 현재 전세계 83개국에 약 11만 4,000채가 넘는 집을 지어 주었다.

지미 카터 전 미국 대통령이 해비타트에 참여하게 된 시기는 1983년. 대통령 선거에 실패한 뒤, 자신의 도움이 필요한 곳이 없을까 찾던 중 마침 '행동하는 사랑' 해비타트와 운명적으로 만나게 되었던 것이다. 카터 전 미국 대통령이 뉴욕에서 망치를 들고 직접 땀을 흘린 1984년 9월 이래 해비타트는 '망치의 신학' 을 외치며 급성장하기 시작했다.

JCWP는 국제 해비타트의 주택 건축사업 가운데 가장 지명도가 높은 프로젝트로서, 매년 카터 전 미국 대통령을 위시하여 세계 각국에서 참여하는 자원봉사자들이 일주일간 무주택서민 가정을 위해 주택을 건설하는 사업을 말한다. 일주일간 집을 완성하기 때문에 일명 '번개건축(Blitz Build)' 이라고도 일컬어진다.

주택의 규모는 각 나라, 각 지역의 특성에 따라 결정되며 수십 세대에서 많게는 수백 세대에 이르는데, 2001년 여름에 바로 이 JCWP행사가 우리나라에서 거행되었던 것이다. 이 행사를 통해 무주택서민에게 사랑의 보금자리를 마련해 주었음은 물론이고 이 운동에 대해 생소했던 국내 혹은 아시아 각 지역에 해비타트 운동을 널리 알리는 계기를 마련하기도 했다.

JCWP2001 기간 동안 우리는 주 사업지였던 아산을 비롯하여 태백, 진주, 경산, 파주, 군산 등 6개 도시에 총 136세대의 집을 지었다. 이 집짓기 자원봉사활동 현장에는 1만 300여명의 자원봉사자가 망치와 톱을 들었는데, 그중 외국인 자원봉사자의 수는 1천여명. 그들은 우리나라 사회지도자, 자원봉사자들과 함께 무주택 영세민들을 위해 자신들의 땀을 아낌없이 바쳤다. 그 모습이 너무나 아름다워 순간순간 울컥 치미는 감격으로 인해 나는 자주 눈시울이 뜨겁게 달아올랐다.

건축현장에는 영화배우 신일룡 씨와 김진아 씨 부부, 가수 윤형주 씨 등 인기 연예인들도 동참해 눈길을 끌었는데, 특히 김진아 씨는 얼마나 열심히 일을 하던지 가까이 가서 보지 않으면 그녀가 탤런트란 사실조차 알아채지 못할 정도였다. 그리고 신일룡 씨는 해비타트 운동에 매년 1억 달러씩 기증하고 있는 AFC 계열사인 CFC 회장을 맡은 것을 계기로 수년 전부터 이 운동에 참여하고 있는 중이다.

그 외 탤런트 이휘향 씨 역시 본 행사 이전 5월 19일 아산에서 열린 일일번개건축 행사부터 참여하기 시작, Post-JCWP(후기 지미카터특별건축사업) 행사의 일환이었던 '파주통일촌연예인집짓기' 행사에도 어김없이 참여하는 등 매우 열의를 가지고 이 사업에 동참해 주었다.

해비타트 봉사자들은 말한다. 일했던 장소, 시간 등 모든 것들은 잊혀질지 몰라도 함께 일한 사람만은 마음 속에 영원히 남아 있다고 ….

수많은 자원봉사자들이 힘든 줄도 모르고 집을 지었지만 그중 특히 기억되는 사람은 아무래도 지미 카터가 아닐 수 없다. 그는 78세의 노구를 이끌고 부인과 함께 일주일 내내 망치를 들고 땀흘리며 일했다. 늘 청바지 차림이었고, 입가에 미소가 떠날 줄 몰랐으며, 소탈한 성격을 가진, 한때는 미국의 대통령이었던 그 사람.

전직 대통령이었던 사람이 그렇게 힘든 노동을, 그것도 아주 숙련된 손길로 해내다니! 직접 보지 않고는 믿어지지 않으리라. 잠시 쉬는 시간조차 허용하지 않고 땀방울을 뚝뚝 떨구며 일을 하는 그의 성실하고 진지한 모습은 현장에 있던 많은 자원봉사자들의 마음을 움직였다.

설마 직접 망치질을 하랴, 혹은 하더라도 잠깐 시늉만 하고 말겠지, 이렇게 생각하던 사람들은 너나없이 깜짝 놀라고 말았다. 그는 기쁜 마음으로 그 일을 수행했던 것이다. 특히 그가 합판을 능숙한 솜씨로 갈라 세웠을 때는 곁에 있던 자원봉사자들이 탄성을 내지르기도 했다. 그렇다. 그는 그 일을 정말로 즐겼던 것이다.

TV를 통해 혹은 지면을 통해서도 선명하게 보여지던 굵디굵은 땀방울. 이마에서 볼을 타고 그리고 턱으로 툭툭 떨어져 내리던 그 값진 땀방울은 전 세계에 사랑과 평화의 메시지를 전달했으며 수많은 이들의 마음을 움직였다. 그의 얼굴을 떠난 땀방울이 연신 목재를 적셔도 닦을 생각도 하지 않은 채 묵묵히 망치질만 할 뿐이었다. 그의 그러한 모습에 나는 전율했다. 문득 그를 존경하고 싶어졌다.

"인생은 보이지 않는 것이 더욱 중요하다고 생각합니다. 보이지 않는 것에는 정의, 평화, 봉사정신, 용서, 연민, 사랑이 있습니다. 이런 것들이 한 개인의 성공적인 삶과 인생에서 가장 중요한 것들이라고 말하고 싶습니다."

우리는 혹시 보이는 것에 너무 무게를 두면서 살아가는 것이나 아닌지. 나는 그의 말에 잠시 나 자신의 삶을 돌아보기도 했다.

지미 카터는 자신의 일이 방해받는 것을 원치 않았기 때문에 프레스 라인까지 쳐놓고 기자들의 접근을 막았다. 그는 이렇게 말하기도 했다.

"나는 자원봉사자로서 해비타트 일을 하러 왔지 카메라에 포즈를 취하러 온 것이 아닙니다."

그는 진정한 자원봉사자였던 것이다. 또한 1만명이 넘는 국내 외 자원봉사자들의 모범이 되는 진정한 의미의 수석 자원봉사자였던 것이다.

2001년 8월 5일에서 11일에 걸쳐 우리나라의 6개 도시에서 시행된 JCWP2001은 지금껏 해온 그 어떤 나라의 JCWP행사 보다 규모가 컸고 또 가장 성공적인 프로젝트로 인정받았다. 한국 해비타트 이사장이라는 중책을 맡고 있는 나로선 이보다 더 큰 기쁨은 있을 수 없다. 깊이 감사 드린다.

흔히들 세상의 서러움 중에서 집 없는 서러움이 제일 크다고 말하곤 한다. 세계 어느 부강한 나라도 아직 주거문제를 완전히 해결한 나라는 없다. 전 세계 10억 이상의 사람들이 차마 집이라 할 수 없는 열악한 곳에서 살고 있다고 UN에서는 추정하고 있다. 우리나라의 경우에도 통계상으로는 주택보급률이 90퍼센트가 넘는다고 하지만 실제로 자기 집을 갖고 있는 비율은 이보다 훨씬 낮은 것이 현실이다.

특히 우리나라 서민의 경우, 가장 큰 소원이 뭐냐고 물으면 내 집을 갖는 것이라고 답하는 사람들이 많다. 그 소원을 이룬다는 것은 한 가정이 제 궤도로 진입하는 것을 의미한다. 또한 가족을 화합으로 이끌어 주는 주춧돌이 그제야 놓여졌음을 뜻하기도 한다. 실지로 이번 행사를 통해 가난으로 인해 헤어졌던 부부가 재결합을 하기도 했고, 집이 없어 흩어져 생활해야 했던 가족이 한데 모여 살게 되기도 했다. 우리 인간에게 이처럼 집이란 중요한 것이다.

상수도 시설이 되어 있지 않아 남의 집에 물을 얻으러 갈 때마다 늘 미안했던 어느 주부는 콸콸 쏟아져 나오는 수돗물을 보며 감격의 눈물을 흘리기도 했으며, 재래식 공동화장실에서 줄을 서서 자기 차례가 오기를 기다려야 했던 어떤 아이는 새하얀 도기로 만들어진 수세식 화장실을 보며 믿어지지 않는다는 듯 탄성을 내지르기도 했다.

물론 호화로운 저택은 아니다. 침실 둘에 주방과 거실, 화장실이 있는 단지 16평짜리 소박한 주택일 뿐이다. 하지만 내 집이 없어 이곳 저곳으로 거처를 옮기며 살아야 했던 이들로선 평생의 소원을 이룬 것이다. 그렇다고 그들이 그 집을 거저 얻은 것은 아니다. 최소 500시간은 집 짓는 데 참여해야 한다는 조건이 있었다. 하지만 그 이상인들 못할까. 평생의 소원을 이룬다는데 ….

500시간의 노동 외에 건축비 원금을 월 10~13만원씩 15~18년간 상환해야 하는 의무가 부여된다. 무이자로 상환하기 때문에 거저 받는 것이나 마찬가지 아니냐고 말하는 사람도 있을 수 있겠지만, 분명히 상환하느니 만큼 입주자들은 스스로 집을 지었다는 자립정신을 주창할 수 있다. 이 상환금은 재투자되어 다른 무주택자들의 집을 짓는 회전자금으로 사용한다.

즉 해비타트에서 지어준 집에서 사는 입주가정이 다시 다른 해비타트 입주가정에게 집을 지어주는 것이다. 그리하여 우리가 바라는 것은 이 지구상에 집이 없어 최소한의 삶조차 누리지 못하는 사람들이 모두 구제되어 다함께 행복한 사회를 만들어 나가는 것이다. 이 해비타트 사업은 비록 기독교가 앞장서서 행하는 일이긴 하지만 종교나 이념을 떠나 모든 사람이 서로 주고받는 사랑의 나눔이다.

입주가정들은 기쁜 마음으로 자원봉사자들과 함께 자신의 집을 직접 지었다. 못 하나 박는 데도 정성이 들어갔고 페인트를 칠하는 붓 놀림도 여간 꼼꼼한 것이 아니었다. 그들은 도무지 믿어지지 않는다는 듯 이렇게 말했다. 이것이 혹시 꿈이 아닌가요?

집이 다 지어져 헌정식을 할 때는 지미 카터가 각 동을 일일이 돌면서 자신의 사인이 들어 있는 성경책을 입주자에게 전달했다. 또한 그 집을 지은 자원봉사자 대표는 입주가정에게 집 열쇠와 꽃다발을 선사하면서 입주자 · 봉사자 다같이 축복의 기도를 드렸다.

입주자들은 기쁘고 고마워서 연신 눈물을 닦아내야 했으며 이를 지켜보던 자원봉사자들 역시 나오려는 눈물을 집어넣느라 연신 눈을 깜빡여야 했다. 우리 모두는 그들의 입주가 내 일처럼 느껴져서 너무도 기뻤다. 우리는 그들에게 말했다.

"행복하게 사십시오."

그간 보아왔던 그 어떤 광경보다 아름답고 흐뭇한 모습을 나는 그 여름 다시 한번 맛보았던 것이다. 입주가정이 기뻐서 어쩔 줄 몰라 했을 때 나 역시 그들과 똑같은 환희에 몸을 떨어야 했다. 그런 즐거움과 행복을 대체 어디에서 얻을 수 있겠는가. 그래서 나는 앞으로도 꾸준히 해비타트 일을 할 것이다. 몰랐지만 나 역시 이미 해비타트라는 치유될 수 없는 '전염병'에 감염되어 있었던 것이다.

2. 뜻밖에 추진된 멋진 프로젝트

JCWP2001은 아프리카에서 열릴 예정이었다.

1999년 필리핀, 2000년 미국에 이어 2001년 지미카터특별건축사업(이하 JCWP)은 남아프리카공화국으로 내정되어 있었다. 하지만 하늘이 도왔는지 1999년 10월에 열린 캐나다 이사회에서 JCWP2001이 우리나라에서 개최하기로 결정이 되었다. 말하자면 애초의 결정이 번복되었던 것이다. 그렇게 되기까지의 재미난 과정을 나는 얘기하지 않을 수 없다.

국제 해비타트 이사회는 봄, 가을에 각각 한번씩 개최하기로 규정이 되어 있다. 때는 1999년 가을, 필리핀에서 열린 JCWP1999가 끝난 바로 그 해, 나는 해비타트 국제이사의 일원으로 캐나다의 캘로나(Kelowna)에서 열리게 되어 있는 국제이사회에 참석하기 위해 길을 떠났다.

당시 나는 스위스의 로잔 공과대학교에서 초빙교수로 지내고 있었다. 오랜만에 찾아온 안식연구년을 작은 강국인 스위스에서 보내고 있었던 것이다. 캘로나에 가기 위해서는 미국의 시애틀에서 비행기를 갈아타야 했다. 나는 시애틀 공항의 의자에 앉아 2시간 후에나 출발할 비행기를 기다리며 무료한 표정으로 잡지를 뒤적이고 있었다.

얼마를 그러고 있었을까, 낯익은 사람 하나가 미소를 띠며 나를 향해 걸어오고 있는 것을 발견했다. 그는 바로 다름 아닌 국제 해비타트 이사회의 이사장인 믹 킥라이더(Mick Kicklighter)였던 것이다. 아·태지역 미육군 사령관이기도 했던 믹 킥라이더와 나는 그전부터 매우 막역한 사이였던 터라 그의 얼굴을 보자 그렇게 반가울 수가 없었다. 더욱이 2시간이라는 긴 시간을 어떻게 보낼까 궁리하던 차여서 더더욱 반가웠을 것이다. 믹과 나는 6·25 한국전쟁 25주년 기념행사도 함께 협의했었다.

우연히 만난 우리는 공항 내에 있는 커피숍으로 들어갔다. 향기로운 커피를 마셔 가면서 이런저런 화제를 입에 올리며 이야기꽃을 피우고 있는데, 언제 도착했는지 밀러드 풀러 국제 해비타트 총재가 또 우리 자리로 걸어오고 있는 것이 아닌가. 믹은 워싱턴에서, 밀러드 풀러는 애틀랜타에서, 그리고 나는 스위스에서 각각 출발, 캘로나를 향해 가던 길에 한 자리에서 만나게 된 것이었다.

우리 셋은 마치 고향 동무를 만난 것처럼 가족들의 안부를 묻기도 하고, 자신들의 근황에 대해 서로 털어놓기도 하면서 즐거운 시간을 보내고 있었다. 그렇게 한담을 나누던 중 내가 문득 이렇게 제안했다.

"JCWP를 한국에서 하면 어떻겠는가?"

그때는 JCWP1999가 필리핀에서 이미 끝난 상태였고, JCWP2000도 미국에서 열리기로 예정되어 한창 행사 준비를 하고 있었으며 JCWP2001은 이미 아프리카에서 열기로 결정이 되어 있던 시기였다. 해비타트의 사업이 아직 한 번도 시행된 적이 없는 아프리카에서 지미 카터는 JCWP를 시행하고 싶어했다. 그리고 아프리카를 끝으로 자신은 JCWP에서 은퇴하겠다는 생각을 내심 가지고 있던 터였다. 2001년이면 지미 카터의 나이가 벌써 78세이니 그런 생각을 가질 만도 했다.

나의 제안에 밀러드 풀러는 흔쾌히 대답했다.

"좋은 생각이다. 그럼 2002년에는 한국에서 JCWP를 하기로 이사회에 상정해 보자."

밀러드 풀러의 말에 내가 다시 말했다.

"우리나라에서 2002년에 개최하는 것에는 좀 무리가 있다. 그 해에는 대통령선거와 지방선거가 있고 게다가 월드컵 경기까지 열리게 되어 있어 나라가 매우 복잡할 것이다. 그런 와중에 어떻게 또 JCWP까지 수행할 수 있겠는가."

사실 나는 내심 2001년에 우리나라에서 이 사업을 개최해 보고 싶어서 넌지시 얘기를 꺼냈던 것이다. 한국 해비타트의 젊은 간사들도 그러한 뜻을 내게 요청하고 있었다. 간사들이 그러한 생각을 가질 만한 것이 1999년에 열린 필리핀 JCWP에서 우리 한국인 자원봉사자들의 역할이 매우 두드러졌기 때문이다.

그 행사에 우리는 197명을 파견했는데, 현지 교민까지 합치면 총 500명의 한국인 자원봉사자가 현장에서 일을 했다. 미국 다음으로 가장 많은 자원봉사자가 집짓기에 참여한 것이다. 게다가 사랑의 집 15채를 후원하기도 했다. 이러한 전력이 없었더라면 감히 JCWP를 우리나라로 가져올 생각을 갖지 못했을 수도 있다.

아프리카 담당은 해리슨 구달(Harrison Goodall)이 맡고 있다. 국제 해비타트 부총재를 역임하고 있는 해리슨 구달은 2001년 아프리카에서 열릴 JCWP의 주 사업지를 우간다에서 하려고 작정하고 있었다. 한때 이디 아민이 대통령이었던 우간다는 나라가 엉망이었지만 그때의 메서비 대통령은 믿음이 좋았기 때문에 사업지를 그곳으로 내정하고 있었던 것이다.

하지만 아프리카는 해비타트 현지조직이 그때까지도 별로 탄탄하지 않았던 터라 비록 해리슨 구달이 열심히 노력하고 있다고는 해도 전망이 별로 밝지 않던 터였다. 그런 사정도 알고 하니 나는 계속 밀어붙이기로 했다.

"그러지 말고 아프리카는 2002년에 하기로 하고 2001년에는 한국에서 열기로 하자."

밀러드 풀러가 난색을 표했다.

"지금이 벌써 가을이고 행사는 2001년 8월인데, 아직 아무런 준비도 되어 있지 않는 상태에서 어떻게 JCWP를 개최하려고 하느냐?"

하지만 믹이 내 편을 들어주었다.

"나는 한국에서 하는 것을 찬성한다. 우리 6·25 참전 용사들이 한국을 도와주고 싶은 마음은 간절하다. 마침 6·25 50주년 기념행사도 현재 열리고 있는 중 아니냐. 이 기회에 이 프로젝트를 한국으로 연결하기로 하자."

믹의 말대로 미국에서는 지난 2000년 5월부터 향후 3년간 6·25 50주년 기념행사를 지속적으로 열고 있던 터였다.

우린 비행기에 탑승해서도 이에 대해 계속 논의했지만 결국은 어떤 결정도 내리지 못한 채 마침내 목적지인 캘로나에 도착하고야 말았다. 캘로나는 록키산맥 서쪽 해안에 자리잡고 있는 조그맣고 아름다운 마을이다.

드디어 각국에서 온 이사들이 모인 가운데 국제이사회가 시작되었다. 여러 가지 안건을 논의하는 등 회의를 진행시키다가 밀러드 풀러의 총재 보고시간이 되었다. 그때 그는 뜻밖에도 이렇게 말했다.

"내가 기도를 했더니 2001년 사업은 한국에서 하라고 하신다. 이사들이 찬성한다면 그렇게 결정하고 싶다."

나는 무척이나 놀라고 고마웠다. 밀러드 풀러가 일부러 내게는 미리 말하지 않았지만 이미 믹과 의논을 해서 결정해놓고 있었나 보았다. 그 안건은 이사회의 투표에 부친 결과 놀랍게도 만장일치로 통과되었다. 2001년에 우리나라에서 JCWP가 열리게 된 데에는 바로 이러한 배경이 깔려 있었다. 즉 아프리카에서 열릴 예정이었던 지미카터특별건축사업이 '3인의 시애틀 회동'에서 돌연 한국으로 급변경 되었던 것이다.

이렇게 우리는 세상을 살면서 종종 예기치 않았던 일을 경험하곤 한다. 만약 우리 셋이 시애틀에서 우연히 만나지 않았다면 JCWP는 2001년에 우리나라에서 절대 열리지 않았을 것이다.

하지만 나는 2001년, 바로 그 해가 해비타트 설립 25주년이란 사실은 그때까지도 전혀 생각하지 않고 있었다. 25주년이란 건 다른 어느 해보다 행사가 더 중요해지고 커진다는 걸 의미한다. 만약 알고 있었더라도 우리나라 개최를 주장했었을까? 물리적인 준비는 커녕 마음의 준비조차 되어 있지 않았던 그 상황에서 내가 우리나라로 JCWP를 유치할 생각을 감히 할 수 있었을까? 그건 모르겠다. '만약'이란 단어는 늘 어리석음을 동반하고 있다는 걸 알기에 그에 대한 답은 섣불리 내릴 수 없을 것 같다.

해비타트 즉, 이 사랑의 집짓기란 매우 아슬아슬한 사업이다. 미국의 경우, 행사 도중 지붕에서 사람이 떨어져 사망한 사건도 있었던 것이다. 어느 나라에서나 이렇게 크고 작은 사고가 꼭 있기 마련이다. 꼭 사고 때문이 아니라 하더라도 이 사업은 매우 어려운 것이다. 이 사업이 진행되려면 첫째 돈이 제대로 모여야 하고, 둘째 사람이 모여 줘야 하고, 셋째 물자가 예정대로 도착해야 하고, 넷째 수많은 사람들에게 숙식을 제공할 준비도 갖춰져 있어야 한다. 이 모든 일이 일치를 이루기란 참으로 어려운 일이다.

그런데 시일도 촉박하게 사업을 가져왔으니 그때부터 나의 '잠 못 이루는 밤'은 시작되었다. 그러니까 1999년 가을부터 2001년 여름 JCWP2001이 끝날 때까지 나는 이 행사를 제대로 치러내기 위해 내가 가지고 있던 모든 에너지를 쏟아 부어야 했다.

무슨 용기로 이 사업을 우리나라로 가져 올 생각을 했는지 지금도 그 생각을 하면 참 꿈만 같다. 젊은 간사들은 열성 때문에 그런 바램을 가졌었겠지만 이런저런 세상 경험을 한 나는 좀더 신중했어야 하지 않았을까 하는 생각도 든다.

밤잠도 설쳐가며 궁리를 해가며 엄청난 노력을 한 결과 우리 한국 해비타트는 해외에서 320만불(약 40억원, 기자재 포함), 국내에서 60억원(기자재 포함)을 모금하는 데 성공했다. 말하자면 100억원짜리 프로젝트를 일년도 안된 짧은 기간에 달성한 것이다.

후원금은 이상하게 꼭 필요한 만큼만 들어 왔다. 모자라는 것 같아서 고민을 하고 있으면 얼마 후 누군가가 내줘서 채워주고, 또 남는구나 생각하면 다시 쓸 곳이 생겼다. 교만하지 말라고 하나님이 말씀하시는 것 같았다.

정말 많은 시행착오가 있었지만 여하튼 결과적으로 사업은 훌륭하게 마무리되었다. 훌륭하게 끝이 났다는 의미에는 자금의 성공적인 동원만 들어있는 게 아니다. 2001년 JCWP를 기점으로 많은 국민들이 해비타트를 알게 되었고 또 관심을 가져주었던 것이 무엇보다 큰 수확이었던 것이다. '사랑을 나눈다는 것은 우리의 삶을 아름답고 풍부하게 한다'는 메시지가 일반 국민에게 알려진 것이다.

이것이 내 개인의 사업이었다면 이토록 성공할 턱이 없었다. 돌이켜 보면 시작부터 모든 것이 무리였던 것이다. 집 짓는 일, 무주택 서민들에게 집을 지어주는 해비타트 사업은 하나님의 일이었던 것이다. 이 일은 완전한 무에서 유를 창조하는 일이 아니던가.

앞서 언급한대로, 그리하여 2001년 사업이 한국으로 결정되는 통에 아프리카 지역은 2002년으로 미뤄졌는데, 그 와중에 주 사업지도 우간다에서 남아프리카공화국의 더반(Durban)으로 바뀌었다. 아무래도 우간다는 사업진행에 차질이 있겠다는 남아공 태생의 해비타트 국제이사 라리 잉글리시(Larry English)의 판단 때문이었다. 지금은 이사직을 사임하고 JCWP의 프로젝트 디렉터로 일하고 있는 그가 우리나라에서 시행된 JCWP를 보고 머리를 흔들며 하던 말이 문득 생각난다.

"나는 도저히 이렇게 잘할 수 없다. 정말 놀라울 뿐이다."

밀러드 풀러는 물론이고 18년 간 이 사업을 시행해온 지미 카터 역시 놀라고 돌아갔다. 이렇게 성공적으로 행사를 끝낼 수 있었던 건 누구 한 사람의 힘으로 되는 것이 아니다. 교회, 기업, 언론, 국민, 그리고 무엇보다 한국사랑의집짓기운동연합회의 실무진들이 혼신의 힘을 다해 이 일에 발벗고 나섰기 때문에 가능했던 것이다.

앞서 말한 캐나다 켈로나에서 열린 국제이사회에서는 국제 해비타트 창설 25주년과 UN의 '자원봉사자의 해'를 기념하는 의미에서 '세계지도자집짓기(World Leader's Build)' 자원봉사 행사를 2001년 JCWP를 중심으로 병행하기로 결정했다. 그리하여 행사가 열리는 동안 지미 카터 전 미국대통령 부부는 물론이고 코라손 아키노 전 필리핀 대통령도 우리나라 현장을 찾았으며 김대중 대통령 부부 역시 직접 현장을 찾았다.

그리하여 당초 목표인 120세대 보다 16세대를 초과한 136세대 건축을 완공하여 무주택 가정에 아름다운 집을 공급했다. 여름의 본 행사가 끝난 뒤에 있는 Post-JCWP 집짓기 16세대까지 포함한다면 152세대, 그리고 2000년에 마무리짓지 못했던 이월사업 건축 주택 14세대까지 포함한다면 2001년 한해 동안 한국 해비타트는 국내에 총 166세대를 위한 집을 지은 것이다(2002년 1월 현재).

지구상에서 열악한 주거환경을 개선해 무주택자를 줄이기 위해 헌신하는 비영리, 기독교 주택사업운동인 해비타트. 혹시 남에게 베풀기보다는 사랑 받고 도움 받는 일에 더 익숙해져 있었다면 해비타트 정신을 작은 소리로 가만히 되뇌어 봐도 좋을 것이다. 자립, 협조, 봉사, 그리고 사랑….

나눔으로써, 그리고 아낌없이 줌으로써 얻어지는 즐거움, 그것을 당신은 사랑하게 될 것이다.

3. 지미 카터와 함께한 일주일

지난 2001년 8월 5일부터 11일까지 시행된 지미카터특별건축사업2001에 참석하기 위해 8월 5일 새벽부터 국내외 자원봉사자들이 속속 충남 아산과 경북 경산, 전북 군산, 경남 진주, 경기 파주, 강원 태백 등 여섯 지역으로 모여들기 시작했다. 권력과 부를 가진 사람들과 집조차 없는 가난한 사람들의 간격을 좁히기 위해 18년 전 이 일을 시작했다는 지미 카터 전 미국 대통령과 밀러드 풀러 국제 해비타트 총재 역시 수석자원봉사자로서 주 사업지인 아산에 도착했고, 일주일 내내 다른 자원봉사자들과 함께 집을 지었다.

어느덧 시간이 흘러 벌써 해가 바뀌었지만 아직도 내 가슴속에는 당시의 감격과 기쁨이 남아 있다. 그때의 일을 회상하며 이제부터 지미 카터와 함께 했던 일주일을 더듬어 볼까 한다.

사랑을 나누기 위해 몰려든 자원봉사자들

8월 5일 일요일

8월 5일 일요일 아침, 최성홍 외무부 차관과 나는 지미 카터 부부 일행을 영접하기 위해 인천국제공항에 나갔다. 7시 28분, 드디어 그를 태운 비행기가 공항에 도착했고 입국수속을 끝낸 카터 부부가 수행비서, 경호원 등과 함께 환한 얼굴로 그 모습을 드러냈다. 항상 그래 왔던 것처럼 그는 자기의 옷이 들어있는 가방을 직접 들고 나왔다.

우린 서로 반갑게 악수를 나누고 영접실에서 인사말과 한담을 나눈 뒤 곧바로 JCWP2001 주 사업지인 충청남도 아산을 향해 출발했다. 나는 이제부터 벌어질 번개건축에 대한 기대감으로 마음이 한껏 부풀어올랐다.

아산에 도착하자 나는 카터 부부를 우선 숙소로 안내했다. 그는 이제부터 일주일간 호서대학교 외국인 교수 숙소에 묵을 예정이었다. 외국인 교수 숙소는 그리 크진 않지만 아담하고 안락한 곳이었다. 소탈한 성격 탓인지 카터 부부는 조그만 숙소임에도 만족스러운 표정을 지었다. 그리고 행사 내내 편안하게 보냈던 것 같다. 여느 숙소와는 달리 널따란 캠퍼스가 눈앞에 펼쳐져 있어서 자유로움을 만끽할 수 있어서였을 것이리라.

오랜 비행으로 피곤해진 지미 카터는 숙소에서 부인 로잘린 여사와 함께 잠시 동안의 휴식에 들어갔다.

그 즈음 JCWP2001 아산지역 행사지원실은 새벽 6시 30분부터 밀어닥친 국내외 자원봉사자들에게 숙소를 배정하느라 정신 없는 시간을 보내고 있었다. 애초 계획에 의하면 모든 외국인 자원봉사자들의 숙소는 도고의 토비스 콘도미니엄으로, 내국인 자원봉사자들은 호서대학교 기숙사로 정해져 있었다. 그런데 그만 그 계획에 크나큰 차질이 생긴 것이다. 미리 신청하지도 않은 봉사자들이 돕겠다는 마음으로 들이닥친 것이다.

당초의 예상 숫자인 약 2,500여명이 맞아 떨어졌더라면 큰 혼란이 없었을 텐데 예상보다 훨씬 많은 약 3,700여명의 자원봉사자가 거의 한꺼번에 왔기 때문이다. 이정은 실장을 비롯한 행사지원실은 눈앞이 캄캄해져 왔다. 어디서부터 손을 써야 할지 막막하기만 했다.

우선 외국인의 경우, 2일 인천국제공항으로 입국, 3일 성균관대학교 수원캠퍼스에서 하룻밤을 자고 이날 오전 도고의 토비스 콘도에 집합하게 되어 있었다. 6시 30분부터 도착하기 시작한 전세버스는 15분 간격으로 토비스 콘도에 속속 도착하고 있었다.

하지만 참가인원 초과에다 방 배치의 오류까지 겹쳐 500여명의 외국인 자원봉사자들이 숙소조차 배정 받지 못하고 로비에 대기하는 사태가 벌어졌다. 이 와중에서 짧게는 1시간 길게는 8시간까지 기다린 자원봉사자도 있었다.

호서대학교 역시 마찬가지일 거라고 예상한 행사지원실 신동민 숙소담당 팀장 이하 간사들은 온양시내로 가서 이 호텔 저 호텔 눈에 띄는 곳은 다 다니면서 방 100개를 무조건 확보한 뒤, 열쇠를 손에 쥐고 호서대로 뛰었다. 예상대로 호서대 또한 마찬가지였다. 그 시각 이미 1,500여명 정도가 와 있었는데, 그중 500여명이 숙소를 배정 받지 못하고 있는 상태에서 인원은 계속해서 늘어나고 있었다. 아수라장이 따로 없었다. 그들은 행사지원실로 심하게 항의했다.

후일 집계에 의하면 국내인 자원봉사자의 수가 예상보다 약 900 여명 정도가 넘쳐 있었다. 3인 1실로 잡더라도 방이 300개 정도는 더 있어야 했는데, 방 잡는 것도 생각보다 쉬운 일이 아니었다. 왜냐하면 NGO의 성격상 비싼 방은 얻을 수 없기 때문에 어려움이 더 컸다(토비스 콘도에서 하루 2만원이라는 매우 저렴한 값에 숙소를 제공해 주었다).

할 수 없었다. 이제부터는 행사지원실이 순발력을 발휘할 때였다. 미처 방 배정을 받지 못한 자원봉사자들을 운동장에 집합시켜 한 줄로 세웠다. 그리고 재빠른 손길로 앞줄부터 순서대로 숙소를 배정하기 시작했다. 하지만 그 작업은 이내 끝날 성질의 것이 아니었다.

행사지원실이 일반 자원봉사자들을 위해 그렇게 수고를 하는 동안 우리 부부도 지미 카터 부부와 함께 외국인 숙소에 입소했는데, 국제 해비타트 밀러드 풀러 총재 부부가 3층에, 수행원을 포함한 카터 부부 일행은 2층에, 항상 카터의 옆을 그림자처럼 지키는 트로이어 형제(건축설계회사 사장인 르로이 트로이어(Leroy Troyer), 건설회사 사장을 지낸 후 지금은 은퇴한 로이드 트로이어(Lloyd Troyer))와 뉴욕 플러싱한인교회의 김중언 목사 부부, 그리고 우리 부부는 1층에 각각 여장을 풀었다.

아직 여독이 풀리지 않았을 텐데 카터 부부는 오후 3시 30분에 열린 오리엔테이션에 참석하는 열의를 보여 주었다. 오리엔테이션은 자원봉사자들에게 앞으로 무슨 일이 일어나며 어떤 일정으로 일이 진행되는가를 미리 알려주는 매우 중요한 자리다.

저녁식사를 마친 7시 30분, 지미 카터를 비롯한 우리 모두는 개막행사에 참가하기 위해 호서대 교육문화관으로 갔다. 교육문화관은 2,500여명을 수용할 수 있는 대강당으로서 공교롭게도 JCWP2001 개막행사를 일주일 앞둔 2001년 7월 31일 준공이 완료된 새 건물이었다. 따라서 무대를 비롯한 조명, 음향 등 모든 시설이 최첨단으로 설계되어 있다. 이 교육문화관은 학생들에게 대학문화를 알려주기 위하여 진작부터 기획된 건물이었는데, 그 준공시점이 바로 JCWP2001의 시작점이 될 줄은 아무도 몰랐다.

103만평이라는 드넓은 대지에 시원하고 아름답게 설계되어 있는 호서대 캠퍼스는 국제적인 행사를 갖기에 손색이 없는 곳이었다. 교육문화관 뿐 아니라, 식당, 휴게실, 체육관, 기숙사 등도 이 행사에 유용하게 사용되었고 주차장 역시 내외 귀빈을 맞기에 충분했다. 이때 주차관리는 호서대학교 학생들과 아산지회에서 담당해 주었다.

이 개막행사는 해비타트의 정신인 '행동하는 사랑(Love in Action)'의 시작을 알리는 것으로서 중요한 의미를 갖는다. JCWP2001의 개막을 대내외적으로 선언하는 장이자 행사 시작에 앞선 자원봉사자들의 다짐의 자리를 마련하는 취지도 아울러 갖고 있었다. JCWP2001 기간 동안 개최된 모든 행사에는 주요 해외인사들을 비롯 해외 자원봉사자들에게 동시통역기를 배포하여 언어소통에 무리가 없도록 만반의 준비를 갖췄다.

자원봉사자들을 비롯하여 VIP, 보도진, 입주 가정 등 약 3,000여 명이 참석, 9시까지 진행된 개막행사는 뿌리패의 '사랑의집짓기' 퍼포먼스를 시작으로 그 막이 올랐다.

강일구 호서대 부총장과 배유정 씨의 사회로 진행된 이날 개막식은 한국사랑의집짓기운동연합회(이하 사랑의집짓기) 천안·아산 지회 이순 목사(천안 중앙장로교회)의 기도로 그 막이 올랐다. 이어진 순서는 국내외 귀빈 소개. 수석자원봉사자인 카터 부부가 맨 처음 소개되었고 이어 해비타트 운동의 설립자인 밀러드 풀러 부부, 한국 해비타트 이사장으로 있는 나의 소개가 있었다.

뒤이어 필리핀 전 대통령 코라손 아키노 여사, 심대평 충청남도 도지사, 이길영 아산시장, 김근태 민주당 최고위원, 김영진 민주당 국회의원, 원철희 자민련 국회의원도 차례로 소개되었다.

지미 카터가 소개될 때 장내의 환호성은 대단했다. 그가 우리나라에서 얼마나 인기 있는 사람인가가 여실히 증명되는 시간이었다. 어쩌면 우리 국민은 이처럼 봉사정신에 투철한 지도자를 갈망하고 있는 것은 아닌지.

식은 계속해서 사랑의집짓기 모금활동을 위해 현해탄을 건너온 2001년 한일 사이클링 선수단의 배너와 기금 보드 전달식, 해비타트 운동의 역사와 JCWP2001 6개 지역의 준비건축 과정이 담긴 영상물 '희망을 짓는 사람들, 미래를 만드는 사람들' 상영, 그리고 집행위원장인 나의 대회사로 이어졌다. 다음은 대회사 중 일부분이다.

존경하는 지미 카터 전 미국 대통령님, 밀러드 풀러 국제 해비타트 총재님, 코라손 아키노 전 필리핀 대통령님, 심대평 충남 도지사님, 이길영 아산시장님. 친애하는 해비타트 운동 후원자 여러분, 자원봉사자 여러분, 그리고 화합의 마을 입주자로 선정된 가족 여러분. 저는 오늘 2001년도 지미카터특별건축사업의 집행위원장으로서 본 행사의 시작을 선언할 때 하나님께 감사드리고 여러분 모두에게 환영의 말씀을 드립니다. 특별히 바다 건너 먼 곳에서부터 우리나라를 찾아주시고 이 행사에 참여하시는 해외 자원봉사자 여러분들을 크게 환영합니다.

사랑의집짓기 해비타트 운동은 25년 전에 미국 남부 조지아 주의 한 작은 도시에서 시작되었습니다. 목돈이 없어 자기 집을 갖지 못하고 있는 한 가정을 위하여 이웃들이 정성과 사랑으로 가진 것을 모아 아담하고 안전한 집을 지어준 것이 이 운동의 시작이었습니다. 이제는 이 운동이 전 세계로 퍼져서 79개국(2002년 1월 현재 83개국)에서 전개되고 있으며 무주택자들에게 소망을 심어주고 행동하는 사랑으로서 우리 모두를 화합의 공동체로 만들어주고 있습니다. (중략)

이제 일주일간 여기 모이신 자원봉사자, 후원자, 입주자 여러분들은 하나가 되어 정성어린 땀으로 사랑의 집을 완성시킬 것입니다. 우리 모두 끊임없이 감사의 기도를 드리고 기쁨의 찬양을 드림으로써 우리를 불러주시고 일을 맡기시고 보호하시고 인도해 주시는 하나님께 영광을 드리기를 부탁드립니다. 여기 계신 여러분과 여러분의 가족뿐만 아니라 우리 민족 모두에게 하나님의 축복이 충만하시기를 간구 드리면서 2001년도 지미카터특별건축사업의 끝막음 작업의 시작을 선언합니다.

나의 대회사에 이어 지미 카터의 인사말이 있었는데, 인사말을 통해 그는 "인간 모두는 가진 자와 가지지 못한 자의 격차를 줄여야 하는 소명을 지니고 있다. 지난 18년 동안 해비타트 운동을 통해 나는 이 정신을 구현해 왔다"고 말해서 많은 박수갈채를 받았다. 이밖에 그는 "매년 행사 때마다 중요한 부탁을 하나씩 하는데, 아내와 나는 일하러 왔지 사진 포즈를 취하러 오지 않았다"며 "현장에서 사진 포즈 부탁은 말아 달라"고 당부하여 웃음을 자아내기도 했다.

그리고 심대평 도지사의 축사에 이어 단상에 올라온 밀러드 풀러는 "세계 모든 가정이 안락하고 버젓한(decent) 집을 갖는 것이 해비타트의 목표"라는 요지의 인사말을 했다. 밀러드 풀러의 인사말 중 입주가정 소개도 있었다. 지미 카터와 밀러드 풀러 연설에는 배유정 MC의 현장 통역이 뒤따랐다.

이어진 축하공연으로는 줄리어드 트리오 Hymns101의 연주, 가수 손정우와 JCM 찬양단의 노래, 유진박의 전자 바이올린이 흥겹게 연주되었다. 바쁜 가운데도 시간을 내어 자신들의 재주로 자원봉사를 해준 이들에게 감사의 말을 올린다.

한편 우리가 개막식을 하고 있던 그 시각에도 행사지원실은 숙소 배정 문제로 애를 쓰고 있었으니, 그 생각을 하면 지금도 참으로 미안하다. 개막식 역시 숙소 배정에 시간을 끌게 만든 이유 중의 한 요소가 되었다는 것을 알기에 더욱 미안할 따름이다.

왜냐하면 앞서 말한 대로 숙소 배정을 받기 위해 호서대 운동장에 서있던 사람들이 개막식이 시작되자 숙소 배정은 뒤로 미룬 채 이 역사적인 JCWP2001의 개막식을 보기 위해 교육문화관으로 들어가 버렸기 때문이다. 개막식이 끝나자 이들은 다시 숙소 배정을 받기 위해 운동장으로 몰려 나갔다.

흘러내리는 땀을 닦아 낼 엄두도 내지 못한 채 배성룡 자원봉사 자관리담당 팀장을 비롯한 행사지원실의 각고 끝에 도고에서 호서대학교에 이르는 10㎞ 구간 11개 숙소에 국내외 모든 자원봉사자들을 무사히 배치하고 나자 시간은 어느새 하루를 훌쩍 넘긴 6일 새벽 4시 30분. 그제야 행사지원실은 안도의 한숨을 내쉬고 휴식을 취할 수 있었다. 도저히 끝이 보이지 않던 아수라장의 현장이었던 숙소 배정의 힘겨운 싸움은 20시간이 걸려서야 겨우 끝이 났던 것이다.

JCWP2001에 참가했던 사람들의 숙소는 호서대 기숙사, 순천향대 기숙사, 대우연수원, 도고의 한국 콘도 · 토비스 콘도, 금융감독원 연수원, 온양 시내의 각 호텔 등 11곳으로 정해졌다. 그 와중에 열쇠가 바뀐 사람도 있었고, 외국 이름이라 우리로선 남녀 구분이 잘 안된 덕에 부부를 다른 두 남자와 함께 숙소에 배정하는 웃지 못할 에피소드도 있었다.

또한 VIP 숙소에 배정 받아야 할 해비타트 국제이사들 짐 코플랜드(Jim Copeland), 라리 프리블(Larry Pribble), 짐 어바인(Jim Irvine) 부부 등 세 가족이 일반 자원봉사자 숙소로 배정되는 실수도 저질렀다. 하지만 놀라운 것은 행사가 끝날 때까지 불평 한 마디 하지 않고 열심히 집을 지었다는 사실이다. 지금도 그때 일을 생각하면 미안하고 또 고맙다.

그러나 숙소 배정이 다 끝난 시각, 그때까지도 일을 계속하고 있는 이가 있어 우리의 가슴을 뭉클하게 만들었다. 그는 백승모 아산 이벤트담당 팀장이었다. 행사지원실 모두가 숙소 배정으로 이리저리 뛰고 있는 사이 그는 혼자 고독하게 만국기를 걸고 있었다. 80여 개국의 만국기를 하늘 높이, 그것도 단지 혼자서 밤을 새워 내내 걸고 있었던 것이다. 5일 저녁 7시부터 6일 새벽까지 그는 손바닥이 찢어져 피가 뚝뚝 떨어지는 것도 깨닫지 못한 채 거의 무의식적으로 만국기를 올리고 있었다.

망치 소리가 힘차게 울리기 시작했다
8월 6일 월요일

본격적으로 JCWP2001 행사가 펼쳐지는 8월 6일. 지미 카터를 포함한 우리 일행은 일찌감치 아침식사를 마친 뒤 다 함께 버스를 타고 이 행사를 위해 호서대 뒤편으로 새로 낸 포장도로를 이용해 작업장으로 향했다. 이 길은 교통혼잡을 피할 수 있어 우리가 행사 내내 아주 유용하게 이용했던 길이다.

카터를 싣고 달리던 이 길은 나중에 '지미카터로(路)' 로 명명되기도 했다. '지미카터로' 라는 이름은 행사기간 중 지미 카터를 호위하기 위해 왔었던 이석화 아산경찰서장의 제안으로 만들어진 이름이다. 아산시가 후일 꽃밭을 만드는 등 정성스럽게 가꾼 결과 현재 이 길은 아베크 족의 데이트 코스가 되어 버렸다. 아주 멋진 발상이었다. 등선 꼭대기에 '지미카터로' 라는 글귀를 새긴 표석까지 세웠으니 이 길은 JCWP2001과 함께 영원히 많은 이들에게 기억될 것이다.

현장에 도착한 우리 일행은 그 아침에 보았다. 한 청년이 손바닥이 찢어지도록 혼신을 다해 밤새 걸었던 만국기가 하늘에서 힘차게 펄럭이고 있는 모습을. 그리고 그 국기봉 위로 떠올라 있던 찬란했던 아침의 해를! 벅찬 감동이 나를 세게 휘젓고 있었다. 그랬던 것이다. 입주자의 집을 향한 '열망'과 자원봉사자가 흘리는 '땀', 또한 누군가의 '헌신' 위에서 해비타트의 집은 지어지는 것이다.

카터 부부와 함께 우리 일행이 현장에 도착한 그 시각, 각 숙소에서 자원봉사자들을 싣고 출발했던 버스들도 속속 도착하고 있었다. 3,700여명을 태운 70여대의 버스가 만들어낸 300m의 긴 행렬은 무척이나 장관이었다. 이 행렬은 이후 행사가 끝날 때까지 계속되었는데, 그 광경은 볼 때마다 나에게 기쁨과 감격을 안겨 주었다.

70여대의 전세버스가 대기할 만한 주차장이 없어 버스는 이들을 현장에 내려주고는 도고의 하상주차장에서 대기하곤 했었다. 그러다 집짓기가 끝날 시각이 되면 다시 이들을 태우러 왔다. 현장에 마련되어 있던 약 1,000여평의 주차장은 자가용 및 행사 부대차량들로 인산인해를 이뤘고, 임시 주차장으로 쓰게 배려해준 인근 휴게소의 주차장 두 곳(약 1,000여평) 역시 차량들로 들어차 있었기 때문이다. 양태윤 주차관리담당 이하 여러 자원봉사자들은 하루종일 뙤약볕에서 주차관리를 하느라 마치 해수욕장에서 선탠을 한 것처럼 얼굴이 까맣게 그을리기도 했다.

이들 수송담당팀(팀장 김상윤)은 하루 세 차례씩 자원봉사자들을 실어 날랐다. 아침이면 숙소에서 현장까지, 집 짓는 일이 끝나면 현장에서 숙소까지, 그리고 이들이 저녁식사를 마칠 무렵이면 또 숙소에서 행사장까지 데려와야 했다. 그런데 숙소가 11군데에 분산되어 있었으니 그것은 만만치 않은 작업이었다. 수송담당팀은 일주일간 단 한 번도 행사장에 들어간 적이 없었다. 얼마나 힘에 부친 일이었는지 윤명희 간사는 행사기간 동안 세 번이나 쓰러졌다. 이처럼 다른 사람들을 즐겁게 하기 위해서는 누군가의 희생이 따르기 마련이다.

일반 자원봉사자들과 마찬가지로 카터 부부 역시 배정된 주택에서 계획표대로 7시 30분부터 집을 짓기 시작했다. 카터는 마을회관 뒤에 자리한 14동을, 그리고 우리 부부는 국제이사들과 함께 13동을 짓기 시작했다. 아침부터 더위는 기승을 부리기 시작했지만 지미 카터는 손에서 망치를 내려놓을 줄 몰랐다. 어느 누구보다 열심히 일을 했다. 놀라운 일이었다. 그는 그 일이 몹시 즐거운 모양이었다.

오전 9시30분부터는 지미 카터와 나, 그리고 코라손 아키노, 밀러드 풀러 이렇게 네 사람의 공동 기자회견 및 개별 인터뷰가 시작되었다. 국내외 취재진 150여명이 모여들자 현장의 열기는 점점 더해갔다. 천막으로 겨우 햇빛만 가린 기자회견장에서는 연신 망치소리가 들려 왔는데, 그건 해비타트 현장만이 가질 수 있는 자랑스러운 소리였다.

사랑의집짓기 홍보실은 윤형주 홍보이사를 비롯 유진희 위원, 손미향 실장과 간사들로 구성되어 있었다. 윤이사는 낮에는 집을 짓고 밤이면 이벤트를 관장했고, 유위원은 하루종일 미디어센터에서 몰려드는 기자들의 취재요청을 접수, 홍보실 간사 및 미디어 에스코터들로 하여금 기자들의 취재활동을 적극 돕도록 관리했고, 손실장은 낮에는 언론, 밤이면 이벤트를 담당했다. 말하자면 밤낮 없이 전천후로 일을 했던 것이다(VIP의 인터뷰는 주로 마을회관에서 이뤄졌지만 대부분의 취재 협조는 모두 미디어센터에서 행해졌다). 어찌나 바빴던지 이들은 일주일 동안 끼니조차 제때 챙겨먹지 못했다. 고마운 것은 마을 주민들이 수고한다고 떡과 김밥을 해서 간식으로 제공해 준 것이다. 이름도 가르쳐주지 않고 쑥스럽게 전달하며 서둘러 돌아가는 뒷모습이 무척이나 아름다웠다.

하지만 미디어센터라고 해봤자 공사장과 하등 다를 바 없었다. 자재를 놓았던 공터를 급히 다듬어 5평 남짓한 컨테이너 박스 하나와 햇빛을 가릴만한 천막 2개에 겨우 3대의 컴퓨터를 설치하고(한국 해비타트 본부 사무실에서 6대를 가지고 왔지만 선을 연결할 수 없어 실제로 사용 가능했던 컴퓨터는 세대뿐이었다. 그 외 모든 비품을 박스에 넣어 통째로 미디어센터로 옮겨왔다) 기자회견에서부터 취재안내와 각 방송국이나 신문·잡지사에 나눠줄 홍보자료에 이르기까지 발 빠르게 대처하느라 이들이 흘린 땀은 직접 현장에서 집을 짓는 자원봉사자들과 한치도 다르지 않았다.

기자들이 컴퓨터로 기사를 쓰고 인터넷으로 송고 작업을 하는 컨테이너 안은 사우나를 방불케 할 정도로 더웠다. 한여름 뙤약볕에 에어컨은커녕 선풍기 2대로 열기를 식혀야 했고 책상 서너 개, 전화 두 대가 전부인 '미디어센터'였던 탓에 처음엔 취재 기자들의 불만이 홍보실의 낯을 뜨겁게 만들었다. 하지만 그들은 공사현장에서 땀 흘리는 자원봉사자들의 모습을 보고는 곧 자신들의 생각이 사치였음을 알게 되었다. 그들은 국내외 건축자원봉사자들을 취재하면서 남을 위해 자기 돈을 써가며 '기쁨으로 집을 짓는 모습'에 감동을 받자 세상에서 가장 값진 것을 배웠다며 오히려 홍보실로 감사의 말을 전해오기도 했다.

기자들이 모든 걸 스스로 준비해오는 수밖에 없는 상황이었다. 당연히 숙소를 제공해 줄 수 있는 여건 역시 되지 못했다. 장기 취재진 중 발빠른 기자들은 사전답사를 통해 상황을 미리 파악, 인근 호텔에 숙소를 정해놨지만 그렇지 못했던 기자들은 홍보실에 항의했다. 하지만 그들 역시 현장을 보고는 이내 마음이 바뀌어 이후 적극적으로 협조를 해주었다.

일주일 내내 장비도 턱없이 부족한 그 뜨거운 컨테이너 박스에서 상주하면서 취재를 해준 연합뉴스와 중앙일보, 국민일보 기자를 비롯하여 더운 날씨에도 불구하고 열심히 기사를 써준 모든 언론사들에게 나는 고맙다는 인사를 하고 싶다. 그리고 다큐멘터리 제작을 위해 행사 3개월 전부터 상주하며 수고를 해준 SBS 제작팀에게도 감사의 말을 올린다. 특히 KBS는 행사기간 동안 촬영했던 내용을 '현장르포 제3지대(8월14일 방영)' '열린음악회(8월 19일 방영)'를 통해 국민들에게 다시 한번 상기시켜주는 역할까지도 해주었다.

상주 기자들 중에는 컨테이너 열기로 줄줄 흘러내리는 땀을 어찌할 수 없어 러닝셔츠 차림으로 컴퓨터 앞에 앉아 기사를 쓰기도 했다. 국내 언론사 외에 AP, 로이터 등 15개 외국 언론사들도 함께 상주했는데, 열악한 환경에서 더위와 싸우며 기사를 쓰는 그들 모습을 봐야했던 손미향 홍보실장은 행사 내내 미안해서 어쩔 줄을 몰라했다.

취재목적으로 왔지만 몇몇 기자들은 틈이 나는 대로 망치를 손에 들고 일손을 거들기도 했는데, 나는 특히 사진기자들에게 미안한 마음을 가지고 있다. 지미 카터 수행원들이 프레스 라인을 쳐놓고 가까이 오지 못하게 하는 통에 좋은 컷을 만들 수 없었기 때문이다. 또한 지미 카터에 대한 인터뷰 기회의 부족으로 불만을 제기했던 많은 취재 기자들에게도 이 자리를 빌어 미안한 마음을 전한다. 지미 카터가 원하지 않았기 때문에 협조해주고 싶어도 그럴 수 없었음을 이해해 주기 바란다.

많은 보도진들이 올 것에 대비해 홍보실은 취재 기자를 안내할 자원봉사자 젊은이들로 '미디어 에스코터(Media Escorter)' 20명을 구성, 각 동에 한 명씩 배치했다. 영어에 능통한 그들은 국내외 기자들이 원하는 조건에 부합하는 입주 가정과 건축봉사자들을 찾아내 취재에 신속히 대응해 주었다. 건축봉사자나 입주자들은 기자들이 무작정 공사 현장에 들어와 돌아다니며 취재하는 것을 무척 경계했다. 공사에 방해가 되고 건축일정에 차질이 생길까봐 일절 인터뷰를 거절하는 통에 기자들이 처음엔 애를 많이 먹었다. 허나 각 동에 배치된 에스코터들이 입주자와 봉사자의 현황을 미리 파악해 미디어센터 본부에 취재신청서를 낸 기자들을 돕자 기자들 사이에서 미디어 에스코터들의 인기는 대단했다.

외국 유학중인 중·고등, 대학생들 혹은 교포자녀들로 구성된 이들 20명의 미디어 에스코터들은 부모의 권유로 해비타트 운동에 참여한 경우가 대부분이었다. 때문에 처음엔 다소 소극적인 자세인 듯 보이기도 했지만 날이 감에 따라 자신들도 모르는 사이 진심에서 우러나오는 봉사자로 변모해가기 시작했다. 해비타트의 진정한 정신을 이해하게 된 것이다. 조국을 알아 가면서, 그리고 자신들이 하는 일에 긍지를 가지게 되면서 그들은 그 어느 해 보다 보람 있는 방학을 보내게 되었다고 매우 기뻐했는데, 그 모습을 본 나는 우리나라의 미래에 대한 기대감으로 든든한 마음을 가져보기도 했다. 그들의 수고로 원활한 취재가 가능했기에, 지금은 모두 저마다의 공부에 여념이 없겠지만 그들에게도 고맙다는 말을 하고싶다.

한편 질의응답식 인터뷰에 응하고 있던 지미 카터와 코라손 아키노, 밀러드 풀러, 그리고 나는 기자들에게 해비타트의 숭고한 뜻과 해비타트 설립 25주년을 기념하기 위한 세계지도자집짓기가 각 나라 수반들을 모시고 세계 40개국에서 열리고 있는 중이라는 요지의 설명을 해주었다. 그리고 그 역점사업으로서 JCWP2001이 여러분이 보고 있다시피 지금 우리나라에서 벌어지고 있는 중이라고도 설명했다. 그 자리에서 지미 카터는 특히 "북한에서도 이 운동이 전개되기를 희망한다"면서 "교착상태에 빠진 남북교류를 위해 중재자로 나설 용의가 있다"고 말하기도 했다.

이 날은 집 짓는 일을 격려하기 위해 김대중 대통령 내외가 아산 현장에 오시게 되어서 경비가 여간 삼엄했던 것이 아니었다. 공교롭게도 같은 날 JCWP2001 기자회견 참석 기자와 청와대 담당기자까지 합세하여 돌연 규모가 확대되어 버린 것이다. 따라서 혼란이 가중되자 기자들의 입장에 제한이 생겼다. 취재를 제대로 할 수 없었던 그들은 홍보실로 항의를 해왔고, 홍보실은 그 항의를 고스란히 감수해야 했다.

한편 김대중 대통령 내외를 영접할 시간이 임박함에 따라 지미 카터와 나는 일손을 잠깐 멈추고 마을회관 앞으로 나갔다. 마침내 11시 15분, 대통령 내외가 도착하자 우린 브리핑을 시작했다.

이곳 아산 현장에서는 '화합의 마을' 80가구를 짓고 있으며 이곳을 포함하여 전국 6군데 지역에서 현재 동시다발적으로 이 사업이 진행되고 있다는 것, 1만명이 넘는 자원봉사자가 이 일에 동참하고 있다는 것, 그리고 이 집짓기는 순전히 모금과 기부를 통해 이루어진다는 점 등을 주지시켜 드렸다. 김대중 대통령은 연신 고개를 끄덕이며 치하의 말도 아끼지 않았다.

대통령은 그 자리에서 "어려운 이웃을 위해 인종과 국적, 남녀노소 구분 없이 모두 하나가 되어 땀흘리는 모습에서 우리 인류의 미래가 밝다는 희망과 믿음을 확인했다"고 밝히고 "자원봉사자들의 사랑과 헌신이 반드시 성공하여 해비타트 운동이 커다란 결실을 맺을 수 있기를 바란다"고 말했다.

대통령 내외는 지미 카터, 그리고 나와 함께 6동을 방문했다. 대통령은 자원봉사자들에게 격려의 말씀도 잊지 않고 해주었다. 대통령이 직접 현장에 나와 독려를 해주니 망치를 잡은 손에 더욱 힘이 갔을 것이다.

그리고 점심 시간, 대통령 내외와 지미 카터 부부, 밀러드 풀러 부부를 비롯한 우리 일행은 오찬을 하기 위해 온양 그랜드호텔로 갔다. 그때는 대통령의 휴가기간 중이었다. 그럼에도 불구하고 일부러

시간을 내주신 것이다. 정말 감사한 일이었다.

지미 카터와 김대중 대통령은 식사를 하기 앞서 단독회담을 가졌다. 예상보다 다소 늦게 끝난 회담 덕에 우리 모두는 조금 늦은 식사를 해야 했다. 오전 내내 값진 땀을 흘린 탓인지 밥맛은 바로 꿀맛 그 자체였다.

화기애애한 분위기에서 오찬행사가 끝나자 대통령 내외분은 한 번 더 우리 일행을 치하한 뒤 헬리콥터를 타고 돌아가시고 우리들은 현장으로 갔다. 그리고 다시 지미 카터는 14동, 나는 13동에 가서 망치를 잡았다.

여기에 덧붙여 얘기하고 싶은 것은 행사가 모두 끝난 후 김대중 대통령께서 청와대 수석비서관을 통해 "행사 치르느라 수고했으며 좋은 일을 해줘서 감사하다"는 내용의 말씀과 함께 헌금까지 보내주셨다는 사실이다. 그리고 비서실측으로부터 한국 해비타트 본부 사무실로도 전화가 걸려 왔는데, "삼엄한 경비로 인해 번거롭게 해드려 죄송하다"는 내용의 말을 예의바르고 깍듯하게 했다. 그 전화를 직접 받은 손미향 홍보실장은 낮아진 청와대의 문턱을 새삼스레 실감했다고 한다.

내가 속한 13동에서는 우리 부부를 위시하여 짐 어바인(건설회사 사장) 부부, 어느 나라를 가든 커다란 가방에 자신의 연장을 가득 넣고 다니는 케빈 웨이드(Kevin Wade, 목수전문가)가 속해 있었다. 특히 케빈 웨이드는 그의 아들이 내 외손주와 같은 학교에 다니고 있어 나와는 오래 전부터 우애가 돈독한 사이였다. 땀이 비 오듯 흘러내리는 뜨거운 날씨였지만 우리 팀은 매우 유쾌하고 재미있게 일을 했다.

　사실 집 짓는 일에만 열중해야 했는데, 내외신 기자나 VIP의 방문이 잦아 나는 틈틈이 자리를 비워야 했다. 다행인 점은 내가 일하던 13동이 프레스센터로 이용되던 마을회관과 바로 인접해 있어서, 1백 퍼센트 충실하진 못했겠지만 그런 대로 일에 몰두할 수 있었다는 점이다. 이 뜻 있는 일을 세상에 알려야 하는 의무를 지닌 나로서는 일은 조금 덜하더라도 홍보를 하는 것 또한 그 못지 않게 아주 중요한 일이었던 것이다.

　행사 중 특별히 나와 내 아내를 감회에 잠기게 만들었던 사건이 생겼다. 지미 카터와 밀러드 풀러 등의 주도로 '정진후 기념관'이 봉헌된 것이다. 정진후는 나의 아들 이름이다. 진후는 내가 JCWP2001 준비에 한참 몰두하던 2001년 3월에 세상을 뜨고 말았다. 그 일을 알고 있는 국제이사회에서 기금을 내줘서 내가 일하던 13동을 우리 아들의 기념관으로 명명해 준 것이다. 이는 밀러드 풀러의 특별한 배려였다.

　집짓기 작업은 오전 7시 30분에 시작되어 6시에 마치기로 프로그램이 되어 있었다. 점심시간은 12시에서 1시까지이고 그 중간에 휴식시간이 30분 배정되어 있었다. 뙤약볕에서 온종일 일을 하다 지친 대부분의 자원봉사자들은 이 달콤한 휴식시간을 즐겼지만 지미 카터만은 예외였다. 그에게 쉬는 시간이란 거의 없었던 것 같다.

　그리고 또 밤이 왔다. 오늘은 호서대학교 실내체육관에서 '후원인의 밤(Donor's Night)' 행사가 있는 날. 물건으로, 건축자재로 혹은 금전으로 후원해준 후원사에 대한 감사의 자리이자 지속적인 후원을 위한 계기를 마련하고자 하는 취지에서 마련한 행사이다. 즉 '사랑을 나누는 마음'이 충만했던 장이었다. 이 행사에는 후원자, VIP, 보도진 등 약 500명이 참석했다.

최성락 사랑의집짓기 상임이사의 사회로 진행된 이날 행사는 다함께 하는 기도로 시작되었다. 기도는 천안성결교회 권석원 목사의 인도로 이루어졌다. 이어 행사시작을 알리는 의미로 나의 간단한 인사말과 이길영 아산시장의 인사말이 있었으며, 이어서 단상으로 올라온 사랑의집짓기 후원회 회장이자 대한적십자사 서영훈 총재가 인사말을 해주었다.

인사말을 끝낸 서영훈 총재가 건배를 제의하자, 참석자들은 모두 잔을 높이 들었다. 그리고 노벨평화상 문화사절단으로 참가한 바 있는 민속공연단 뿌리패의 모듬북 공연이 이어졌다.

다음에는 각 후원사 대표와 카터가 함께 하는 기념촬영이 있었으며 이어 이번 JCWP의 특별테마인 '여성의집짓기' 자원봉사활동에 참여하고 있는 코라손 아키노 여사의 인사말과 지미 카터 인사말이 있었다. 계속해서 이어진 순서로는 지미 카터의 후원사에 대한 감사패 증정.

주택은행 김정태 당시 행장(현 국민은행장), 국제라이온스협회 송창진 한국연합회장, 삼성물산의 현명관 대표이사 회장, (주)정림건축의 김정철 회장, 여의도 순복음교회 대표, 한국가스공사 김명규 사장, 다우케미칼(주)의 마이클 D 파커(Michael D. Parker) 그룹 회장 등 7인이 많은 후원사들의 대표로 밀러드 풀러, 지미 카터, 나이렇게 3인의 서명이 들어있는 감사패를 받았다.

이날 특히 기억에 남는 일로는 후원자 중 한 사람인 강형구 화백이 초대형 카터 초상화를 그려서 공개한 일이다. 대형 이젤에 페브릭으로 가려진 그림이 공개되자 객석에선 감탄사가 터져 나왔다. 지미 카터 역시 평생의 추억으로 간직할 것이다.

폭우 속에서도 집짓기는 계속되고 …

8월 7일 화요일

이날 역시 지미 카터는 여느 때와 마찬가지로 식사를 마치자마자 곧바로 현장으로 가서 하루종일 작업을 했다. 하지만 나는 밀러드 풀러, 최성락 상임이사 등과 함께 서울로 올라가야 했다. 세계성신클럽에서 수여하는 세계성령봉사상을 밀러드 풀러가 받기로 되어 있었기 때문이다. 밀러드 풀러는 이날 받은 상금 1,500불을 그 자리에서 바로 사랑의집짓기 후원금으로 써달라며 내게 건넸다.

국회 소회의실에서 열린 이 행사가 있기에 앞서 이만섭 국회의장이 우리를 불러 사랑의 집짓기에 써달라며 금일봉을 기부하기도 했다.

성령봉사상은 김선도 목사(광림교회)와 김홍도 목사(금란교회), 김국도 목사(임마누엘교회), 그리고 김건도 목사(현재 외유중) 형제의 어머니인 이숙녀 전도사가 제1회 수상자로 영광을 안았고, 제2회 수상자로 내가 선정된 바 있는 내게는 아주 뜻깊은 상이다. 그리고 지난번 제10회 수상자로는 국가조찬기도회장 김영진 국회의원과 한국관련 성극활동을 하는 마가렛 모어 선교사가 수상하였다.

서울에서의 일을 끝마치자마자 우리는 서둘러 각자의 일터로 돌아갔다. 나는 자동차를 이용해 아산으로 향했고 밀러드 풀러는 최성락 상임이사와 함께 경기도 파주로 갔다. 비가 억수같이 쏟아지던 날이었다. 하지만 작업은 거의 집안에서 이루어졌기 때문에 집 짓는 일이 비로 인해 방해를 받지는 않았다. 우리가 서울에 있는 동안 카터는 사이사이 언론사의 인터뷰에 응해주기도 하면서 여전히 집을 짓고 있었다. 인터뷰 중간중간 5분 정도의 휴식 시간에도 망치를 들고 집짓기를 하였다.

폭우 속에서 하루의 집짓기가 끝이 났다. 이제 이들을 무사히 버스로 인도해야 했다. 또다시 행사지원실의 활약이 시작될 차례. 한 치의 앞도 보이지 않을 정도로 마구 쏟아지는 빗속에서 행사지원실은 사람들을 인도하느라 이리저리 뛰어 다니기 시작했다. 빗소리가 워낙 커서 웬만큼 소리를 질러서는 제대로 들리지도 않는 상황이었다. 행사지원실은 특히 나이가 아직 어린 학생들에게는 비닐을 덮어주는 등 그들이 비를 맞지 않도록 하려고 애를 썼다.

비를 쫄딱 맞으면서도 자신들의 몸은 돌보지 않고 오직 다른 사람들을 위해 애쓰는 그런 모습을 보는 순간, 나는 그들이 너무 멋있어 보였다. 자신을 희생해가면서 남을 돕는 그 모습, 바로 저게 해비타트구나, 그런 생각을 했던 것이다.

로잘린 카터 여사 역시 갑자기 쏟아진 비에 그만 온몸이 흠뻑 젖고 말았다. 놀라운 일은, 숙소로 돌아온 로잘린 여사는 수행원이 있음에도 불구하고 젖은 옷가지 세탁을 손수 했다는 것이다. 게다가 다림질까지도 직접 한다는 소릴 듣게된 호서대 대외협력실의 윤정

아, 이한식 팀장 등은 그 모습에 놀라기도 했다. 지미 카터 역시 본인이 직접 모든 걸 챙기는 건 로잘린 여사와 마찬가지였다.

이날 저녁에는 호서대 교육문화관에서 '텔런트쇼'(Talent Show; 장기자랑)가 있었다. 오제형, 최할리의 사회로 진행된 이날 행사는 자원봉사자들과 입주 가정들의 장기를 표출하는 시간으로 마련되었는데, 윤형주 홍보이사(가수·주식회사 한빛기획 대표)와 이상직 호서대 교수, 유영완 목사(천안 중앙감리교회) 등 3인이 심사위원으로 참석해서 자리를 빛내 주었다.

호서대 댄스동아리 '끼춤'의 힙합 댄스공연을 오프닝무대로 하여 미국인 자원봉사자 돈 하프너, '화합의 마을'에 입주하게 된 김순미 씨의 노래, 자원봉사자 조소진 씨의 댄스공연, 입주 가정 노공주 어린이의 바이올린 연주, 또 다른 입주 가정 이종록 씨, 미국 버트 카오일리팀의 노래와 댄스공연, 온누리 교회 연극팀의 영어 꽁트, 입주 가정 이혜진 씨, 입주 가정 진홍식 씨, 한국 해비타트 행사지원팀 이기용 씨의 노래와 댄스공연, 호서대학교 교직원 박홍식 씨, 미국 뉴욕 해비타트 봉사팀의 단체공연 등 총 12팀이 자신들의 장기를 마음껏 표출해 주었다.

이중 특히 장애우 입주 가정인 이종록 씨 가족이 합창한 '개똥벌레'는 자원봉사자들에 대한 고마움을 표현한 진실된 가사(원곡을 개사했다)로 인해 객석을 뭉클하게 만들기도 했다.

12팀의 참가자 가운데 최우수상은 'Can't Help Falling in Love'를 부른 미국인 자원봉사자 버트 카오일리(Bert Caoili) 팀이 차지했으며 힙합밴드 '소울푸드', 인기 락 그룹 '퍼니파우더', 그리고 CCM 락 그룹 '페이퍼'의 축하공연도 아울러 있었다.

집 짓는 일에서부터 밤 행사에 이르기까지 이처럼 모든 일들이 순조롭게 흘러간 데에는 보이지 않는 곳에서 땀 흘린 이들의 노고가 있었으니 그건 바로 행사지원실의 식사담당팀이었다.

행사기간 동안 아침·저녁식사는 각자의 숙소에서, 점심은 현장에서 먹는 것을 원칙으로 정했다. 문제는 3,700여명이 먹어야 하는 점심식사. 상상을 해 보라. 대체 어느 정도 면적이 돼야 그 많은 숫자가 앉아서 편히 식사를 할 수 있을까를. 또 어느 정도의 음식을 준비해야 모자람 없이 배불리 먹을 수 있는가를.

그 많은 수의 밥과 반찬을 준비하기 위해서 식사담당팀은 행사기간 내내 새벽 2시 30분에 일어났다. 그때부터 준비해야 가까스로 점심식사 시간에 맞춰 밥을 댈 수 있었던 것이다. 상상하지도 못했던 고된 노동에다 수면부족으로 배재현 식사담당 팀장이 두 번이나 쓰러지는 안타까운 일도 있었다.

국솥·밥솥(300명분의 조리가 한꺼번에 가능한 가마솥을 사용했다)을 비롯해서 찬기, 수저, 물컵 등에 이르기까지 3,700여명 분이 되어야 했으니 그 규모가 얼마나 엄청났을 것인가는 상상에 맡기겠다. 밥과 반찬을 준비하는 과정에서는 우성균 조리담당이 자원봉사자들과 함께 발이 퉁퉁 부어오르는 것도 감수하며 모든 사람들에게 맛난 음식을 먹이기 위해 애를 써주었다.

그러나 날짜가 감에 따라 이들의 숫자는 점차 줄어들기 시작해서 6일에는 2,800여명으로, 그리고 7일부터는 현저히 감소하여 약 2,500여명 정도가 집짓기에 참여했기 때문에 처음보다 수월해지기는 했다.

JCWP2001 아산 현장의 점심식사는 주식회사 현대 G-네트(대표이사 송진철)에 의뢰했었는데, G-네트 역시 이 행사를 위해 희생을 아끼지 않은 아주 고마운 업체이다.

우리는 우선 400평을 주방에 배정하고 약 900평은 임시 식당으로 정했는데, 식당에는 햇빛과 비를 피할 수 있도록 텐트를 쳤다. 1,500명을 수용할 수 있는 규모였기 때문에 자리가 비는 대로 들어와서 교대로 식사를 하는 방식을 택했다. 박면애 운영팀 차장을 중심으로 한 G-네트 임직원들은 열과 성을 다해 자원봉사자들과 함께 일을 했다.

밥 짓는 일에서부터 반찬 만들기, 운반, 설거지, 그리고 부식에 이르기까지 200명의 자원봉사자들이 혼신을 다해 G-네트의 임직원들과 함께 일을 했어도 일손은 역부족이었다. 그러자 급한 사정을 알게 된 G-네트 본사에서 실장, 부장, 과장 등 팀장급들로만 구성된 30명을 보내주는 등 성의를 보여 주었다. 휴가 도중 느닷없이 건축 현장으로 불려나온 이들은 그러나 불평은커녕 아주 적극적으로 이 일에 참여했다. 그들은 스스로를 '드림팀'이라 자처하며 즐겁게 봉사를 해주었다.

처음 G-네트에서 우리에게 올렸던 견적은 2억 6,000만원. 하지만 G-네트는 쌀과 부식비(6,000만원)만 받는 용단을 내려 주었다. 후문에 의하면 행사 때문에 구입했던 솥이나 수저 등 수많은 장비들이 회사 창고에 산더미처럼 쌓여 잠자고 있다고 하니 참으로 죄송하기도 하기도 하고 감사하기도 하다. 그리고 덧붙여 행사기간 동안 생수를 지속적으로 제공해준 여러 생수업체에게도 고맙다는 말을 하고 싶다. 땀흘린 노동 속에 목을 축여준 그 생수들은 모든 자원봉사자들이 사랑하는 물이 되었다.

뒤에 숨어 큰 일을 해낸 사람들
8월 8일 수요일

이 날은 아침부터 카터 부부, JCWP사업본부장 릭 해더웨이 등과 함께 JCWP2001 부 사업지들을 방문하기로 한 날이다. 고맙게도 대한항공에서 헬리콥터를 제공해 준다고 약속을 해주었었다. 우리는 헬리콥터가 대기하기로 되어 있는 도고 컨트리클럽을 향해 떠났다.

행사기간 내내 이영주 통역 · 의전담당(현 KDI 근무)은 지미 카터의 스케줄을 관리하느라 평균 2시간 밖에 못 자는 등 고생이 매우 심했다. 그녀는 헬리콥터가 뜨고 내리는 것에서부터 국내 인사들의 지미 카터 개인 접견, 통역, 수행의 역할에 이르기까지 많은 것을 담당해야 했다. 그녀는 릭 해더웨이와 함께 일주일 내내 지미 카터를 가장 가까이서 모셨는데, 행사도중 생일을 맞이한 그녀에게 지미 카터는 생일축하 노래를 불러주기도 했다. 부 사업지를 방문하게 되어 있던 이 날도 헬리콥터의 이착륙 관계 처리는 그녀가 맡아서 처리해 주었다.

도고에 도착해 보니 놀랍게도 조양호 대한항공 회장이 직접 그 헬리콥터를 타고 그곳까지 내려와 우리를 기다리고 있었다. 조회장은 자신의 딸도 해비타트 자원봉사자여서 현장에서 열심히 일하고 있다며 아주 기뻐했다. 그는 우리에게 헬리콥터를 인계해주고는 현장으로 가고, 우리는 전라북도 군산으로 향했다.

우린 헬리콥터 덕에 아주 편안하고 빠르게, 12채의 집이 지어지고 있는 군산에 도착했다. 군산에는 주한미군 공군기지가 있는 곳이어서 미군 자원봉사자들이 대거 참여하고 있었다. 그곳에는 현지 미공군 사령관까지 와서 팔을 걷어 부치고 일을 하고 있었다.

그들은 지미 카터가 도착하자 열광적으로 환영해 주었다. 우리는 강근호 군산시장과 사랑의집짓기 김연종 군산지회 이사장(군산상공회의소 회장)을 만나 그들과 함께 땀흘리는 자원봉사자들을 격려해주고 간단한 의식을 치른 후 다시 경비행기에 올랐다. 그곳에서 보낸 시간은 약 45여분. 다시 우린 다른 행사장으로 가야 했다.

이번에 가야 할 곳은 경상남도 진주였다. 진주에서도 염경호 사랑의집짓기 실행위원장(진주외율교회 목사)의 헌신으로 12채의 집이 지어지는 중이었다. 그곳에서도 우리는 간소한 의례행사를 치르고, 준비한 선물을 입주 어린이들에게 나눠주는 등 바쁘게 일정을 진행시켰다.

다음의 목적지는 경상북도 경산지역. 우리는 시간을 절약하기 위해 미리 준비한 샌드위치를 헬리콥터 안에서 점심식사로 먹었다.

경산에서도 12채의 집이 지어지고 있는 중이었다. 이의근 경북도지사와 신일희 대구·경북지회 이사장(계명대 총장) 및 신상길 실행위원장(대구 밀알장로교회 목사)을 만나 함께 현장을 둘러보고 간단한 행사를 치렀다. 이렇게 하루의 일정을 마친 우리는 3시경 다시 아산으로 돌아왔다. 돌아오자마자 지미 카터는 또 망치를 손에 들었고 이 날 밤에는 공연 대신 호서대 교육문화관에서 수요예배가 있었다.

수백명의 외국인과 함께 사용할 화장실 또한 처음엔 여간한 고민거리가 아니었다. 우리나라의 간이화장실은 배설물이 훤히 보이는 것이 일반적이다. 아산 현장 역시 본 행사가 시작되기 전에는 소위 '퍼세식'으로 불리는 재래식 간이화장실(5대)을 설치, 외국인들이 불쾌감을 표시하기도 했었다. 하지만 본 행사가 시작될 무렵 '화장실 시민연대'의 표혜령 국장이 아주 좋은 화장실(전기를 꽂아 코드를 눌러서 배설물을 내려가게 만든 간이화장실) 제조업체를 소개해 줘서 행사 내내 매우 깨끗하고 위생적인 시설(50대)을 이용할 수 있었다.

화장실 쪽은 그린담당팀(팀장 방석호)이 도맡아 수고를 해줬는데, 특히 강명호 간사(현 전도사)는 대변과 소변이 묻어 있는 화장실 내부를 손으로 닦아내는 일을 솔선수범하여 해줬으며, 이미향 간사 역시 20살이라는 어린 나이임에도 불구하고 코를 틀어 막아가며 손으로 직접 화장실을 닦아냈다. 이처럼 드러나지 않는 곳에서 애를 써준 이들이 없었다면 기분 좋은 집짓기가 될 수 없었을 것이다. 이들의 봉사 덕에 화장실은 일주일 내내 가장 조용하고 가장 깨끗한 장소로 남아있을 수 있었다.

행사에 동원된 사랑의집짓기 행사지원실은 기껏 16명. 이들은 행사기간 동안 자원봉사자들과 함께 행사에 관한 전반적인 사항 모두를 담당해야 했는데, 이번 집 짓는 행사에서 가장 힘든 일만 도맡아 한 사람들이었다. 이정은 행사지원실장 밑으로 숙소, 수송, 식사, 이벤트, 자원봉사관리, 의료 · 그린 등 6개 팀장이 있었는데 그 각각의 팀은 다시 세부적으로 나뉘어져 팀원들은 자신들이 가진 능력 이상으로 일을 해줬다. 절대적인 인원 부족으로 아마도 1인당 10명분의 몫은 해내지 않았나 싶다. 집짓기에는 자원봉사자가 넘쳤어도 이렇듯 궂은 일에는 선뜻 나서는 사람이 없었던 탓이다.

JCWP2001에서 또 하나 중요한 역할을 한 사람들이 있었는데, 그것은 바로 자원봉사 의료진이었다. 의료파트는 위 · 아래 지역 두 곳에 각각 임시진료소를 마련하고 응급환자들을 진료했는데 위쪽을 맡은 의료진은 한국 외과전문의 1호인 최지원 박사 팀. 최박사는 지난 1982년 미국의 뉴욕에 개인병원을 개업, 4년 전 은퇴하기 전까지 수천건의 수술을 성공리에 실시한 인물. 그는 혈압기, 촬영기 등 300여 품목에 달하는 의료장비와 3만 5,700달러를 후원한 미국 뉴욕 플러싱한인교회(김중언 목사) 교인 45명과 함께 JCWP2001을 위해 한국에 왔다.

아산에는 15일부터 19일까지, 20일부터는 군산 · 진주 · 경산 · 태백 · 파주 등 전국에 걸쳐있는 사랑의 집을 순회하며 진료를 해준 최박사는 해비타트 운동에 빠진 나머지 강원도 철원에 있는 3,000여평의 땅을 한국 해비타트에 기증 사랑의 집을 건축할 계획도 가지고 있다.

그리고 아래쪽을 맡은 의료진은 연대 세브란스병원의 존 린튼 박사 팀. 우리 국민에게 너무도 친숙한 인물로 알려져 있는 존 린튼 박사는 JCWP2001에도 어김없이 참여해 정성을 다해 응급환자들을 돌봤다. 일주일에 걸친 공사현장에서는 매우 위급한 상황은 발생하지 않았다. 커다란 사고 없이 무사히 일을 마친 것에 대해 참으로 감사를 드린다.

성실한 자원봉사자 지미 카터
8월 9일 목요일

이날은 또 다른 부 사업지인 강원도 태백과 경기도 파주를 방문하는 스케줄이 예정되어 있었다. 이날 역시 대한항공의 헬리콥터를 이용했기 때문에 아주 효율적으로 현장을 방문할 수 있었다.

아침 일찍 아산을 떠난 우리는 태백을 향해 떠났다. 태백은 광산촌이라는 특수한 여건으로 인해 주거환경이 몹시 열악하다. 그래서 그 전부터 지속적으로 집을 지어 오던 지역이다. 이 지역의 해비타트 사업이 활발한 이유는 실행위원장 최준만 목사가 초기 설립에서부터 헌신적으로 봉사하고 있기 때문이다.

그런데 마침 이 날은 예수님의 십자가를 지고 행군하는 'PPP(Pusan, Panmunjum, Pyungyang) 십자가 대행진'이 있는 날이었다. PPP 십자가 대행진은 남북통일을 위한 기도와 분위기를 조성하고 민족화해와 협력·한반도 복음화를 목적으로 하고 있다. 8·15 기념일을 앞두고 실시된 이날 PPP 십자가 대행진은 임진각에서 통일대교까지 4㎞ 구간에 걸쳐 실시되었다.

지난 2001년 5월부터 시작된 이 행진은 이 날 점심 무렵 3,000여 명의 기독교인들이 임진각에서 모임을 갖기로 했는데, 지미 카터도 한국에 와있고 하니, 독실한 크리스천인 그가 자신들을 방문해주기를 간절히 바라고 있었던 것이다. 하지만 나는 그때까지도 지미 카터에게 얘기하지 못한 상태였다.

카터의 비서진에서는 집 짓는 일 외엔 일체의 다른 어떤 행사에도 카터로 하여금 참석하게 하지 않기로 결정해 놓고 있었던 터라 그 얘기를 꺼낸다는 것이 매우 조심스러웠다. 하지만 나는 그를 꼭 임진각에 데려가고 싶었다. 우리나라의 분단 현실을 생생하게 보여주고 싶은 마음도 있었지만 또 하나의 이유는 그가 PPP 모임에 관심을 표함으로써 행군을 하는 그들에게 조금이나마 힘을 실어 주고 싶었던 것이다.

나는 이제나저제나 그와 단둘이 얘기할 기회만 엿보고 있었다. 그런데 운 좋게도 마침 부인 로잘린 여사가 뒷좌석에 앉아 가는 바람에 나는 카터와 나란히 앉게 되었다. 사적인 대화가 가능해진 것이다.

나는 카터에게 임진각에서 기다리고 있는 PPP 모임에 대해 간략하게 설명했다. 그리고 임진각이 우리의 다음 방문지인 파주에서 아주 인접해 있으니 혹시 잠깐 들러서 한 말씀해 줄 수 있느냐고 조심스럽게 의사를 타진했다. 의외로 카터는 가겠노라고 쾌히 승낙을 해주었다. PPP는 부산, 판문점, 평양의 약자이다. 하지만 카터는 즉석에서 PPP의 의미를 Peace, People, Prayer로 재해석하며 유쾌한 조크를 던지기도 했다.

지미 카터의 승낙을 받아내고 이 얘기 저 얘기하는 사이 우리는 태백에 도착했다. 특히 그곳 태백 장성에서는 빙그레식품의 김호연 회장이 동환(18세), 동만(14) 두 아들과 함께 집을 짓고 있었다. 김호연 회장은 JCWP2001 기간 내내 아이스크림과 라면을 6개 사업지에 제공해주기도 해서 자원봉사자들을 즐겁게 해줬다. 비지땀을 흘리며 집을 짓다 한 입 베어 먹어보는 시원한 아이스크림 맛은 땀의 의미를 모르는 사람들은 도저히 이해할 수 없으리라. 그들은 5박6일간의 휴가를 몽땅 사랑의 집을 짓는데 바쳤다.

사실 집을 지으러 오거나 음식을 제공해주었던 업체의 대표는 빙그레식품 만이 아니었다. 롯데리아(대표 이철우)도 행사기간 동안 햄버거와 음료를 무상 지원했는데, 그보다 앞선 4일에는 인천국제공항을 통해 입국한 자원봉사자 640명분의 식사를 제공해주기도 했다. 뿐만 아니라 이철우 대표 역시 JCWP2001이 개최되는 6개 지역을 직접 찾아가 집을 짓기도 했다.

중앙일보의 홍석현 회장 역시 자원봉사자로 망치를 손에 잡았고, 한국컴퓨터어소시에이션(CA)에서는 하만정 사장 등 임직원 20명이 단체로 휴가를 내고(전직원의 25퍼센트) 집짓기 봉사를 하기도 했으며, 한국P&G(대표 엘 라즈와니) 역시 전직원의 10퍼센트가 넘는 40명이 자원봉사자로 수고를 해주었다. 그 외 미국 감리교의 밥 에드가 목사(미국교회협의회 총무) 또한 원로에도 불구하고 집짓기에 구슬땀을 흘리느라 여념이 없었는데, 그는 지미 카터 대통령 재임시에 의회 의원이기도 했던 인물이다.

또 삼성물산 주택부문 이상대 사장도 아산에서 망치와 페인트 통을 잡았다. 주택부문 선두를 다투는 업체의 사장으로서 현장체험과 봉사라는 두 가지 일을 모두 하기 위해서라고 그는 말했다. 이상대

사장은 2000년 광양에서도 사랑의 집을 지은 바 있다. 뿐만 아니라 삼성물산에서는 임직원으로 구성된 46명의 자원봉사단을 아산현장에 파견하여 회사측이 후원하는 주택, 일명 '삼성래미안하우스'의 석고보드 붙이기, 단열재 넣기, 외장재 붙이기, 외벽 칠하기 등을 맡아서 해주기도 했다.

굴착기를 지원해준 볼보건설기계코리아의 에릭 닐슨 대표이사 사장도 일주일간 집짓기에 참여했는데, 그 자신은 물론이려니와 임직원들에게도 봉사참여를 권장하여 참가비 지급은 물론이고 유급휴가로 처리해 주기도 했다. 그 외 미국의 다국적 곡물기업 카길(한국대표 노엘 고키아)은 50여명, 시티은행(서울지점 대표 사자드 라즈비), 한국가스공사(사장 김명규) 등 이루 열거할 수 없을 정도로 많은 기업에서 수십명의 자원봉사자를 보내주었다.

태백에서 우리는 사랑의집짓기 최준만 실행위원장(태백연동교회 목사)을 만나 브리핑을 받고 지미 카터·현지 인사들과 함께 간단한 행사를 치른 뒤 다시 헬리콥터에 올랐다.

이날 역시 시간 절약을 위해 샌드위치를 싸 가지고 가긴 했지만 내가 제안을 하나 했다. 오늘은 샌드위치를 먹지말고 임진각에서 DMZ를 보며 점심을 먹는 건 어떠냐고 했던 것이다. 카터는 바로 OK를 하며 원더풀을 외쳤다. 우리나라의 평화를 기원하고 있는 그로서도 반갑고 색다른 경험이 될 수 있었던 것이다. 나는 바로 휴대폰으로 그곳에 도착해 있을 김영진 국회의원(국가조찬기도회장)에게 상황설명을 해주었다.

8채의 집이 지어지고 있는 파주 현장에서도 송달용 파주시장과 함께 현장을 둘러보고 간단한 의례행사를 치른 뒤 우리는 곧장 임진 각으로 내려왔다. 그곳에서 우리는 우리 일행을 기다리고 있는 김준 곤 CCC 총재 목사, 김영진 국회의원, 명성교회 김삼환 목사 등과 함 께 'DMZ를 바라보며' 점심식사를 했다. 만감이 교차했다. 어서 빨 리 통일이 되기를 진심으로 바라는 마음이 물밀듯이 내 가슴을 채웠 다.

식사 후 3,000여명이 모여 있는 그 자리에서 카터는 "저기 저 민 통선이 지금은 한반도를 남북으로 갈라놓고 있지만, 언젠가는 하나 가 될 날이 있을 것이다. 언젠가는 여러분의 동포를 도와줘야 하는 데, 그럴 날이 꼭 올 것이다."라는 요지의 연설을 즉석에서 해서 박 수갈채를 받았다. 그렇게 숨가쁜 하루 일과를 마친 우리는 다시 아 산으로 돌아왔다.

아산 현장으로 돌아오던 길에 지미 카터 부부는 수행원들과 함께 갑자기 재래시장을 찾고 싶어했다. 당연히 비공식적인 나들이였다. 로잘린 카터 여사가 우리나라 전통의 금줄(민간에서, 아이가 태어났 을 때 부정을 멀리한다는 뜻으로 문간에 걸어 매어 놓는 새끼줄. 여 아가 태어나면 숯을, 남아가 태어나면 붉은 고추를 새끼줄에 끼워 매달았다)을 사고 싶어했기 때문이다. 로잘린 여사는 고추가 꿰어 져 있는 금줄을 원했지만 구하지는 못했다.

금줄이 없으면 붉은 고추라도 사려고 했지만 그 또한 있을 턱이 없었다. 때는 8월 초였고 고추가 붉게 익으려면 아직은 시일이 더 필 요했던 것이다. 또한 붉은 꽈리고추(바싹 말려서 흔히 실내장식용으 로 사용하고 있다. 우리나라 전국의 꽃집에서 흔하게 볼 수 있다)도

사고자 했지만 그것 또한 아산의 재래시장에서는 팔지 않았다. 하는 수 없이 로잘린 여사는 풋고추 3,000원어치 사는 걸로 만족해야 했다.

재미있었던 것은 그들이 미국의 전직 대통령 내외라는 걸 알아차리지 못했는지 상당히 대범했던 상인들의 반응이었다. 깎아주기는 커녕 덤으로 얹어주지도 않았다. 물론 함께 사진을 찍으려 한다든가 악수를 해보겠다는, 그 어떠한 행동조차 보여주지 않았다. 그들의 순박함에 지미 카터가 참 재미있어 했다는 후문이 있다.

지미 카터는 톱 4개 등 집 지을 때 쓰이는 연장들을 샀는데, 그때 몹시 행복해 했다. 그는 천상 목수였던 것이다. 지미 카터는 자신이 산 연장 중에서 두 개인가의 톱은 경호원들에게 나눠주기도 했다. 그가 지닌 소탈함은 이렇게 그의 행동 곳곳에서 배어 나왔는데, 일주일간 보여준 태도에서도 여지없이 증명되었다. 그는 행사기간 동안 다른 자원봉사자들과 똑같이 하얀 식판을 들고 줄을 선 다음 자기 차례가 와서야 배급을 받곤 했던 것이다. 그는 특별 대우받기를 원치 않았다.

연장을 사들고 좋아하던 그는 이번엔 러시아의 보드카처럼 한국을 대표하는 술이 뭐냐고 이영주 통역·의전담당에게 물어 소주를 사기도 하고, 난장에 널려져 있는 팥·수수·조 등의 한국의 곡물도 유심히 관찰하면서 궁금해하기도 했다.

지미 카터 부부가 시장을 둘러본 시간은 대략 30분 정도. 두 사람은 늘 손을 잡고 다녀서 행사기간 동안 자원봉사자들의 부러움을 사기도 했는데, 재래시장 구경 중에도 혹시나 지미 카터가 로잘린 여사보다 앞서 걷게 되면 기다렸다가 손을 내밀어 다시 여사의 손을 잡은 다음에야 발걸음을 옮기는 등 부부의 금실이 대단했다. 매우 보기 좋았다.

피곤하기도 하련만 카터는 돌아오자마자 또다시 망치를 들었다. 아무리 보고 또 봐도 질리지 않는 모습이었다. 그의 타고났다고 밖에는 볼 수 없는 부지런함은 고개가 절로 숙여지게 만드는 부분이었다. 그가 보여주었던 모범적인 행동은 아마도 많은 자원봉사자들에게도 귀감이 되었을 것이다. 그는 밤 행사에도 어김없이 참석하는 성실함을 보여주었다. 이 날은 각 나라 문화공연을 통해 서로의 문화를 이해하고 공유하는 '문화행사의 밤(Cultural Night)' 이었다.

이번 행사기간 동안 통역 자원봉사를 해주기도 했던 태인영 씨(아리랑 TV 아나운서)의 사회로 진행된 이날 행사에는 CCM 힙합 댄스팀 'PK'의 오프닝 축하공연이 있었고 이어 JCWP 총괄이사 이경회 연세대 교수의 인사말이 있었다. 그리고 아산 '화합의 마을' 테마송을 제작해준 호서대학교 이기영 교수가 이인아 어린이와 함께 나와 공연을 해서 박수갈채를 받았다.

문화공연의 첫번째 순서로 나온 루마니아 자원봉사자의 민속노래 독창순서가 끝나자 MC는 갑자기 자신의 권한으로 깜짝 특별 게스트를 초대한다고 말해서 객석에서는 과연 누가 나올까 궁금해하기도 했는데, 그 특별 게스트는 바로 윤형주 홍보이사였다.

윤형주 홍보이사는 갑자기 불려 나왔음에도 불구하고 예의 그 노련함으로 페리 코모(Perry Como)의 50년대 히트작 'Micasa Sucasa'를 불러 주었는데, 노랫말이 주는 감동으로 인해 지미 카터나 밀러드 풀러를 비롯한 많은 외국인 자원봉사자들의 눈시울을 뜨겁게 만들기도 했다. 나 역시 감격했기에 여기에 그 가사를 소개해 볼까 한다.

MICASA SUCASA

Micasa Sucasa my home is your home
Welcome to my Hacienda
Micasa Sucasa my home is your home
I'll give you love warm and tender

My house is nothing more than windows and a door
and the roof that will keep out the rain
The day you say you're mine
My humble house will shine
Just like a castle in Spain

Micasa Sucasa my house is your house
Let's plan the futures together
Tell me, Oh, Tell me that your heart is my heart
And I will love you forever

미카사 수카사 나의 집은 당신의 집입니다

나의 보금자리에 오신 것을 환영합니다
미카사 수카사 나의 집은 당신의 집입니다
나는 당신에게 온기와 사랑을 드리겠습니다

나의 집은 창문과 문,
그리고 비를 가려줄 지붕 그 이상은 아니지만
당신이 나의 것이 되는 날 나의 소박한 집은
스페인의 성처럼 빛날 것입니다

미카사 수카사 나의 집은 당신의 집입니다
함께 미래를 계획해 봐요
당신의 마음이 곧 나의 마음이라고 얘기 해주세요
그러면 나는 영원히 당신을 사랑할 것입니다

사전에 어떠한 예고도 없이 느닷없이 불려나온 자리에서 어떻게 이러한 노랫말의 팝을 불렀는지 그의 순발력에 나는 다시금 놀랐다. 이 노래는 그야말로 해비타트 집을 위한 것이었기 때문이다.

다음으로는 신인가수 해이의 축하공연과 이화여대 율동팀, 자원봉사자 구윤정 양의 민요, 싱가포르 자원봉사자팀의 문화공연, 일본 간세이가꾸이 대학교 자원봉사자팀의 민속춤과 노래, 이틀 전에 벌어졌던 탤런트쇼에서 1위를 수상했던 미국의 자원봉사자 버트 카오 일리팀의 라인댄스 등이 장내의 뜨거운 환호와 함께 계속해서 이어졌다.

그리고 가수 이승철의 축하공연이 이어졌는데, 그는 이벤트 업체인 더팀커뮤니케이션즈의 소개로 해비타트 운동에 대한 소식을 접하고 난 후 자원봉사자로 참여하고 싶다고 자청한 인물. 그는 처음부터 적극적으로 해비타트 운동에 참여, 본 행사가 시작되기 전인 7월 말 대전·망상 해수욕장에서 열린 해변콘서트에서도 모금활동을 벌여 사랑의집짓기에 기부했다. 가창력이 뛰어나기로 이미 널리 알려져 있는 그의 열창에 지미 카터가 자리에서 일어나 리듬에 맞춰 박수를 치면서 흥겨워하기도 해서 주위 사람들을 즐겁게 만들어 주었다. 앵콜송까지 불러준 이날의 이승철은 정말 노래를 잘했다. 그는 앞으로도 자신의 모든 콘서트는 사랑의집짓기 기금마련 콘서트로 갖겠다고 밝혔다. 자랑스런 젊은이다.

한국 해비타트에서는 말로만이 아닌 행동으로 직접 보여준 연예인들에게 사랑의집짓기 홍보대사를 임명했는데 해비타트 홍보대사로는 이승철·뿌리패, 여성의집짓기 홍보대사로는 이휘향·김진아 씨 등이 그들이다. 한국 해비타트에서는 연예인의 이름을 빌어 사실보다 행사가 부풀려지는 것을 사양한다. 다만 해비타트 정신에 진심으로 공감, 열심히 행동으로 보여준 이들은 어느 모로 보나 자격이 충분하기에 홍보대사로 임명하게 된 것이다.

마지막으로 정동극장 예술단의 사물놀이 판굿과 강강수월래가 이어졌는데, 그들은 강강수월래를 관객 모두에게 부르게 하면서 관객 퇴장을 멋지게 유도함으로써 또 하루의 JCWP2001 밤 이벤트를 훌륭하게 마무리지었다.

MC·가수들을 포함한 이들 모든 출연진에게 나는 고맙다는 말을 하지 않을 수 없다. 그들은 해비타트 정신을 우리와 함께 공유하는 사람들로서, 자원봉사자의 개념으로 그 먼 곳까지 기꺼이 와준 사람들이기 때문이다. 만약 이들이 출연료를 받았다면 약 1억 5,000여만원 정도 들었을 것이라고 한국 해비타트 관계자가 말한 것이 생각난다. 하지만 이들의 고마운 마음을 어찌 돈으로 환산할 수 있겠는가. 이들 역시 현금이나 자재를 기부해줬던 많은 후원자들과 마찬가지로 사랑의집짓기의 진정한 후원자들 중 하나인 것이다.

'화합의 마을'에 완성된 소박하고 튼튼한 집
8월 10일 금요일

이 날 역시 어김없이 카터를 비롯한 전 자원봉사자들은 아침부터 분주하게 움직였다. 이 날은 실제로 집을 짓는 마지막 날. 오후 3시까지는 무슨 일이 있어도 마무리 작업까지 마쳐야 했다. 정각 3시에 주택헌정식이 예정되어 있기 때문이다. 그 시간을 정확히 맞춘다는 건 여간 어려운 일이 아니지만 자원봉사자들이 최선을 다한 결과 우리는 예정대로 그 시간까지 모든 공정을 끝낼 수 있었다.

아산 현장의 경우 1동에서 15동까지는 하단부에 지어졌고 16동에서 20동까지는 상단부에 지어졌다. 그리고 각각의 동 마다 4세대가 들어서게 설계되었으니 총 80세대가 이 '화합의 마을'에 지어진 것이다. 그런데 그 레이아웃이 아주 기가 막혔다. 예쁘기도 하려니와 환경친화적인 마을이 들어서게 것이다.

마을이 산을 바라보고 있어 전망 또한 좋아서 입주가정들은 봄이면 개나리와 진달래를, 여름이면 무성한 초록의 수목을, 그리고 가을이면 고운 단풍까지 볼 수 있는 행운을 안게 되었다. 게다가 각각의 동에는 잔디까지 심어져 있어 전형적인 전원주택의 형태를 그대로 갖추고 있다.

아산의 경우, 주택헌정식은 오전과 오후 두 차례에 걸쳐 진행되었다. 오전 10시에 있은 주택헌정식은 지미 카터가 직접 각 동을 돌면서 진행하였는데, 그는 입주가정 모두에게 일일이 자신의 사인이 들어있는 성경책을 주면서 축복의 말과 기도를 해주었다.

그리고 오후 3시, 자원봉사자들과 입주가정 모두가 함께 모인 마을회관에서 의식순서를 따라 주택헌정식이 거행되었다. 먼저 시작기도·찬송·성경봉독·찬양·설교·축도 등의 순으로 예배가 진행되었다. 예배가 모두 끝나자 주택헌정식 1부가 시작, 인사말·경과보고·축사·특송·편지낭독·감사의 말·축복기도 등으로 이어졌고 2부 순서로는 후원업체와 입주가정 소개에 이어 자원봉사자 대표로부터 입주자가 열쇠와 선물을 전달받았다.

평생의 소원인 내 집을 비로소 갖게 된 입주자들은 열쇠를 건네받는 순간 감격의 눈물을 흘렸다. 제 손으로 집을 지으면서도 혹시 이게 꿈이 아닌가 자다가도 벌떡 일어나 앉곤 했다는 그들에게 이제 집은 현실로 눈앞에 놓여 있었던 것이다. 그 순간의 감격을 그들은 영원히 잊지 못할 것이다. 그때의 초심을 그대로 간직하고, 그들 역시 이웃을 위해 봉사하기를 나는 기도한다. 아울러 자신들의 집을 입주할 때처럼 깨끗하고 아름답게 가꾸기를 바란다.

교독문을 끝으로 자원봉사자들과 입주자는 자신들이 지었던 집으로 각기 흩어져 걸어가기 시작했다. 자원봉사자들은 일주일 동안 땀을 바쳤던 바로 그 집에 미리 들어가 있다가 열쇠로 직접 문을 열고 들어오는 입주자를 따뜻한 박수와 환호성으로 맞이했다. 집에 들어와서 살게 될 사람과 집을 지었던 사람들이 서로 인사를 하고 난 다음에는 기도와 축하찬양이 이어졌다.

다음엔 침실 둘과 욕실, 주방 그리고 거실을 돌면서 축복의 기도가 올려지고 마침기도를 끝으로 헌정식은 모두 끝이 났다. 이때 입주자와 특별한 우정을 나눈 자원봉사자들 중 더러는 정성껏 마련한 선물을 전하기도 했다. 그들은 함께 집을 짓는 동안 쌓았던 우정을 서로 확인하며 교제의 시간을 갖기도 했다. 서로 수고했다며 치하의 말을 해주는 등 지난날들을 돌이켜 보며 누구랄 것도 없이 모두들 감상에 젖어들었다.

그들은 후일에도 카페모임을 통해 서로 안부를 주고받거나 해비타트 홈페이지(http://www.habitat.or.kr) 게시판에 자신들의 근황을 올리기도 하는 등 끊임없이 관계를 유지하고 있는 중이다. 해비타트 운동은 이렇게 집만 지어주고 끝나는 것이 아니다. 집을 지으면서 생겨난 우정이 나중까지도 이어져 진정한 친구관계로까지 발전하게 되는 것을 원하고 있다. 그리하여 더 많은 사람들이 이 운동의 취지를 이해하고 동참하게 되기를 바라고 있는 것이다.

JCWP2001은 8월 5일 개막식을 시작으로 8월 10일, 바로 이날 오후 진행된 주택헌정식 그리고 밤에 벌어질 폐막식을 끝으로 모든 행사는 바야흐로 막을 내렸다. 이렇게 하여 아산, 태백, 진주, 경산, 파주, 군산 등 6개 지역에 총 136세대의 사랑의집이 완성되었다.

또다시 밤. 이젠 아산에서의 마지막 밤 행사인 폐막식(Closing Ceremony)이 현장에서 기다리고 있었다. 내일이면 뿔뿔이 흩어져 각기 제 갈 길로 가야 할 사람들이 마지막 밤을 즐기기 위해 속속 현장에 도착하기 시작했다. 약 3,500~4,000명이 참석한 이 행사는 3,700명이 식사를 했던 바로 그 식당부지에서 펼쳐졌다.

식전 첫 행사로 아산지역 길놀이패의 길놀이가 펼쳐졌는데, 길놀이란 축제가 벌어지는 장소를 돌며 그 장소를 축복하는 한국의 전통 놀이를 말한다. 이번 길놀이의 작은 의미로는 JCWP2001의 자원봉사자, 그리고 아산 '화합의 마을' 입주가정 모두에게 축복을 기원하는 것이고, 큰 의미로는 앞으로 해비타트 운동이 더욱 활성화되어서 많은 사람들의 관심과 사랑을 통해 한국에 더 많은 사람의 지붕이 세워져 누구나 행복한 사회가 되길 기원하는 의미가 담겨 있었다. 이어서 충남도립국악원의 사물놀이 공연이 있었고 잠시 후에는 공식행사로 들어갔다. 이날의 사회는 윤형주 홍보이사와 배유정 MC가 맡았다.

김소윤 목사의 기도로 시작된 이날의 폐막식에는 천안 갈릴리감리교회 홀리스타 합창단원이 맨 먼저 입주가정을 위한 축하송을 불러주었고 다음으로 JCWP2001 6개 지역의 결과영상물을 보는 시간이 이어졌다. '우리집이 생겼어요'라는 제목으로 상영된 이 영상물을 보는 동안 자원봉사자, 입주가정, 그리고 그곳에 있던 모든 사람들은 그간의 일들을 회상하며 감회에 젖어 들었다.

잠시 후 단상에 오른 나는 아산 건축현장으로 오던 중 불의의 사고로 세상을 떠나고 만 고 손인현 사랑의집짓기 건축고문에 대한 추모식을 가졌고 이어 폐막식 대회사를 했다. 다음은 폐막식 대회사 중 일부이다.

(생략)

저는 벅찬 감동 속에서 하나님의 은혜에 감사드리고 도와주신 모든 손길 위에 하나님의 축복이 충만하시기를 간구 드리면서 오늘의 2001년도 지미카터특별건축사업의 폐막을 삼가 선언합니다.

오늘 전국 6개 사업지에서 완공된 136세대를 위한 새 집들은 입주가족들의 땀흘린 정성과, 자원봉사자들의 헌신적인 봉사와 특히 경제적 어려움 속에서도 이웃 사랑을 위하여 꼭 필요한 자원을 쾌척해 주신 많은 후원자 여러분의 도움이 있었기에 가능했습니다.

(중략)

본 사업의 얘기를 하자면 끝이 없을 겁니다. 그러나 제가 마지막으로 꼭 말씀드릴 것은 이제 우리나라의 해비타트 운동은 새로운 차원으로 발전하기 시작했다는 것입니다. JCWP2001년이 뿌린 씨앗은 계속해서 자랄 것이며 우리 민족의 화합과 평화와 사랑의 기반이 될 것입니다.

(중략)

우리는 오늘 마감한 지미카터특별건축사업의 십일조를 어려운 이웃나라의 무주택 가정을 위한 사랑의 집을 짓는데 쓰겠습니다. 특히 북한 · 베트남 · 몽골에서 우리나라의 자원봉사자들이 사랑의 집을 지음으로써 하나님께서 기뻐하시도록 다같이 힘을 모아야 하겠습니다. JCWP2001에 참가하셔서 땀

흘리고 애써주신 외국에서 오신 해비타트 가족 여러분도 손에 손을 잡고 이 지구촌이 하나님 안에서 은혜스럽고 아름답고 행복한 동네가 되도록 다같이 노력하여 주시기를 간구 드립니다.

고 손인현 고문에 대한 뜨거운 감정이 계속 복받쳐 올랐지만 나는 억지로 감정을 억누르며 폐회사를 끝낸 뒤 지미 카터에게 기념품을 전달하는 의식을 가졌다. 이어서 지미 카터, 밀러드 풀러, 심대평 도지사의 인사말이 있었으며 다음으로는 망치 전달식이 있었다. 올림픽기를 다음 개최지로 넘기듯 JCWP 역시 행사 마지막날 밤에 이렇게 다음 개최지로 망치를 넘기는 의식이 늘 있어 왔던 것이다.

망치는 나에게서 밀러드 풀러에게로, 그리고 남아공 대표에게로 차례차례 옮겨졌다. 망치가 남아공 대표에게로 이양될 때 MC의 유도로 장내에는 뜨거운 박수 소리가 메아리쳤다. 나는 그 순간 진심으로 해비타트 운동이 영원히 인류와 함께 하길 빌었다. 그리고 그럴 수 있으리라 믿어 의심치 않고 있었다. 해비타트의 행동하는 사랑을 구체적으로 상징하고 있는 망치. 우리는 이 망치로 함께 집을 짓고 땀을 흘리면서 하나가 되었던 것이다.

망치 전달식이 끝난 뒤에는 지미 카터의 특별한 사전 부탁에 의해 루마니아 자원봉사자 코크시스 믈크노스의 독창이 있었다. 하루 전에 있었던 '문화의 밤' 행사 때 불렀던 루마니아 민속음악을 다시 듣기 원했던 지미 카터의 부탁으로 특별히 다시 무대에 오르게 된 것이었는데, 그가 다른 노래를 부르는 통에 지미 카터는 실망을 하고 말았다.

루마니아 자원봉사자의 노래에 이어 우리나라의 소프라노 이태원 씨의 축하공연, 입주가정 어린이의 감사편지 낭독이 계속 이어졌다. 편지 낭독이 끝나자 윤형주 홍보이사가 "이제 새로 만들어진 보금자리에서 밝고 건강하게 성장할 우리 어린이들의 모습은 곧 해비타트의 밝은 미래"라고 말하자 배유정 MC는 "이번 기회를 통해 집에 대해 많은 생각을 하게 된 계기가 되었고, 나의 집 또는 우리 집이라는 이름이 가진 소중한 가치를 알게 되었다"고 화답했다. 그리고 "해비타트의 집이 왜 단순히 House(건물)가 아닌 Home(가정)으로 시작되는지도 이제 알게 되었다"고 덧붙였다.

다음 순서로 아산시립합창단과 천안 글로리아 소년소녀 합창단 80여명이 무대 위로 올라왔다. 윤형주 홍보이사의 리드로 '즐거운 나의 집'이 관객과 함께 불려지고 이어 '경복궁 타령'으로 합창은 계속되었다. 다음 곡은 'We are One in Habitat'(윤형주 작사 작곡). 이 곡이 합창되자 윤형주 홍보이사가 무대 위로 등장, 후렴부를 경건한 템포로 유도하면서 합창단의 촛불점화가 시작되었다.

이때 장내에 메아리친 배유정 MC의 멘트는 많은 이들의 마음을 촉촉하게 적셨다.

"아무것도 없던 땅에 기둥이 세워지고 지붕이 만들어져 사랑의 집이 완성되었습니다. 이 모든 것이 가능한 이유는 바로 해비타트라는 이름 속에 우리가 하나되어 행동하는 사랑을 실천했기 때문이 아닐까요. 자기 몸을 태워 세상을 비춰주는 촛불처럼 우리가 함께 모여 나누었던 사랑이 그대로 사회에서도 빛을 발휘하길 바라는 경건한 마음으로, 여러분에게 나누어 드린 초에 모두 점화해 주시기 바랍니다."

입주가정 어린이들이 촛불을 들고 나와 첫번째 참가자의 초에 점화를 해주면 그 참가자가 또 다른 참가자의 초에 점화를 해주는 식으로, 촛불점화 의식이 시작되었다. 손에서 손으로 하나 둘 점화되어 가던 그 아름답던 촛불. 하나하나 늘어가던 그 촛불은 사랑의 메신저였다. 촛불이 점화되어 가는 동안에도 'We are One in Habitat' 합창은 계속되었다.

우리 모두는 그 순간 얼마나 감격을 했는지! 그 밤을 회상하자니 지금도 내 가슴은 벅찬 감동으로 출렁인다. 계속 번져나가던 그 밤의 촛불처럼 우리의 사랑의 집짓기도 그렇게 온 누리로 퍼져나가 영원히 계속될 것이다.

합창이 끝나자 불꽃놀이를 알리는 카운트다운이 시작되었다. 10, 9, 8, … 3, 2, 1 카운트다운은 합창처럼, 전 참석자의 입술과 입술을 통해 큰소리로 방금 태어난 '화합의 마을'을 뒤흔들었다. 그랬다. '화합의 마을'은 바로 이 날이 탄생일이었던 것이다.

드디어 하늘 높이 솟아오르던 찬란한 불꽃을 끝으로 이번 JCWP2001의 모든 행사가 끝이 났다. 아름다운 불꽃을 바라보며 모두들 박수를 치면서 감탄하던 바로 그 시각, 그러나 그들을 즐겁게 하기 위해 그때까지도 땀을 흘린 사람들이 있었으니, 그들은 바로 다름 아닌 행사지원실의 이벤트팀.

장명환 간사를 비롯한 이벤트팀은 연신 폭죽을 터뜨리는 한편으로는 비 오듯 쏟아지는 땀을 닦을 사이도 없이 폭죽 껍질을 주우러

다니느라 여념이 없었다. 혹시라도 다른 곳에 불이 붙어 화재가 날까봐 조바심을 내며 이리저리 뛰어다녔다. 마치 타조 알처럼 생긴 폭죽 껍질은 인근 주택의 지붕 위에 떨어지기도 해서, 위험을 무릅쓰고 지붕 꼭대기까지 기어올라가야 했다.

불꽃놀이가 끝나자 사람들은 그들에게 말했다.

"수고했어. 멋있었어."

껍데기를 주우러 다니느라 제대로 불꽃놀이를 감상할 수는 없었겠지만 행복해 하는 사람들을 보면서 그들 역시 행복감을 맛보았으리라.

이렇듯 개막식에서부터 마지막의 폐막식에 이르기까지 모든 이벤트가 대성공으로 끝나게 된 데에는 빼놓을 수 없는 사람이 있다. 윤형주 홍보이사가 바로 그 사람이다. 그는 기획에서부터 총감독·연출·MC 그리고 초대가수로서의 역할까지 훌륭히 수행해 주었다. 윤형주 이사가 없었던들 이렇게까지 나무랄 데 없는 이벤트가 밤마다 개최될 수 있었을까. 그의 열성과 재능에 나는 감탄하고 말았다.

윤형주 이사는 본 행사가 끝난 뒤에도 홍보실과 함께 Post-JCWP(후기JCWP) 기금마련을 위한 이벤트를 기획했다. SK건설과 함께 했던 독특한 발상의 그 이벤트를 잠깐 소개하고 싶다.

SK건설의 부산 SK뷰 모델하우스에서 작년 11월 2일부터 25일까지 열렸던 그 이벤트는 이름하여 '사랑의 액자 만들기'. 모델하우스 입장객에게 1,000원짜리 색종이스티커를 나눠주어 그들로 하여

금 대형 모자이크를 완성하도록 유도한 행사였는데, 2만여명의 입장객들이 참여, 총 2,000여만원의 후원금을 모금하는 성과를 거뒀다. 당시 이벤트의 의의는 모금·사랑의 집짓기 홍보뿐만 아니라 입장객들이 집 없는 이웃들의 애환까지도 한번쯤 생각할 수 있게 만드는 계기를 마련해주었다.

JCWP2001 기간 동안에 우리가 누렸던 행복하고 즐거웠던 밤들은 그가 만든 최고의 작품이었다. 집 짓느라 파김치가 다된 육체였지만 우리는 밤에 벌어지던 그 행사로 인해 에너지를 재충전할 수 있었고, 그 덕에 이튿날의 집짓기에서도 어김없이 최선을 다할 수 있었던 것이다.

마지막 불꽃 마저 사그라져 버리자 우리 모두는 아쉬움을 느껴야 했다. 보람되고 흐뭇했던 땀의 현장을 떠나야 하는 것이 못내 서운했던 참가자들 일부는 동이 틀 때까지도 현장에서 노래를 부르면서 함께 어울렸다.

그들 중 더러는 JCWP2001 공식 엠블렘이 프린트된 티셔츠를 그때까지도 입고 있었는데, '집을 지어요'라는 글자가 새겨져 있는 이 엠블렘은 사랑의집짓기 행사를 효과적으로 노출시키는 데에 커다란 기여를 했다. 엠블렘은 18년 JCWP 사상 처음으로 도입된 것. 디자인 전문회사인 커뮤니케이션 크리가 숙고 끝에 제작한 이 엠블렘은 서로 손을 잡고 힘을 합해 집을 짓는다는 이미지를 한국적으로 형상화시킨 것으로, 통일에 대한 염원·동서화합·인종과 계층을 구별하지 않고 행하는 사랑을 메시지로 담고 있다. 강철호 대표를 포함한 커뮤니케이션 크리의 디자인팀이 모든 일 제쳐놓고 자원봉사로 제작해준 이 아름다운 엠블렘은 지미 카터도 인지하고 있을 정도로 인기를 끌었으며 행사 내내 기자들의 질문이 계속됐던 것 중의 하나이다.

이미 불은 모두 꺼지고 밀려드는 피곤함에 하나 둘 자리를 뜨기 시작했지만 그때까지도 돌아가는 것이 아쉬웠던 몇 사람은 마지막 밤을 현장에서 밤을 꼴딱 새기도 했다. 그렇게도 아쉬웠는지 그들은 이념과 국적, 종교를 초월한 우정을 나누느라 밤이 새는 것도 몰랐던 것이다.

JCWP2001은 끝났지만 사랑의 집짓기는 계속된다
8월 11일 토요일

나눔의 즐거움과 이웃에 대한 사랑을 가슴 가득 간직하며 수많은 국내외 자원봉사자들은 아침부터 분주하게 짐을 꾸렸다. 이제 정말로 떠나야 하는 것이다. 부실한 곳에서 인간다운 삶을 누리지 못하던 많은 사람들에게 안락한 집과 화목한 가정을 선사해준 그들 역시 이젠 가족들이 기다리는 자신들의 집을 향해 돌아가야 하는 것이다. 어느새 친구가 되어버린 우리들 모두는 서로서로 얼굴을 마주보고 웃으며 이별의 말을 했고 악수를 했다. 아쉽지만 또 다른 사랑의 시작을 알리며 ….

JCWP2001은 끝났다. 하지만 사랑의 집짓기는 끝이란 것이 없다. 한국 해비타트에서는 앞으로도 지속적으로 사랑의 집을 지을 것이고 더 많은 참여자를 기다리고 있다. 자신이 할 수 있는 능력에 맞춰 모든 국민이 집짓기에 참여할 수 있다. 페인트칠도 좋고 망치질도 좋고, 하다 못해 현장에서 쓰레기를 줍는 것도 봉사자가 할 일이다. 나이의 구분도 없다. 자원봉사자가 할 일은 도처에 널려 있다. 한국 해비타트에서는 사랑의 집짓기에 동참하고자 하는 사람들을 언제나 기다리고 있다. 집을 지으면서 땀의 의미를 배우게 되고 이웃에 대한 사랑까지도 가져갈 수 있을 것이다. 많은 자원봉사자들이 말하지 않던가. 도와주러 왔다가 오히려 배우고 간다고 ….

집짓기에 한번 참여했던 사람들은 다시 또 집을 지으러 오는 경우가 많다. 한국 해비타트 본부 직원들 중에는 토요일마다 연장을 꾸려 집을 지으러 가는 사람들이 있다. 지금 이 시간에도 한국의 곳곳에서는 해비타트의 집이 계획되고 있든가 지어지고 있다. 의정부, 태백, 진주, 대구·경북, 천안·아산, 파주, 군산, 수원·오산·용인, 서울. 이 아홉 지역에 있는 해비타트 지회에서는 오늘도 열심히 무주택자를 위해 집을 짓는 일을 하고 있다. 그리고 세계 곳곳에서는 매 20분마다 한 채씩의 해비타트 집이 생겨나고 있다. 사랑의집짓기를 활성화하기 위한 방안으로 한국 해비타트에서는 매년 8월 첫주를 '해비타트 주간(Habitat Week)'으로 정해 놓기도 했다.

이번 JCWP2001은 매스컴의 관심 또한 지대해 국내 모든 매체에 빠짐없이 보도되는 좋은 결과를 낳았다. 주요 3개 TV 방송 및 케이블, 인터넷, 위성방송 등에서 다양한 방법으로 보도를 해주었다. KBS1, 2와 SBS에서는 다큐멘터리·특집프로그램형식(시사포커스, 열린음악회, 주부대상 아침방송 등)으로, MBC는 자원봉사자 모집 자막공고를 통해 접근을 해주어 국민들의 관심을 모으는데 힘을 보태 주었다. 그 외 아리랑TV, C3TV 등에서도 다뤄주었으며, 기독교 방송에서는 인터뷰형식으로, 극동방송 · 교통방송 · KBS라디오 등에서도 사랑의집짓기를 적극적으로 알려주었다.

또한 주요신문(국민일보, 중앙일보, 연합뉴스, 조선일보, 코리아 타임즈, 동아일보, 한국일보 기타)과 주부대상 월간지, 기업 대상의 경제 주간지에 이르기까지 해비타트 운동은 꾸준히 언론의 협조를 받을 수 있었다. 국민일보 · 중앙일보는 국제 해비타트 등 지구촌 프로그램에 관한 해외기사까지 다뤄줘서 해비타트에 대한 관심을 이끌어내는 데에 중요한 역할을 해주었다. 참으로 고마운 일이 아닐 수 없다. 이러한 언론매체의 적극적인 협조 뒤에는 홍보실의 모든 간사들이 흘린 땀의 수고가 있었음을 나는 알고 있다.

집을 지을 때는 프레스 라인까지 쳐놓고 기자들의 사진촬영을 막았던 지미 카터이지만, 이날만큼은 친절하게도 원하는 사람들에게 사진촬영 포즈를 취해 주었다. 지미 카터와 함께 찍은 그 사진은 그들에게 굉장한 기념이 될 수 있을 것이다.

카터 부부 일행과 밀러드 풀러 부부 일행은 이날 오후 임성준 차관보와 최성락 상임이사, 그리고 나의 배웅을 받으며 인천국제공항을 떠났다. 모처럼 왔으니 며칠 더 있다 가도 되련만, 이튿날 있을 주일예배에 꼭 참석해야 한다며 굳이 이날 한국을 떠났다. 그들의 독실한 신앙심이 증명되는 순간이었다.

지미 카터와 밀러드 풀러는 우리나라에 입국할 때만 해도 과연 JCWP2001이 성공적으로 끝날 수 있을까에 대해 매우 회의적이었다. JCWP2001 전초전이라 할 수 있었던 2000년 해비타트 사업인 전라남도 광양의 '평화를 여는 마을(Miracle Across the River; 일명 MAR Project)'이 어려움 속에서 끝났었기 때문이다. 하지만 공항에서 본 지미 카터의 얼굴은 몹시 흡족해 보였다.

사고 없이 무사하게 끝낸 집짓기, 거의 완벽에 가까웠던 밤 행사들, 그리고 피날레를 장식했던 아름답던 불꽃놀이에 이르기까지 JCWP2001은 지미카터특별건축사업 역사상 가장 성공적인 사례로 꼽힐 것이다.

카터 부부 일행이 먼저 출국하고 1시간 뒤 밀러드 풀러 부부 일행 역시 한국을 떠났다. 같은 교회에 다니는 카터 부부와 밀러드 풀러 부부는 일요일, 다시 만날 것이다. 그 날 그들은 아름다웠던 우정의 한 마당, JCWP2001에 대해 길고 긴 대화를 나눌 것이다.

4. 사랑의 집을 짓기 위해

2000년 가을, 국제 해비타트 이사회의 결정으로 2001년 지미카터특별건축사업(JCWP)의 개최지가 우리나라로 확정되자 그때부터 한국 해비타트 본부는 바빠지기 시작했다. 우선 제일 먼저 해야 할 일은 주 사업지 선정이었다. 주 사업지가 되기 위한 가장 기본적인 조건은 재정 형편상 구입비가 저렴해야 했고 공사를 원활히 진행하기 위한 조건으로 자동차 진입로가 있어야 했으며 대지가 적어도 5,000~6,000평 정도는 되어야 했다.

효율적인 토지선정을 위해 우리는 우선 전문가로 구성된 토지선정위원회를 조직해야 했다. 한국사랑의집짓기운동연합회(이하 사랑의집짓기) 이사회의 결의를 거쳐 구성된 토지선정위원회의 위원장 직에는 사랑의집짓기 기획이사로 헌신하고 있는 건축전문가 이경회 연세대 교수가 선임되었다.

처음 우리가 주 사업지로서 주목을 한 곳은 경기도 오산이었다. 한국 해비타트 설립에 결정적인 역할을 했으며 초창기 시절부터 열정적으로 일해 왔던 사랑의집짓기 전 상임이사 고왕인 박사와 최영우 전 사무국장이 마땅한 부지를 찾기 위해 불철주야 노력한 끝에 찾아낸 곳이 바로 오산이었던 것이다. 그때가 2000년 9월 말이었다.

시일이 촉박했던 터라 이경회 기획이사와 권도웅 (주)정림건축 상임고문, 그리고 몇몇 위원들은 생업을 뒤로 미룬 채 오산으로 내려갔다. 주 사업지 문제로 무척이나 고심하고 있던 터라 이들은 설레는 마음을 안고 단걸음에 달려갔던 것이다.

하지만 가서 본 결과, 오산 후보지는 서울에서 가까워 일을 추진하는 데에 거리적인 장점은 있었으나 부지의 형태가 북사면(북쪽으로 언덕이 내려온 형태)이었다. 게다가 현장과 연결되는 진입로의 폭이 좁아서 자동차의 교행이 불가능하다는 단점까지 있었다(통상 도로의 폭이 최소한 6m는 되어야 두 대의 자동차가 서로 교차해서 오갈 수 있다). 따라서 자동차를 교행 시키기 위해서는 진입로 옆에 위치하고 있는 논밭을 추가로 사서 길을 넓혀야 하는 문제점이 도사리고 있었다. 시일이 걸림은 물론이고 예상외의 지출을 감수해야 하는 난감한 문제가 돌출해 있었던 것이다.

시간이 없었던 터라 그뿐이라면 또 어떻게 해결을 해볼 만도 했다. 하지만 그 땅이 재경부 소유지여서 불하받는 데에 적지 않은 어려움이 있을 것이라 예상되었고, 후보지 안에 6기의 사설 종중 묘지까지 있던 터라 참으로 난감했다.

오랜 고생 끝에 겨우 찾은 부지라 기쁨에 들떠 오산으로 출발했었는데, 문제점이 하나 둘 드러나자 우리는 그만 맥이 빠져 버렸다. 이경회 이사와 권도웅 고문 등 건축전문가들이 본 견지에서 오산의 후보지는 절대 적합한 장소가 아니었다. 사랑의집짓기 오산지회에 서는 이곳이 정부 땅이니 쉽게 살 수 있을 것이라 생각해 추천한 것 이지만, 오히려 정부의 땅은 개인의 것보다 쉽게 팔지도 않을 뿐더 러 설사 판다고 하더라도 입찰형식을 통해서 최저가로 낙찰되어야 소유할 수 있는 등 힘든 문제가 하나 둘이 아니었다.

오랜 논의 끝에 사랑의집짓기 건축전문가 팀들은 '이 땅은 어렵 다'는 결론에 도달했다. 그리고 위의 여러 이유를 들어 오산이 주 사 업지로 적합치 않음을 이사회에서 설명하면서 다음과 같이 덧붙였 다.

"오산지회의 열의를 생각해 장래 구입은 추진하되 현재 주 사업지로는 적합 하지 않습니다. 우린 빨리 다른 부지를 물색해야만 합니다."

그래서 물망에 오른 곳이 충남의 천안·아산 지역. 적합한 땅이 있다 하여 도고에 있는 저수지 3만평도 보고 방배면 부지도 보았다. 그러나 도고의 저수지 역시 북사면에다 자동차 진입이 어려운 맹점 이 있었고, 방배면 부지는 그런 대로 적합하긴 했지만 부지 정지공 사(땅을 편편하게 하는 작업)를 해야 하기 때문에 추가비용이 엄청 날 것이란 계산이 나왔다. 우리는 다시 난관에 부딪히고 말았다. 적 당한 땅을 고른다는 건 그렇게나 어려운 일이었던 것이다.

우리가 주 사업지 결정을 서둘렀던 데에는 다 그럴만한 이유가 있었다. 2000년 10월 26일까지 국제 해비타트 본부 이사회에 주 사업지 결정에 대한 최종 리포트를 제출해야 하는 것이 우리의 최우선 임무였기 때문이다. 마감 시간은 계속 다가왔지만 아직 결정을 보지 못한 우리들은 모두 너무나 초조했다. 특히 당시 이경회 이사의 고생은 대단했었다. 학생들을 가르치기에도 모자랐을 그 시간 그는 틈만 나면 이 일에 매달렸던 것이다. 하지만 10월 중순경까지도 우리는 결론을 내리지 못하고 있었다.

그러던 차에 아산에 적합한 부지가 있다는 소식을 접하게 되었다. 그 얘기를 처음 들은 사람은 호서대의 이병선 생활관장이었다. 아산시 금산리에 공장부지로 조성되어 있던 9,200평의 그 땅은 채무관계로 동아 신용금고에 넘어가 있던 상태였다. 그런데 놀라운 것은 전 소유자가 17억원을 들여 토목공사, 진입로 공사, 지하수 개발 등까지 완료해 놓은 상태여서 일부 농지 전용 등의 후속조치만 취하면 되는 땅이었다. 이병선 관장에게서 그 말을 들은 나는 그 즉시 현장으로 달려갔다. 처음 본 순간부터 나는 그 땅이 너무도 마음에 들었다. 어느 모로 보나 주 사업지로서 손색이 없어 보였다. 그런데 그곳에서는 어떤 사람이 땅을 측량하고 있었다. 궁금해서 물었더니, 그 측량기사는 이 땅을 사려고 하는 사람이 자신에게 토지측량을 부탁했다고 말했다.

갑자기 우리 두 사람은 마음이 다급해졌다. 땅은 너무 좋은데, 누군가 사려고 하고 있으니 서두르지 않으면 다른 이에게 넘어갈 판국이었다. 이관장은 가계약이라도 해놓고 오겠다며 그 자리에서 곧장 서울에 있다는 신용금고를 향해 떠났다. 가계약을 하러 간 이관장은 평당 단가 15만원을 호가하는 그 땅을 헌신적인 노력으로 10만원으로 낮추는 데에도 성공하고 돌아왔다.

이경회 이사 등 몇몇 토지선정위원회 위원들도 역시 그 땅을 보고는 이관장이나 나처럼 매우 흡족해 했다. 한국 해비타트 본부는 그 땅의 주 사업지 여부를 결정하기 위한 이사회를 개최했다. 그리고 이사회에서 정식으로 통과되자 미국의 국제 해비타트 본부에 연락을 취했고, 국제본부에서는 계약금조로 10만불(약 1억원)을 보내주었다. 그렇게 해서 정식으로 계약을 체결한 시기는 11월 말. 어쨌든 우린 그 땅을 매입하는 데 성공했고 국제본부에서 12월 말까지 땅값 9억 2,000만원 전액(계약금 포함)을 보내줘서 1월 초 잔금까지 모두 마무리짓게 되었다.

땅 매입에서부터 봉헌식을 하기까지의 복잡했던 일들을 일일이 다 설명할 수는 없지만, 농지전용 허가를 받고 사업허가 등을 내는 과정에서 충청남도 및 아산시 관계자들의 적극적인 협조가 없었다면 기일 내에 모든 서류작업을 완벽히 끝낼 수 없었을 것이다.

국도변에 위치해 있고, 정남향 부지에다 북쪽으로 산이 있어 조망도 좋으며, 현장까지 연결된 널찍한 진입로는 아스팔트까지 깨끗하게 되어 있는 땅이었다. 게다가 기초공사까지 마친 상태이니 시간절약에다 자금절약까지 모두 해결되는 일석이조의 조건을 완벽하게 갖추고 있었다. 우리 모두는 흥분해서 어쩔 줄을 몰랐다. 밀린 숙제를 마친 듯한 후련함 또한 함께 느꼈다.

나중에 알게 된 사실이지만, 이병선 관장은 가계약을 하기 위해 자신의 개인 돈 2,000만원까지 찾아서 가져갔다고 한다. 나는 그가 가계약을 하러 간다고 하기에 그저 구두로 쌍방이 약속하고 계약서만 쓰면 되는 줄 알고 있었다. 가계약에 돈이 들어가는 줄도 나는 몰랐던 것이다. 만약 일이 잘못되면 고스란히 날리게 되는 돈이었다. 그 정도로 우리 모두는 이 일에 혼신의 힘을 기울였던 것이다.

땅이란 것은 늘 그렇듯이 자신이 필요로 하는 만큼만 떼어서 살수는 없는 일이다. 주인이 그렇게 팔지 않기 때문이다. 그래서 애초에 계획했던 5,000~6,000평 보다 웃돌았지만 후일 그 땅 중 자투리 땅 300평은 부천 감리교회에 대여했고(2002년 1월 현재 교회신축공사가 모두 끝나 그 자리에 '도고 해비타트교회'가 들어섰고, 그 땅은 해비타트의 소유이므로 월 100만원씩의 임대료를 받고 있다), 8월의 메인행사가 끝난 후 Post-JCWP2001 사업으로 지난 12월 15일 8채를 더 완성했으니 얼마나 잘된 일인가. 그러고도 남은 땅에는 올해에 주택을 건축할 것이다.

JCWP2001의 사업 중 가장 기본적인 일이라 할 수 있었던 땅 매입과정에서 온몸을 던져 애를 써준 이경회 이사를 비롯하여 이병선 관장, 천안·아산지회의 이 순 목사, 이상직 호서대 교수 그밖에 많은 사람들이 힘을 써주지 않았다면 JCWP2001이 이렇듯 성공적으로 막을 내리지 못했을 것이다. 나는 지금도 아산의 땅이 우리 앞에 나타난 것은 하나님의 보살핌이라 생각한다.

2000년 전남 광양에서 시행되었던 '평화를 여는 마을' 집짓기에서 숙소확보 미비·물 부족·자금 부족 등으로 온갖 어려움을 겪었기에 더욱 애를 태웠는지도 모른다. 전라도 출신 입주가정 16세대, 경상도 출신 입주가정 16세대, 총 32세대를 지은 바 있는 광양의 경우 대규모의 행사를 처음 치렀던 터라 시행착오가 많았었다. 그래서 광양 행사를 거울삼아 JCWP2001 행사는 특히 숙소와 자금 확보에 더욱 심혈을 기울였다.

다행히 아산의 경우엔 인근에 활용할 수 있는 숙박시설이 충분한 데다(도고 한국콘도, 금융감독원 연수원 기숙사, 대우연수원 기숙사 등) 대학(호서대학교, 순천향대 등)의 기숙사까지도 활용할 수 있기에 우리는 그때부터 JCWP2001 사업을 낙관적으로 생각하기 시작했다.

게다가 주변에 공장 또한 많아서 입주가정들의 취업에 대한 기대도 가질 수 있었다. 입주가정에게 집만 지어 준다고 해서 모든 것이 해결되는 것은 아니다. 입주가정들이 잘 살 수 있도록 끝까지 보살피는 것 또한 간과해선 안 되는 해비타트의 정신인 것이다.

후일 5개 지역 부 사업지 중 하나로 오산이 다시 거론되었을 때에도(이번 JCWP2001에서는 주 사업지 아산을 위시하여 태백, 경산, 파주, 진주, 군산 등의 5개 부 사업지에서도 동시다발적으로 행사가 진행되었었다) 그 땅을 사기 위해 여러 각도로 애써 보았지만 재경부는 끝내 팔지 않겠다고 했다.

오산지회에는 해비타트 대학동아리도 결성되어 있는 등 매우 열성적으로 해비타트에 참여하고 있는 지회이다. 그 열의 때문에 부 사업지라도 그곳을 정해보려 했지만 상황이 여러 가지로 꼬여 있었다. 이렇듯 오산은 주 사업지 후보로도 거론되었고 부 사업지 후보로도 물망에 올랐지만 결국은 주 사업지는 아산으로, 경기도의 부 사업지는 파주로 넘어가고 말았던 것이다.

그 과정에서 빚어진 오해 때문에 나를 비롯한 현 이사진들은 무척이나 마음 고생을 많이 했다. 그 오해가 이해와 사랑으로 바뀔 날이 있으리라 믿고 지금도 나는 그 날을 손꼽아 기다리고 있다. 모든 걸 지금 당장 증명할 수는 없을 것이다. 비록 결과가 좋았다 하더라도 한번 꼬인 실타래를 풀기란 쉬운 일이 아닐 것이다. 믿음으로 묵묵히 그 날이 오기를 기다릴 뿐이다.

사실의 역사는 바꿀 수 없고, 진실이란 시간이 가면 반드시 증명된다는 믿음을 나는 갖고 있다. 때문에 참고 기다리는 것이 가장 중요한 덕목의 하나라고 믿고 나는 오늘도 살아가고 있다.

5. 소박하고 튼튼한 집

　우리는 주 사업지를 결정하기 전인 2000년 9월부터 이미 집행위원회를 실질적으로 가동시키고 있었다. 매주 토요일 아침 7시면 어김없이 서울 강남의 아미가 호텔에 모여 머리를 맞대고 회의를 했다. 부지선정 문제에서부터 지회관리, 후원회 조직, 모금활동, 홍보활동, 주택설계 등 어떻게 하면 효율적으로 실패 없이 소박하고 튼튼한 집을 지을 수 있는가에 대해 논의하기 위해서였다. 그렇게 이른 시간에 모임을 가진 이유는 회의를 얼른 마치고 각기 일터로 나가야 하기 때문이었다. 학교로 혹은 사업체로 출근을 해야 하는 사람들이었던 것이다.

　우리는 이경회 이사를 위원장으로 하는 설계위원회를 구성하는 한편 '평화를 여는 마을(이하 평마)' 집짓기 때부터 무상으로 설계에서부터 감리까지 도맡아 해주고 있는 (주)정림건축(회장 김정철)

에 설계를 의뢰했다. 이때가 2000년 11월. 정림건축에서는 프로젝트 총괄책임을 맡은 권도웅 고문의 지휘하에 '사내 설계자원봉사자' 시스템을 가동시켜가면서까지 '소박하고 튼튼한 집'을 짓기 위한 계획에 돌입했다(건축관계에 관한 내용은 주 사업지인 아산 위주로 기술되어짐을 미리 밝혀둔다).

'평마'의 경우엔 포철에서 철재 전량을 기부했기 때문에 스틸하우스로 지었지만, JCWP2001의 경우엔 JCWP가 열릴 때마다 목재를 기부하고 있는 미국의 대형 목재회사 웨어하우저가 목재 전량을 기부하기로 되어있기 때문에 목구조로 설계를 해야 했다. 만약 벽돌을 전량 기부하는 회사가 있다면 벽돌집으로 설계를 해야 하며, 레미콘을 전량 기부하는 회사가 있다면 그때는 철근 콘크리트 건물이 되어야 할 것이다.

(주)정림건축에서는 평마 32세대의 설계를 진행하면서 축적된 설계상의 노하우 즉 최대한의 공간활용, 경제적인 자재선정, 비전문가들의 자원봉사 시공이 가능한 시스템 등을 고려하여 평면설계와 구조체제를 결정하였다. 그리고 평마 주민들의 앙케트를 통해 얻은 '거주 후 평가'의 내용도 이번 설계에 반영하기로 했다.

평마와 이번 주택의 가장 큰 차이점은 이층세대의 진입을 위한 계단을 건물 바깥에서 내부로 끌어들인 것이다. 이 설계는 평마에서 제기되었던 미적인 측면에서의 외관상의 문제점을 해결할 수 있을 뿐더러 세대간의 소음전달을 방지하는 버퍼 존(Buffer Zone)역할도 하며, 눈이나 비가 올 때는 방풍실의 역할까지 담당할 수 있다는 설계위원회의 판단에서였다. 말하자면 이번 설계는 평마의 평면개

넘을 모체로 하되 부분적인 업그레이드를 거쳤다고 보면 될 것이다.

항상 염두에 두어야 했던 것은 '1주일만에 80채의 집을 지을 수 있도록' 설계되어져야 한다는 점이었다. 자원봉사자들이 땀흘려 일할 수 있는 건식공법의 작업부위가 효과적으로 계획되어야, 그들의 인력을 제대로 활용해내어 건물이 설 수 있기에 이 점에 대한 설계상의 고려가 필요한 것 또한 까다로운 조건이었다.

설계도가 완성되기까지의 전 과정을 여기 일일이 기재할 수 없음이 안타깝다. 아무튼 우리 해비타트 설계위원회 위원들과의 긴밀한 협의 끝에 (주)정림건축에서는 5개월만에 설계도면을 완성시켰다.

비록 16평짜리 작은 집이긴 하지만 우리는 마치 내 집을 짓는다는 마음으로 열과 성을 다해 부지선정 단계에서부터 설계, 마무리까지 최선을 다했던 것이다. 이 마음을 입주가정들이 알아준다면 더없이 고마울 것이다.

특히 Value Engineering 기법(보통 설계도가 어느 정도 완성되었을 때 하게 되는데, 같은 품질이면서도 가격을 다운시키는 기법을 말한다)을 동원, 가격을 내리는 방안도 연구했다. 튼튼하고 안락함은 기본이고 무엇보다 저렴한 가격으로 질 좋은 집을 지어야 해비타트의 정신에도 부합되기 때문이다.

이처럼 목구조의 설계를 했지만 실제로 집은 건식공법과 습식공법 두 가지를 결합하는 방식으로 지었다. 미국주택의 경우엔 100퍼센트 목구조 건축이 가능하지만 우리나라에서는 순수한 목구조 만으로는 집을 지을 수 없다. 현행 방화법상 완벽한 목구조의 집짓기는 허용되지 않고 있는 것이다. 한국식 주택은 대부분 콘크리트 골조와 철골 구조물로 시공되기 때문에 이 프로젝트를 통해서 시공된 주택들은 그만큼 특별한 의미를 갖는다고 할 수 있다.

이 사업을 통해 이번에 지어진 주택들은 모두 동일한 구조로 설계되었다. 1층은 철근 콘크리트 골조 목조 프레임으로 이루어졌고, 2층은 순수한 목구조로 시공되었다. 난방시스템은 한국의 전통적인 방식인 '온돌마루'로 설치되었다.

건축팀 총매니저인 더글라스(Douglas)와 고 손인현 건축책임자, 그리고 김두선 건축팀장 등이 현장에서 건축전문가로서 진두지휘를 하면서 자원봉사자들과 함께 땀을 흘려주었다. 김두선 팀장은 애초 19채의 집만 짓겠다는 생각으로 이 행사에 자원봉사자로 참여했지만, 메인 이벤트가 끝난 후인 10월 20일부터 12월 중순에 이르던 Post-JCWP2001 행사 마무리까지 봉사를 해준 고마운 사람이다.

주택배치를 어떻게 하느냐에 따라 그곳에 사는 사람들의 관계 역시 달라진다는 것을 알고 있는 건축위원회는 이웃의 얼굴을 가까이 볼 수 있도록(눈이 마주쳐야 한다는 Eye Contact) 주택을 배치하는 설계를 하기로 결정했다. 이웃이라는 공동체의식은 굉장히 중요한 것이다. 더욱이 우리가 하는 이 사랑의집짓기 취지에도 꼭 부합되는 것이 바로 그런 이웃 간의 사랑이었기에 이 점은 건축설계에 상당히 중요하게 반영되었다.

이경회 이사는 개인적인 소망으로 이 마을을 자연생태적인 환경을 지닌 건축으로 만들고 싶어했다. 생태건축학회의 회장직을 맡고 있을 정도로 그는 이 분야의 전문가이다. 자연생태적인 건축이란 자연과 함께 하는 건축을 말한다.

건축이 자연을 거역했을 때 환경의 오염을 유발시킨다. 그런 의미에서 자연과 융합되고 통합되는 건축은 우리 사회에서 점점 더 그 가치를 높여가고 있다. 남향 선호도 그것의 하나라고 할 수 있다. 창을 크게 내서 에어컨 없이도 건강한 여름을 날 수 있게 하는 일, 빗물을 받아 정화하고 소독해서 재활용하는 일 같은 것이 바로 이에 속한다.

하지만 이번 사업의 경우 자연생태적인 건축을 만들지는 못했다. 시간적인 여유도 없었을 뿐더러 경제적인 여력 역시 충분치 못했던 것이다. 하지만 목재가 많이 사용되었으니 자연친화적인 주택건설이 되었다고는 볼 수 있다. 앞으로 지을 집은 이왕이면 자연생태적인 컨셉이 들어가면 더 만족할만한 주택이 건설될 수 있을 것이다.

아무리 작은 집이지만 이번 집짓기에서는 조경 또한 신경을 쓴 분야 중의 하나였다. 아산 '화합의 마을'의 경우 이승률 회장(반도환경개발주식회사)과 이교원 상임고문(이원조경) 등이 자청하여 아름다운 마을을 만드는데 힘을 써주었다.

반도환경개발주식회사에서는 어린이 놀이터와 9호집(이원조경)을 제외한 일체의 주택과 주변 조경을 해주었는데, 그곳에 들어간 조경의 내역은 다음과 같다. 상록교목(소나무 외 1종)을 41주 심어주었고 낙엽교목류(느티나무 외 8종)는 208주, 관목류로는 자산홍을 포함한 여러 가지 꽃나무를 2,000주나 심어 주었다. 그외 곳곳에 심어진 잔디에 이르기까지 반도환경개발주식회사에서는 10여명을 동원하여 보름 여에 걸쳐 자원봉사를 해주었다.

반도환경개발주식회사는 여의도공원, 서대문 독립공원, 무궁화

동산(청와대 앞) 등을 비롯하여 현재 진행중인 난지도 매립지 공원
·익산 보석박물관 공원 등 국내 굴지의 공원은 거의 도맡다시피 작
업을 하고 있는 조경공사 국내 1위 업체이다.

또한 이원조경은 어린이 놀이터에 뙤약볕에서 뛰어 놀 어린이들
에게 그늘을 만들어주기 위해 8m짜리 단풍나무 19주를 심었고 벤
치도 놓아주었다. 그리고 각각의 집에는 스스로 피고 지는 꽃들과
나무 즉, 5월에 하얀꽃이 예쁘게 피는 산딸나무, 4월말에 꽃이 피는
철쭉, 노란 금불초, 10월을 아름답게 장식하는 구절초 등이 심어졌
으며 1m짜리 구상나무로 생울타리까지 만들어 주었다.

두 업체에서는 모두 자재비, 재료비는 물론이고 인건비에 이르기
까지 모든 걸 무상으로 제공해 주었다. 조경전문가들이 심혈을 기울
여 애쓴 결과 아산의 해비타트 주택들은 마치 서양의 한적한 전원주
택처럼 평화롭고 단아하면서도 세련된 맛을 풍기게 만들어졌다. 그
곳을 처음에 만들었던 그때처럼 아름답게 가꾸는 것은 이제부터 입
주가정들의 몫일 것이다. 하지만 한국사랑의집짓기운동연합회 역시
사후관리를 꾸준히 하려고 사업방향의 가닥을 잡고 있다.

아산 현장의 경우엔 운까지 따라 주었기에 기운이 절로 나는 집짓
기였다. 수차 언급했던 대로 '하늘이 내린' 부지선택에서부터 자재창
고, 그리고 모금실적에 이르기까지 모든 일이 즐겁게 진행되었다.

JCWP2001에 쓰이게 될 모든 자재는 일단 주 사업지인 아산에
집합되었다가 5개의 지회로 분배되었기 때문에 커다란 창고는 필수
적인 요소였다. 창고 대여비로 2,000만~2,500만원까지 예상했던
터라 인근에 있던 4,000평 크기(높이 2m)의 자재창고를 무상으로

쓰게 되는 행운을 얻게 되자 건축팀의 입에서는 휘파람이 절로 나왔다.

그 창고는 국립종자관리소 아산지소 소유로 당시 유기열 소장(현 서부지부 소장)이 선뜻 우리에게 빌려주었는데, 2001년 5월부터 올 1월 현재에 이르기까지도 해비타트의 자재를 보관하고 있는 중이다. 게다가 유소장은 네 대의 지게차까지도 솔선해서 빌려주는 친절을 베풀어주었다.

인력이 넘쳐 났고 남녀의 구분도 없었으며 주부들도 손을 걷어부치고 남정네 못지 않게 열심히 못질을 했다. 그분들이 자랑스러웠다. 땀 흘리며 일하는 모습을 보노라면 즐겁고 기쁘기도 했지만 한편으로는 마음이 아프기도 했다. 뙤약볕에 노출된 얼굴은 어느새 까맣게 그슬리고 있었던 것이다.

현지인의 텃세도 없었고, 특별한 항의도 없었다(2000년 광양 현장의 경우 인근마을에서 건축반대 항의를 하기도 했었다). 오히려 김치를 담가오고 마른반찬을 챙겨오는 등 인근 주민들은 우리 모두를 돕지 못해 안달이었다. 감동적인 순간이었다.

목구조 전문가가 그리 많지 않은 우리의 현실을 감안해 어렵게 수소문해서 찾아낸 그 분야의 전문가를 초빙하여 목조건축전문가학교를 운영, 입학식과 졸업식을 치르기도 했다. 돌이켜 보니 참 많은 일을 했다는 느낌이 새삼 든다.

다만 외국인이 건축 전문인력으로 많이 참여했기 때문에 시행착오 역시 만만치 않게 많았던 것도 잊지 못할 추억이다. 사다리도 필요한 것 보다 더 많이 사왔고 우리 실정엔 별로 소용이 닿지 않는 램

프 따위도 그들은 준비했었다. 이러한 실수를 타산지석으로 삼아 다음에는 더 완벽한 행사를 치를 수 있도록 노력해야 할 것이다.

사실 자원봉사자들이 대거 몰리는 JCWP2001 본행사 기간이 임박할 때쯤에는 각각의 건물은 이미 거의 시공이 완료된 상태에 있다. 전문가들이나, 미리부터 와있던 자원봉사자들, 입주 가정들에 의해 진작부터 작업은 진행되고 있었기 때문이다. "어떻게 일주일만에 집을 짓지?" 이렇게 의아해 하던 사람들이 있었다면 이제야 이 '번개건축'의 의미를 알았을 것이다.

건축공사는 JCWP2001의 핵심부분이다. 건축자재를 운반하고 준비하는 일부터 톱질, 실제로 못을 박는 일, 색칠 등 전부를 포함하는 일이기 때문이다. 일주일간의 집짓기 건축공사는 이렇게 진행되었다.

8월 5일 일요일
자원봉사자 오리엔테이션

8월 6일 월요일
벽체 설치
다우 블루보드 단열재 설치
외벽 외장널판 설치 착수
지붕 아스팔트싱글 설치 착수
천정 및 벽체 석고보드 설치
단열재 설치

8월 7일 화요일

외장널판 설치 계속

아스팔트슁글 설치 계속

석고보드 설치 마무리

석고보드 마감 재작업

8월 8일 수요일

외장널판 설치 계속

내부 창호 설치

8월 9일 목요일

거실, 주방 및 침실에 플라스틱 벽체마감재 설치(벽체, 천정)

플라스틱 걸레받이 설치

다용도실, 보일러실, 계단실(벽체, 천정) 도장작업

조경작업 착수

문고리 설치 착수

8월 10일 금요일

조경공사 마무리

주방 싱크대 설치

내벽 및 덮개 설치 마무리

도장 덧칠작업

문고리 설치 마무리

욕실금구(金具) 설치 마무리

청소 및 뒷정리

주택헌정식

8월 11일 토요일

기타 마무리 작업

귀가

우리 모두는 주어진 조건 속에서 최선을 다해 집을 지었고, 입주 가정이 가능하면 더 좋은 환경에서 살아갈 수 있도록 신경을 썼다. 그리하여 지어주는 사람이나 입주할 사람이나 일하는 내내 모두가 행복했었다.

힘이란 합할수록 커지고 모을수록 커지는 법이다. 그리고 사랑은 나눌수록 풍성해진다. 나는 이 JCWP2001을 통해 작지만 소박하고 튼튼한 집을 짓는 과정에서 참으로 많은 공부를 했다. 이 나이가 되어서도 어쩌면 이렇게도 배울 것이 많은지. 하지만 나이가 무슨 상관이랴. 어린아이에게서도 배울 점이 있으면 배워야 하리라. 앞으로는 또 다른 무엇이 나를 교육시키며 인도할까 설레는 마음으로 미래를 향한 기대를 가져 본다.

6. 겨자씨 같은 작은 나눔

나는 이 책을 읽는 당신에게 묻고 싶다.

"당신은 온 가족이 편히 눕고 쉴 수 있는 집이 있습니까?"

우리나라에서 '사랑의 집짓기'로 잘 알려져 있는 해비타트 운동의 실체는 바로 이것이다. 무주택 서민의 주거문제 해결을 돕는 기독교 자원봉사단체가 바로 해비타트 운동의 핵심이다. 인간이 살 수 없는 주거환경으로 인해 수많은 가정이 깨지고 있는 현대사회에서 해비타트는 개인, 교회, 기업, 각종 사회단체와 함께 힘을 합쳐 가난한 이웃을 도와 그들의 가정에 희망의 보금자리를 제공하고 있다.

JCWP2001이 열렸던 작년 여름, 136세대가 생전 처음 내 집을 갖게 되어 안락하고 깨끗한 새 집에서 살게 되었다. 그 많은 입주가정 중에 특히 감동을 받은 사람이 있었으니, 그는 지미 카터가 지은 집에서 살게 된 박재철(45세) 씨였다.

"셋방을 전전하던 내가 지미 카터 전 미국 대통령이 지은 집에서 살게 되다니…."

그는 말을 잇지 못했다. 처음 그는 자신이 살게 될 집에서 카터 전 대통령이 일하는 것을 보고 깜짝 놀랐다. 그런데 더욱 그를 놀라게 했던 것은 일주일 내내 쉬는 시간도 없이 정성을 다하는 카터의 모습이었다. 박씨는 결혼한 지 16년 만에 처음으로 갖게된 내 집이 지미 카터에 의해 지어지고 있다는 사실이 도무지 믿어지지 않는다는 표정이었다.

하지만 아무나 입주자로 선정되는 것은 아니다. 국제 해비타트가 정한 입주가정의 조건은 첫째 비인간적인 주거환경 속에서 현재 고통을 받고 있고 둘째 동역할 의지, 즉 땀의 분담으로 현장에 500시간 참여할 의지가 있어야 하며, 셋째 주택 건축실비를 매달 상환할 수 있는 능력이 있어야 한다고 명시되어 있다.

한국 해비타트에서는 거기에 덧붙여 우리 실정에 맞는 입주 기준을 정하고 있다. 위의 조건 외에도 첫째 결혼해 가정을 꾸리고 있어야 하며 둘째 5년 이상 무주택자여야 하고 셋째 입주자가 해당 지역에 일년 이상 거주하고 있어야 한다는 조건을 붙였다. 이러한 조건을 모두 갖고 있는 사람들은 아무래도 도시 외곽지역의 열악한 곳에서 살고 있거나 시골에 거주하는 사람들이기 십상이다.

다음 그림에서 보는 것처럼 정부가 지원하는 생활보호대상자들은 정부의 원조에 맡긴다. 하지만 원조 대상자가 아니면서 자립의지가 분명하며 '집만 있으면 되는' 가정은 해비타트 주택에 입주할 자격이 될 수 있다. 즉 해비타트 주택의 입주대상은 중간층에는 미치지 못하지만 최소한의 상환금 능력은 있어야 된다는 얘기다. 한국해비타트에서는 이런 가정을 찾아내야만 했다(입주자 선정에 관한 내용은 주 사업지인 아산 위주로 기술되어짐을 미리 밝혀둔다).

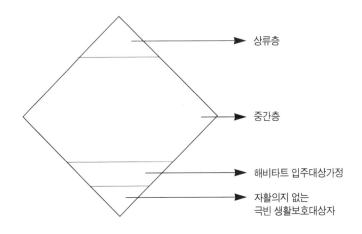

입주가정을 선정하는 일은 예상보다 만만치 않았다. 한국사랑의집짓기운동연합회(이하 사랑의집짓기) 입주가정선정위원회는 이 사업을 널리 알리기 위해 우선 홍보활동부터 개시하기로 했다. 그때가 2000년 12월. 해당지역의 벽이나 전봇대에 포스터를 붙이는 작업으로부터 시작하여 생활정보신문을 이용하는 등 지역주민들이 쉽게 접할 수 있는 모든 매체를 활용했다.

아산 '화합의 마을'의 경우 충청도 일대 11개 지역을 대상으로 입주 가정 신청을 받았는데 접수된 서류만도 약 500여 건이나 되었다. 이중 80세대를 선별해야 하니 만만치 않은 작업이었다.

논의를 거쳐 교수나 교사, YWCA 등 그 지역 사정을 잘 알고 있는 인물들로 선정위원을 선출했다. 선출된 39인의 선정위원은 다시 3인을 한 조로 하여 서류를 분담했다. 즉 서류가 접수된 500여 가정은 13개 팀으로 나뉘어져 엄격한 심사를 받아야 했던 것이다.

선정위원들은 우선 입주를 희망하는 각 가정에서 제출한 서류를 토대로 각각의 점수를 매겼다. 그리고 그렇게 각 선정위원들로부터 매겨진 점수를 가지고 다시 평균점수를 냈다. 꼬박 일주일간 더러는 동이 터 올 때까지도 이 일에 매달려야 했다. 그리하여 접수된 가정 중 절반을 첫 단계에서 선별해내는 데 성공했다.

이제부터 남은 일은 가가호호 방문하는 일. 서류에 기재되어 있는 사실의 진위여부를 가리는 작업과 병행하여, 어느 가정이 절실하게 해비타트의 집이 필요한가를 직접 눈으로 보면서 추려내는 일을 해야 하는 것이다. 3,4인씩 한 조가 되어 발바닥이 부르트도록 온종일 걸어 다녔다. 그 과정에서 제출서류와 상이한 집, 혹은 해비타트의 조건에 맞지 않는 가정이 하나 둘 제외되기 시작했다.

입주가정선정위원회는 나름대로 기준을 정해서 그 기준에 따라 착실하게 점수를 매겨 갔는데, 입주 조건을 만족시키는 점수를 100점으로 한다면, 열악한 주거환경 50점, 협력의지 30점, 그리고 주택비 상환능력을 20점으로 보고 점수가 높은 가정을 우선적으로 입주 대상으로 정해 나갔다.

정말 집이 필요한 절박한 가정인가에 초점을 맞춰 촉각을 곤두세우며 세심히 관찰한 결과 드디어 78세대가 최종 입주자로 선정되었다. 80세대를 채우기 위해 조건에 부합되지 않는 가정을 무리하게 넣을 수는 없었다. 이 사업은 신뢰를 바탕으로 하기 때문에 속이는 가정이 있어서도 안되었다. 만약 실수로 그런 가정이 선택되었다 하더라도 중간에 모두 가려졌을 것이다.

하지만 선택된 입주가정이 모두 입주하지는 못했다. 집짓기 500시간을 거의 다 채운 시점에서, 공구를 훔쳐 탈락된 가정(처음 범행 때는 선처를 해서 각서를 쓰는 선으로 마무리지었는데, 재차 범행을 저질렀기 때문에 완전히 탈락시킬 수밖에 없었다)과 잘못된 헛소문(사랑의집짓기 간사들이 물건을 빼돌렸다는 등)에 근거 없는 유언비어를 유포했던 가정이 빠졌기 때문이다.

애초의 계획에 의하면, 입주가정 선정의 정확도를 기하기 위해 신용평가기관에 의뢰하기로 했었다. 예금잔액이라든가 빚 등에 대해 보다 객관적이고 정확한 정보가 필요했던 것이다. 그런데 그 일이 여의치 않았다. 그래서 하는 수 없이 입주 신청 가정이 제출한 서류와 가정선정위원회의 방문에 의존해 입주가정을 선출할 수밖에 없었는데, 별 다른 실수는 없었던 것 같다.

선택된 78세대, 그들에겐 절실하게 집이 필요한 저마다의 사연이 있었으며 착실한 사람들이었다. 좋은 분들이고 해비타트의 집에 살 만한 충분한 자격도 있는 이들이었다. 죽도록 애를 써도 최소한의 삶조차 영위하지 못하던 사람들이었다. 가정선정위원회는 그들의 애처로운 사연에 가슴이 저렸다.

선별된 78세대는 대부분 가장이 막노동을 하거나 주부가 파출부나 식당일을 하는 등 매우 힘겹게 살아가는 사람들이었다. 거의 하루 벌어 하루의 목숨을 연명하는 우리 사회의 그늘에 사는 이웃이었다. 포장마차의 천막을 지붕 삼아 고단한 삶을 영위하던 이들도 있었고 토굴처럼 컴컴한 곳에서 11식구가 오글오글 모여 사는 가정도 있었으며, 기거할 방이 모자라 가족이 한 군데에서 살지 못하는 이들도 있었다.

장애우 가족도 6세대나 되었고 두 부부가 모두 장애우인 경우도 있었다. 가난 때문에 집을 나간 엄마를 애타게 기다리는 아이도 있었고 배관시설이 되어 있지 않아 비만 오면 바가지로 물을 퍼내야 하는 가정도 있었다.

해비타트의 조건에도 나와 있듯이 입주민들은 동역할 의지, 즉 500시간의 노동을 집 짓는 데 할애해야 했다. 그 500시간 중 가장이 최소 200시간을 의무적으로 참여해야 하고 나머지 시간은 가족이나 친지들이 채워줘도 되는 조건이었다.

그러나 3월의 기공식이 있은 뒤인 4월부터 본격적으로 시작된 그 힘든 동역의 기간 동안 얼굴을 찡그리는 사람은 없었다. 하나같이 내 집을 갖는다는 꿈에 부풀어 있어서 망치를 잡은 손엔 절로 힘이 절로 들어갔다. 서로 격려하고 설득하면서 끝까지 함께 했다.

이렇듯 입주가정에게 주어진 이 '소박하고 튼튼한 집'은 거저 주어지는 것이 아니다. 해비타트는 가진 자와 못 가진 자, 주는 자와 받는 자를 구분하지 않는다. 나눔과 동역의 정신으로 무장할 따름이다. 자원봉사자들이 17만원이라는 적지 않은 참가비를 내고 일주일 동안 땀을 제공했듯이 입주가정은 500시간의 노동력을, 후원업체에서는 돈이나 물자 혹은 용역을 제공했다.

자기 가정에 할애된 시간을 모두 채운 입주민들 중 더러는 사정이 딱한 다른 입주가정에게 자신의 노동시간을 제공하기도 했다. 서로서로 공유하는 데 보람과 기쁨을 느끼는 듯 했다. 이러한 과정을 통해 이들은 입주하기도 전에 이미 돈독한 이웃사촌이 되어 버렸다. 마을의 이름처럼 '화합의 마을'은 집이 완성되기도 전에 이미 만들어지고 있었던 것이다.

일을 하다 보면 언제나 있기 마련인 잡음도 이번 입주가정 선정에서는 별로 없었다. 최선을 다해 공정하게 심사를 했기 때문이다. 다만 신청서를 접수했지만 탈락된 어느 가정이 혹시 다음에 또 짓게 되면 그때에는 꼭 기회를 달라는 요청 정도는 있었다. 입주가정으로 선정된 사람은 결과에 만족했고 그러지 못한 사람들은 기다리는 자세로 결과에 승복했다.

하지만 선정된 입주가정에 대해 이의를 제기한 사람들이 있었는데, 그들은 일본에서 온 자원봉사자 학생들이었다. 그들은 입주가정으로 선정된 사람들이 사용하고 있는 휴대폰에 대해 심한 거부감을 느꼈던 모양이다. 우리나라와 일본 사이에 존재하고 있는 문화적인 차이점 때문이 아닌가 하는 생각이 들기도 했다.

그리고 그들은 또 다른 한 가정에 대해서도 이의를 제기했었는데, 올해 처음으로 선정된 사역자 가정의 한 아이가 켜는 바이올린 때문이었다. 반발이 있을 만 했다. 우리 상식으로도 바이올린을 배운다는 건 서민들에게조차 버거운 일이라는 걸 알고 있기 때문이다.

하지만 그 아이는 교인들의 원조에 힘입어 바이올린을 배우는 중이었다. 그것까지 뭐라고 할 수 있는 일은 아니었다. 가정선정위원회는 일본 학생들을 이해시키느라 무진 애를 먹었다.

집이 다 완성되고 입주를 한 후에도, 약간의 잡음이 없었던 것은 아니었다. 극히 일부의 세대가 가구를 새로 들인다든가 처지에 맞지 않게 무리를 해가면서까지 다소 비싼 값의 커튼을 달아 이웃의 눈살을 찌푸리게 만든 경우가 있었다. 손때 묻은 것을 쉽게 버리고 새 것만을 선호하는 우리사회의 병폐는 여기에서도 여지없이 보여졌던 것이다. 안타까운 일이 아닐 수 없다.

생각건대 그나마 조금 가지고 있던 돈을 집치장에 쏟아 부었지 않나 싶다. 얼마나 평생의 한이 맺혀 있으면 없는 돈에 무리를 했을까 싶은 안쓰러움이 없는 것은 아니지만, 해비타트 정신이 훼손되는 일 없이 검소하게 살아준다면 좋겠다는 바람도 가져본다. 극히 일부의 가정 때문에 이 '화합의 마을'에 분열이 일어난다면 원래의 취지에 어긋나는 것이기 때문이다. 어려운 형편이지만 입주가정끼리 서로 협조하면서 알뜰하게 살아 주었으면 좋겠다.

이 입주자 선정 과정에서 애를 쓴 사람은 한둘이 아니었으나 왕금진 가정선정위원장(천안 YWCA 회장, 천안·아산지회 이사)과 박정아 가정선정위원회 책임자(현 지회협력실 팀장) 그리고 이혜영 간사(현 홍보실)가 발벗고 나서주지 않으면 불가능했을 일이었다.

아산 '화합의 마을' 주민들은 종종 내게 편지를 보내 온다. 그들의 편지는 해비타트 집에 대한 고마움으로 가득 차 있다. 그 편지들을 읽을 때면 그들 보다 오히려 나 자신이 행복감에 젖어 들곤 한다.

그들이 내게 보낸 편지 중 하나를 소개할까 한다.

총장님께 드리는 감사의 말씀

할렐루야.

주님의 존귀하신 성호로 문안드립니다.

저는 화합의 마을 13동 102호에 사는 노요섭입니다.

집 없는 무주택 가정을 위해 주님의 심정을 가지고 애쓰시는 해비타트 관계자 여러분께 진심으로 경의를 표합니다. 특별히 제가 사는 집은 해비타트 국제이사들이 후원해 주시고, 사랑하시는 총장님의 아드님까지 바치신 사랑과 희생이 깃든 잊지 못할 주택임을 잘 알고 있습니다.

그 사랑을 잊지 않고 열심히 살아서 미력하나마 은혜에 보답하는 해비타트의 가족이 되겠습니다. 그리고 한국사랑의집짓기운동연합회를 위해서 늘 기도하겠습니다. 내년에도 집 없는 무주택자들을 위해서 거룩한 사업을 계획하시는 총장님과 한국사랑의집짓기운동연합회 모든 분들께 다시 한번 진심으로 머리 숙여 감사 드립니다.

주님이 오시는 그 날까지 귀한 사역이 더욱 힘있게 펼쳐지시기를 바라오며 주님의 무한하신 은혜와 평강이 충만하시기를 저희 온 가족은 기도하겠습니다.

감사합니다.

2001. 12. 20

아산 '화합의 마을' 입주자 13동 102호

노요섭, 정경순

자. 노공주, 사명, 사랑 올림』

그 외에도 "정말 고맙습니다. 저희 가족에게 이렇게 좋은 보금자리를 선물하여 주신 총장님과 전세계 해비타트 가족들에게 감사를 드립니다(아산 '화합의 마을' 입주자 1동 102호 이종록)"라는 내용의 글과 함께 카드를 보내온 입주자도 있었다. 이종록 씨의 경우 특히 내 기억에 남아 있는 이유는 부부가 모두 장애우이고 한때는 남남이었던 두 사람의 가족이 한 가족이 되어 새로운 보금자리로 입주하게 되었기 때문이다.

사람들은 묻는다.

"집 몇 채 짓는다고 이 지구촌에서 주거문제가 해결되나요? 그렇다고 빈곤의 문제가 해결되나요?"

집이란 게 대체 무엇인가? 왜 집이 중요한가? 살기가 아주 힘든 가정에서는 이렇게 말할지도 모른다. "잘 먹지도 못하는 처지인데 배부른 소리하고 있네"라고. 하지만 그렇게 간단히 생각할 일이 아니다. 의식주 중에서 '주'는 정신적인 부분까지 터치하는 매우 중요한 것이다. '버젓한(decent) 나의 집'이 있다는 건 사회를 구성하는 기본단위인 가정이 버젓하다는 걸 의미한다. 가정이 제 구실을 하면 사회도 바로 설 것이고, 그것은 곧 이 나라가, 나아가 세계가 바로 선다는 걸 의미한다. 그래서 '집'이 중요한 것이다.

해비타트는 집을 주는 것이 아니라 집을 가질 수 있는 기회를 주는 것이다. 해비타트는, 살려는 의지는 있는데 도저히 혼자의 힘만으로는 안 되는 사람에게 건축비 원가를 다달이 상환하게 함으로써 집을 가질 수 있게 도와주는 운동이니, 결국은 자신의 힘으로 집을 갖게 되는 셈이다. 공짜가 아니다. 그러므로 집을 지어준다고 으스댈 것도 없고, 집을 그냥 받는 것이 아니니 기가 죽을 필요도 없다. 다만 나눔과 사랑의 미학만이 존재할 따름이다.

지미카터특별건축사업은 물론 지미 카터 미국의 전직 대통령이 주축이 되어 시행되는 해비타트 사업임에는 틀림없다. 하지만 그렇다고 이것이 반드시 미국의 것이라는 생각은 할 필요가 없다고 생각한다. 우리에게도 품앗이라는 게 있다. 알고 있겠지만 품앗이란 옛날부터 내려오는 우리 고유의 미덕이다. 한데 모여 일을 해서 이웃을 도와주고, 도움을 받은 이웃은 도움을 준 이웃을 위해 또 봉사를 함으로써 이웃의 정을 돈독하게 하는 아주 훌륭한 우리의 전통이다.

이 집짓기 행사도 그런 맥락에서 이해하면 어떨까? 이웃끼리 사랑을 나누고, 도움을 주고받는다는 것, 그런 차원에서 생각하면 동서양이 다르지 않다는 걸 느끼게 될 것이다. 말로만 글로벌이 아닌 행동으로 보여줬던 글로벌, 그것이 바로 2001년 여름에 열렸던 JCWP였던 것이다.

하필이면 왜 집인가? 이렇게 묻는다면 나는 이렇게 답할 것이다.

"셋방을 사는 가정과 자기 집을 가진 가정의 가족 밀착도는 현저하게 차이가 납니다. 그만큼 집이 중요합니다. 우리가 짓는 것은 집이 아니라 가정입니다. 가진 자와 못 가진 자가 함께 땀을 흘려 공동체를 건설함으로써 가정 문제가 원인이 되는 사회 문제들을 근본적으로 치유하려는 것입니다. 가정의 소망은 중요합니다. 자기 집을 갖고 사는 사람들의 자립과 소망은 그 가정과 그들이 사는 사회를 풍족하게 합니다."

이 정도의 설명이면 이해가 될지 모르겠다.

또 혹자는 이런 의문을 제시할 수도 있다. 자원봉사자들은 대부분 비숙련공들일텐데 부실공사가 되면 어떻게 하죠? 그 대답 역시 나는 자신 있게 할 수 있다.

"걱정 마십시오. 숙련자와 비숙련자들이 적정한 비율로 배치되어 구성되어 있습니다. 전문가는 비전문가가 짓는 것을 일일이 체크하고 다닙니다. 숙련자들끼리만 짓는 것 보다 오히려 더 튼튼하다고도 말할 수 있습니다. 자원봉사자들은 원리 원칙을 지키기 때문에 숙련자들의 주문에 의해 철저하게 집을 짓습니다. 자재가 오히려 더 들어갑니다. 미국 플로리다에 태풍이 불었을 때 다른 집들은 다 날아갔지만 해비타트가 지은 집들은 멀쩡했답니다."

7. 사랑의 손길은 곳곳에서 넘치고

2000년 10월 주 사업지 부지선정이 끝나고 국제 해비타트의 도움으로 토지매입까지 마치자 우리의 행동에는 가속도가 붙기 시작했다. 집을 짓기 위해서 가장 중요한 것은 뭐니뭐니해도 자금력이다. 그때부터 우리는 집짓기 비용을 조달하기 위한 모금행사를 기획하는 등 하루 24시간이 모자랄 정도로 바삐 움직였다.

집 짓는 일에는 사람이 있어야 하고, 사랑이 있어야 하고 또 자금이 있어야 한다. 그래서 한국사랑의집짓기운동연합회(이하 사랑의집짓기)에서는 후원회원을 상시 모집하고 있다. 현재 약 1,800여명의 후원자들이 사랑의집짓기에 등록되어 있지만 매월 1만원씩 고정적으로 입금을 시켜주는 후원자는 약 1,300여명 정도. 사랑의집짓기에서 목표로 삼고 있는 후원자의 수는 대략 3만명으로 잡고 있다. 매월 1만원씩 도와주는 이런 분들을 우린 '개미후원자'라 부른다.

매월 1만원 후원해서 언제 집을 짓느냐고 비관적으로 말하는 사람들도 있겠지만 그렇지 않다. 사랑의집짓기에서 가장 중요한 분들이 바로 이 개미후원자들이다. 매월 1만원이면 후원자 1인의 후원액수가 일년이면 12만원이다. 그리고 아직은 턱없이 부족하지만 만약 5,000명의 개미 후원자가 있다고 하면 연간 6억원이, 더 욕심을 부려 1만명의 후원자가 있다고 치면 연간 12억원이란 자금이 모아지는 것이다. 그리고 목표로 잡고 있는 3만명의 후원자 모집이 가능해진다고 보면 연간 36억원이란 어마어마한 후원금이 모아지게 되는 것이다.

2001년의 경우 아산 주 사업지는 한 채 당 집 값이 7,000만원이었고 부 사업지 5지역의 한 채 값은 6,000만원이었다. 이제 계산이 나올 수 있을 것이다. 개개인이 다달이 자동이체 시켜주는 크지 않은 돈이 얼마나 많은 무주택서민들에게 내 집 마련의 꿈을 실현시켜 줄 수 있는지, 그리고 한 가정에 어린이가 둘이라고 생각할 때 당신이 보내준 돈이 얼마나 많은 어린이들에게 용기를 불러일으킬 수 있을 것인지 …. 생각만 해도 기분이 좋고 뿌듯해질 것이다. 이렇듯 개개인의 힘은 비록 작지만 작은 힘이 모이면 대단한 파워를 발휘할 수 있는 것이다. 어느 분야에서나 함께 힘을 합친다는 건 굉장히 중요한 일이다.

후원자들이 내는 후원금은 건축현장에서 다음 표와 같이 사용되고 있다.

표를 보면 알겠지만 후원자가 내는 1만원은 곧 타일 1㎡를 살 수 있는 매우 소중한 돈인 것이다. 하지만 후원금을 내는 것만이 후원

후원금액	건축자재비용
50원	시멘트벽돌 1개
4,000원	시멘트 1포
8,000원	석고보드 1장
10,000원	타일 1㎡
15,000원	아스팔트 슁글 1세트
18,000원	합판 1장
25,000원	냉온수도혼합 꼭지(싱글레버식) 1세트
50,000원	양변기(일반형) 1세트
	콘크리트 1㎡
66,000원	전등 1세트
100,000원	방화문 1세트
150,000원	방문 1세트
160,000원	플라스틱 창호 1세트
350,000원	철근 1톤
600,000원	보일러 1대

자가 되는 것은 아니다. 물품이나 인력, 기타 모든 서비스를 제공해도 사랑의집짓기 후원자가 되는 길이다.

내 집을 갖는다는 것. 이건 정말로 중요한 일이다. 고생해서 겨우 내 집을 마련해본 경험이 있는 사람이라면 그때의 기쁨을 알 수 있을 것이다. 그리고 아직도 내 집을 갖지 못한 사람이라면 그 꿈이 이뤄질 날만 손꼽아 기다리며 열심히 저축하고 있을 것이다. 하지만 집 값이 비싼 우리나라 실정으로는 그 소원을 이루기란 참으로 힘들다.

잠시만이라도 눈을 돌려 이웃을 보라. 내가 안락한 집에서 행복한 삶을 누리고 있는 바로 그때에도 어려운 어떤 이웃은 바람막이가 없는 구차한 곳에서 힘들게 살고 있을 것이다.

이번 JCWP2001에서는 아산을 비롯한 전국 6개 지역에서 136세대(Post-JCWP포함 152세대)의 집을 지었다. 물론 국제 해비타트에서 토지비용을 포함한 35억 3,000만원을 지원 받았지만 나머지 약 63억 5,000만원은 한국의 해비타트 본부에서 마련해야 했다. 현재의 개미 후원자들만 갖고는 어림도 없는 일이었다.

우리나라에서 JCWP2001을 열기로 결정이 되자 사실 제일 먼저 걱정된 것은 바로 자금 동원이었다. 어떻게 하면 돈을 모을 수 있을까, 그 생각이 머릿속에서 떠나지 않았다.

그러던 중 2000년의 마지막 달인 12월 중순에 밀러드 풀러가 한국을 찾았다. 국제본부가 사준 아산 주 사업지 부지를 시찰하고 대지봉헌식도 갖기 위해서였다.

14일 오전 밀러드 풀러와 우리 일행은 아산으로 내려가서 대지봉헌식을 하고 현장에서 봉헌예배도 드렸다. 그리고 다시 서울로 올라와서 저녁 무렵에는 사랑의집짓기 기금마련을 위한 김희수 한복 자선패션쇼(하얏트호텔)에 함께 참석했다.

충정로터리클럽의 박경자 부회장과 김희수 회원(김희수 한복 대표)이 발벗고 나서서 성사된 이 패션쇼에는 역대 미스코리아 출신으로 구성된 녹원회 회원들이 자원봉사로 모델 출연을 해주었는데, 밀러드 풀러는 패션쇼를 보는 내내 Wonderful과 Beautiful을 연발했다. 한국인인 내가 보기에도 그렇게 아름다웠는데 서양인의 눈으로 봤을 땐 얼마나 더 아름답고 신비로웠겠는가. 나 자신 한국인이란 사실이 무척이나 자랑스럽던 순간이었다.

이 패션쇼가 특히 소중했던 건, 모금이 너무 어려워 자칫 좌절에 빠질 뻔한 우리를 희망의 세계로 이끌어준 중요한 역할을 해줬기 때문이다. 그래서 나는 박경자 부회장과 김희수 사장에 대해 두고두고 고맙게 생각하고 있다. 수필가이기도 한 박경자 부회장은 참여연대 설립자로서, 가난한 자에 대한 애정이 매우 깊은 사람이다.

16일 점심에는 이한동 국무총리가 점심을 초대하여 화기애애한 오찬회동을 가진 다음 3시에는 COEX에서 열린 국제선교회 주최 예배에 참석했으며 그후 식사도 함께 했다. 그리고 17일 새벽부터는 명성교회를 시작으로 삼성제일교회와 소망교회, 여의도 순복음교회, 온누리교회 등을 차례로 방문했다. 밀러드 풀러는 이것을 마지막으로 우리나라를 떠났는데, 그가 각 교회를 순례한 덕에 모금은 다소 활기를 띠기 시작했다.

26일에는 기독언론인회 송년회가 있었다. 그 자리에서 문화방송의 한 관계자는 2001년이 MBC 창립 40주년이 되는 해라서 10대 기념사업을 선정하기로 했는데, 사랑의 집짓기 운동을 이 기념사업의 하나로 선정하겠노라고 선포하기도 해서 우리를 기쁘게 해줬다. 그리고 당시 설교 말씀을 맡은 박종순 목사께서 특별한 격려의 말을 해주신 것을 나는 잊을 수 없다.

그렇게 한 해를 보내고 이듬해 봄인 5월 12일, JCWP2001 특별행사의 하나인 '여성의집짓기' 기금마련을 위한 특별자선행사가 열렸다. 이태원 로툰다에서 개최된 이 행사는 저녁식사와 함께 시작되었다. 식사를 하는 동안 JCWP2001 행사 소개 비디오를 상영, 사랑의집짓기에 대해 보다 자세히 알릴 기회를 가질 수 있었으며 양파와 유진박 등의 노래와 연주가 이어졌다. 이날 모인 후원금(1,330만원)은 사랑의집짓기에 기부되었다.

이어 6월 18일에도 설윤형 오은환 손정완 김철웅 박항치 박윤수 루비나 이상봉 최연옥 진태옥 등 SFAA(서울패션아티스트협의회, 회장 설윤형) 소속 디자이너 10명이 함께 한 자선패션쇼가 있었다. 하얏트 그랜드볼룸에서 디너쇼 형식으로 이루어진 이 패션쇼는 민병선 여성의집짓기 이사가 김리사 씨와 함께 모델라인(사장 이재연)의 협조를 얻어 이루어졌다.

패션쇼에 앞서 벌어진 바자회(Harper's Bazaar 협찬, 회장 김영철)에서는 한 디자이너 당 최소 10벌 이상의 의상이 기증되어 판매되었고 의상 외에도 화장품, 보석, 구두, 그림 등 많은 물건들이 바자회에 기탁되어 훌륭한 성과를 거둘 수 있었다.

이 패션쇼와 바자회는 참으로 뜻이 깊은 행사였다. 서울패션아티스트협의회(국내 최정상급 디자이너), 모델라인(탑클라스의 모델), 하퍼스 바자(패션쇼 섭외·물품 섭외·차 커뮤니케이션과 이경민아트쿨에 의뢰), 이경민아트쿨(메이컵·초대가수 심수봉과 김건모 등 섭외), 차 커뮤니케이션(물품 기증업체 섭외·물품수거)의 힘이 하모니를 이뤄 성사될 수 있었기 때문이다. 물론 이 모든 것의 한 가운데에는 민병선 이사와 김리사 씨가 있었다. 이 두 사람의 노력이 없었다면 이뤄질 수 없는 패션쇼였다.

이 과정에서 광주요 사장은 1,000만원을 선뜻 기증해 주었고 현대자동차는 귀빈들에게 JCWP2001 기간 동안 자동차를 쓸 수 있게 배려해 주기도 하는 등 의외의 효과도 거둘 수 있었다. 바자회 물품 판매대금과 패션쇼 입장권 전액(모두 1억 1,900만원) 역시 '여성의 집짓기' 8세대를 위한 기금으로 기부되었다. 이러한 일을 하는 과정에서 민병선 이사는 "좋은 일을 하고 싶어도 방법을 몰라 하지 못한다"는 업체들이 의외로 많아 놀랐다고 말하기도 했다.

6월 28일 열린 Hymns101 콘서트 역시 사랑의집짓기 기금마련을 위한 것이었다. 온누리교회 본당에서 열린 Hymns101 콘서트에는 줄리어드 트리오를 비롯하여 윤형주·김세환 씨, 영국에서 뮤지컬 '명성황후'의 공연을 마치고 돌아온 프리마돈나 이태원 씨 등이 출연했는데, 이날 공연에서는 Hymns101 음반(한국인이 가장 즐겨 부르는 찬송가와 합창곡 101곡을 엄선하여 5장의 CD로 제작된 음반. 줄리어드 트리오를 중심으로 세계무대에서 활약하는 피아노 5중주 뮤지션들이 참여해서 만들었다)도 판매되어 수익금의 일부가 건축비로 기부되었고 앞으로도 음반판매 수익금의 25퍼센트가 후원금으로 적립될 예정이다.

JCWP2001이 성공적으로 이뤄질 수 있었던 것은 이렇듯 한 사람한 사람이 흘린 고귀한 땀이 거름이 되어 아름다운 꽃을 피우고 튼실한 열매로 결실을 맺게 되었기 때문이다. 그리고 그 열매는 다시꽃을 피워 이 땅의 집 없는 이들에게 튼튼한 집과 안락한 가정을 마련해 줄 것이다. 이 일은 영원히 반복될 것이며 또 그래 주기를 나는진심으로 기원한다.

그 외에 7월 12일 군산지역에서는 국내 대중가수들을 초대, 해비타트 자선의 밤 콘서트를 열어 약 7,800만원을 모금했고 7월 25일~8월 5일 일주일간 개최된 한일 파트너십 사이클링 모금액(거리모금·후원자 모금 포함)도 약 3,000만원이 접수되었다. 뜨거운 태양을 이고 한국과 일본의 도로를 달리며 주민과 함께 한 청년들의 사이클링은 홍보적인 측면에서도 괄목할 만한 것이었다.

이렇듯 다양한 각도에서 모금활동을 펴는 반면 또 한편에서는 은행이나 기업체, 교회를 찾아다니며 후원자들을 모았다. 모금을 하면서 느낀 점은 우리 사회도 이러한 나눔의 미덕이 있구나 하는 흐뭇함이었다. 많은 분들이 도와주셨지만 특히 기억에 남는 분들이 있어 소개할까 한다.

2000년 '평화를 여는 마을' 사업 때에도 3억원을 후원해줬던 김정태 당시 주택은행장(현 국민은행장)은 "나는 절대 앞에 나서지 않겠노라. 절대 광고하지 말아 달라"고 말하면서 주택은행의 기부금으로 5억원이라는 거액을 선뜻 헌금해 주었다. 그의 간절한 뜻을 거슬리며 이렇게 공표하게 되어서 대단히 죄송한 마음이다. 하지만 좋은 일은 서로 공유해야 한다는 생각에 그의 말을 따르지 않기로 한다. 그는 "집짓는 일에 주택은행이 앞장서지 않으면 누가 앞장서겠느냐"며 주택은행이 후원자가 되는 것은 당연하다고 말해서 우리의 고개를 절로 숙이게 만들었다.

대한항공(회장 조양호, 사장 심이택) 역시 대단한 열의를 가지고 이 운동에 참여해 주었다. 집 한 채 값인 7,000만원을 기부해 준 외에도 우리가 필요할 때마다 헬리콥터나 경비행기를 제공해 주었다. 그리하여 지미 카터나 밀러드 풀러 그리고 우리 일행이 다른 지역을 시찰하러 갈 때 교통체증으로 고생하는 일 없이 아주 빠르고 편안하게 여러 지역을 둘러볼 수 있게 만들었다. 그 뿐 만이 아니다. 지미 카터의 비행기표를 무상으로 제공해 주기도 했고 교포 자원봉사자 50명의 항공권을 50퍼센트나 할인해 주는 등 물심양면으로 우리를 도와준 따뜻한 기업이다.

삼성주택에 이어 이번에도 삼성물산 주택부문(대표이사 회장 현명관)에서 약 3억원에 해당되는 인력·설계·시공·용역 등을 후원해 주었으며, 포철의 이구택 사장은 전화 상으로 집 두 채 값인 1억 4,000만원을 후원해 주기로 쾌히 약속하면서 "사랑의 집짓기 후원이야말로 내가 꼭 해야 할 일"이라며 "굳이 인사하러 올 필요도 없다"고 시원하게 말하기도 했다. 한국통신(KT)의 이상철 사장은 더욱 적극적으로 1억 4,000만원을 흔쾌히 쾌척해 주면서 모금활동에 대한 자문까지 해주었다.

금액의 많고 적음을 떠나 이렇게 진심으로 고맙게 후원을 해주는 분들이 있는가 하면 더러는 약조를 해놓고는 모른 척하는 분들도 있었다. 그럴 때엔 참으로 난감하다. 그 약속을 철석같이 믿고 계획을 짜놓았다가 낭패를 당하기 때문이다.

그 외 국제라이온스클럽 한국연합회(연합회장 송창진)가 4억 7,115만 4,000원을, 한국가스공사(사장 김명규)는 2억 8,000만원을 기부해 주었다. 이중 한국통신의 이상철 사장과 한국가스공사의 김명규 사장은 임직원들에게 개미후원자가 되어 주기를 권유하는가 하면 자회사까지 동원하여 모금을 해주는 등 굉장한 열의를 보여 주어 마음이 찡했던 기억이 있다.

제일은행(윌프레드 호리에 당시 행장)·신한은행(행장 이인호)·한국담배인삼공사(사장 곽주영)·SK Telecom(사장 표문수)에서도 각각 1억 4,000만원을 후원해 주었다. 볼보건설기계 코리아(대표이사 사장 에릭 닐슨)는 1억 700만원, 행정자치부 역시 8,000

만원을 기부해 주었다.

그 외 집 한 채 값(7,000만원)을 후원해준 곳으로는 삼일회계법인·한국마사회·서울도시가스·대구도시가스·도이치은행·현대자동차·두산그룹·GM코리아 등이 있으며, 대한제당의 설원봉 회장은 개인적으로 후원금을 기부해줘서 더욱 고맙기 그지없다. 카길(Cargill)에서도 6,572만원을 후원해 주었다.

이밖에 건축비를 후원해준 단체로는 한국P&G(3,500만원), 동국무역(3,500만원), 대보건설/서원밸리 골프클럽(3,500만원), KOICA(국제협력단, 2,150만원), 태평양(2,000만원), KTF(2,000만원), 골드만 삭스(1,950만원), 우드뱅크(1,250만원), 현대투자신탁증권(1,190만원), 하나은행(1,000만원) 등이 있다. 이 외에도 많은 업체에서 후원을 해주었지만 일일이 열거할 수 없음이 미안할 따름이다.

(주)정림건축(회장 김정철)은 2000년부터 지속적으로 설계에서부터 감리, 준공검사에 이르기까지 많은 부분을 후원해 주었고(약 3억원 상당), 다우케미칼(주)(그룹회장 마이클 파커) 역시 방한·단열·방음을 위한 필수적인 자재 석고보드 등 약 95,800불(약 1억 2,000만원) 어치를 후원해 주었다.

JCWP2001행사의 대미를 멋들어지게 장식해준 폐막식의 그 아름답던 불꽃은 한화그룹(회장 김승연)이 후원해 준 것이었다. 세계 여러 나라에서 수 차례 불꽃놀이를 본 바 있지만 이 날의 불꽃처럼 아름답게 피어나던 꽃은 내 생전 본 적이 없다. 그토록 그 날의 불꽃은 우리 모두를 사로잡았다.

15분간 하늘을 수놓던 그 찬란하던 불꽃에 지미 카터도 놀랐고 밀러드 풀러도 탄성을 질렀다. 특히 올해 JCWP가 개최되는 나라인 남아공의 대표는 너무도 놀라 입조차 다물지 못할 정도였다. 그는, 자기 나라에선 도저히 이렇게 할 수 없다며 한국 해비타트를 몹시 부러워했다. 그때 사용된 화약을 금액으로 치자면 약 4,000만원은 족히 된다고 들었다.

한화그룹은 폭죽 뿐 아니라 벽지와 장판도 자청해서 후원해준 매우 고마운 기업이다. 벽지와 장판 등을 후원해줄 기업이 없어 경우에 따라서는 직접 구입하려고 작정하고 있었다. 그런데 놀랍게도 김승연 회장이 "집을 짓고 입주하려면 장판과 벽지가 있어야 할텐데 우리가 해주면 어떻겠느냐"고 자청하고 나선 것이다(2,000만원 상당). 이런 경우, 사람의 마음을 뭐라 표현해야 될지 모르겠다. 기독교적 체험으로 표현하자면, 이럴 때는 정말 하나님이 우리 곁에 계시다는 것을 믿을 수밖에 없다. 우리가 벽지가 필요하다는 걸 마치 알고 있었던 것처럼 스스로 찾아서 후원을 자청해주니 말이다.

그 외에도 수많은 기업체에서 물품이나 자재를 후원해 주었는데, 라파즈 한라시멘트(대표이사 사장 실뱅 가르노)에서는 주택에 사용된 시멘트 전량을 기부해 주었고(6,444만원 상당) (사)한국합판보드협회(회장 박영주)는 2000년에 이어 작년에도 주택에 들어가는 합판 전량을 제공해 주었다. 사랑의집짓기에 꾸준히 후원을 해주고 있는 경동보일러(대표이사 사장 박천곤)와 린나이코리아(주)(회장 강성모)는 전 주택의 보일러(6,000만원 상당)와 가스레인지(3,000만원 상당)를 각각 후원해 주었는데, 이 두 분은 사랑의집짓기가 도움을 청할 때면 언제나 선뜻 응해주어 우리가 늘 고마운 마음을 갖고 있는 분들이다. 한진택배(사장 김인진) 역시 물자의 수송을 적극적으로 도와 주었다.

그 외 현대백화점 G-네트(8,320만원 상당), 토비스 콘도(7,000만원 상당), 라파즈석고(6,500만원 상당), 국립종자관리소 아산지소(5,000만원 상당), 대우건설(4,500만원 상당), 조광페인트(주)(2,830만원 상당), 캐리어(2,490만원 상당), 한국머스크(주)(2,220만원 상당), 경희전기(2,000만원 상당), 규장앤책마을(2,000만원 상당), 한국휴렛팩커드(1,500만원 상당), 빙그레(주)(1,490만원 상당), 매스나이트 코리아(1,430만원 상당), 한국로버트보쉬기전(1,370만원 상당), 예일 굴리 시큐리티(Yale-Guli Security Product Ltd., 1,300만원 상당), 조선호텔(1,270만원 상당), 알톤스마트 자전거(1,190만원 상당), (사)한국목조건축협회(1,000만원 상당), 미국임산물협회(1,000만원 상당) 등이 건축자재 및 물품을 후원해 준 기업들이다.

그밖에도 참으로 많은 기업들이 해비타트 사업에 동참하고자 물심양면으로 후원을 해주었지만 일일이 기록하지 못해 미안한 마음이다. 모두들 고마우신 분들이다. 깊이 감사 드린다.

사랑의집짓기를 도와준 분들은 기업체뿐만이 아니었다. 교회 역시 빠질 수 없었다. 여의도 순복음교회(조용기 목사)에서 2억 8,000만원(박해숙 장로가 개인적으로 낸 후원금 8,000만원 포함)이라는 큰 금액을 후원금으로 내주었고, 사랑의교회 옥한흠 목사는 3,500만원이라는 큰돈을 후원하면서도 자꾸만 작아서 미안하다고 말해 기부금을 받는 우리가 오히려 죄송해서 몸둘 바를 몰라 했다. 그리고 광림교회 김선도 목사는 집 한 채 분 7,000만원을 기증해 주었다.

금란교회의 김홍도 목사는 예약도 없이 불쑥 찾아갔는데도 그 자리에서 7,000만원을 선뜻 내주기도 했으며 광성교회의 김창인 목사 역시 후원금에 대한 얘기는 꺼내지도 않았는데 자청하여 연락을 주었다. 전화를 받고 찾아갔더니 미리 준비해둔 3,500만원짜리 수표를 그 자리에서 건네 주기도 했다.

온누리교회의 하용조 목사는 2000년 '평화를 여는 마을' 사업 당시에도 3,000만원을 후원해 주었는데 이번에도 또 7,000만원을 기부해 주었다. 뿐만 아니라 하목사는 교회 영어예배에 참가하는 교인들에게 영어 자원봉사를 적극 권유해서 굉장한 도움을 주었다. 온누리교회는 자원봉사 동원의 핵심교회 역할을 톡톡히 하였다. 간사로 일을 해준 교인들도 많았고 하얏트호텔에서 열린 SFAA 자선패션쇼 모금에서는 키 멤버로 참여해 주었다.

인천순복음교회의 최성규 목사는 환갑잔치로 들어온 축의금 전액 3,500만원을 후원금으로 내주는가 하면 행사 때 부인과 함께 내려와 직접 집을 짓기도 하였다. 천안중앙장로교회의 이 순 목사는 개인적으로 3,000만원을 기부한 외에 교인들을 통해 모금한 돈 약 3,000만원 역시 아산의 집짓기에 보탰다. 그 외 명성교회(5,000만원), 플러싱제일감리교회(4,827만원), 워싱턴 DC. Family Radio Foundation(1,264만원), 시카고지역 한인교회(1,000만원) 등이 사랑의 후원금을 기꺼이 보내 주었다. 명성교회 김삼환 목사는 천안·아산지회에도 2,500만원을 직접 보내주셔서 지회에 대한 격려 또한 아끼지 않았다. 그 외 삼성제일교회(500만원), 창천교회(500만원) 등도 후원금을 보내주었다.

각 지회에도 온정의 손길이 이어졌다. 진주지회의 호산나교회에서 2,000만원을 후원해주었고 군산지회에서는 전라북도(도지사 유종근) 5,800만원, 전북라이온스가 1,277만원을 후원금으로 기탁해 주었으며 경기도(도지사 임창열)에서는 파주지회에 1억 5,000만원을 후원, 집짓기에 지대한 도움을 주었다. 그 외 태백지회에는 강원도(도지사 김진선) 8,000만원, 태백시(시장 홍순일) 4,000만원, 강원랜드 2,000만원, 강원라이온스 1,000만원이 후원금으로 들어왔고 대구·경북지회에는 경산시(시장 최희욱) 4,000만원, 로터리3700지구 3,000만원, 경북공동모금회 3,000만원, 대구은행 1,500만원, 경북과학대 1,000만원, 대구 동구교구협의회(교회) 1,000만원 등 5개 지회에 5억 2,577만원의 후원금이 모금되었다. 이외에도 9,560만원이 더 모금되어 총 지회후원금은 6억 2,137만원으로 집계되었다.

참으로 많은 분들이 사랑과 나눔의 정신을 보여 주었지만 일일이 다 열거할 수 없음이 안타까울 따름이다. 만약 명단이 빠진 분이나 업체·교회가 있더라도 너그러이 용서해 주시기 바란다. 금액의 많고 적음을 떠나 우리 한국 해비타트에서는 모든 후원자들에게 감사하고 있음을 알아준다면 고맙겠다. 도움 주신 분들을 일일이 찾아뵙고 인사드리지 못함을 죄송스럽게 생각하며, 사랑의집짓기 이사장으로서 늦게나마 이 지면을 통해 깊이 감사의 말씀을 올린다. 후원금 모금 과정에서는 사랑의집짓기 최성락 상임이사 이하 여러 임직원들이 수고해 주었다. 이분들께도 감사의 마음을 전한다.

이렇게 따뜻한 마음으로 도와준 고마운 후원금은 한 푼의 헛되임도 없이 귀하게 사용했다. 해비타트 사업은 국내 회계기관 뿐 아니라 국제 본부의 철저한 감사도 받고 있다. 실제로 JCWP2001 행사가 끝난 후인 올 1월중에도 국제본부에서 파견된 사람들이 한국 해비타트 본부에 내사, 매우 세밀하게 감사를 하고 돌아갔다. 하지만 아직도 많은 무주택자들이 불량주택에서 최소한의 인간다운 삶조차 누리지 못하면서 살아가고 있는 것이 현실이다. 한국의 사랑의집짓기는 이제 겨우 시작일 뿐인 것이다.

이 모든 일이 어찌 개인의 힘으로 될 수 있을 것인가. 세계적인 프로젝트였던 이 JCWP2001은 한국 해비타트 본부 및 지회를 비롯하여 기업체, 교회, 정부, 교포, 그리고 우리나라의 모든 국민들이 도와줘서 성공적인 사업이 될 수 있었던 것이다.

우리는 때로, 세상을 어떻게 살아야 하는가에 대해 자신에게 되묻곤 한다. 나는 말하고 싶다. 눈에 보이는 물질에 너무 집착하지 말고, 봉사하는 정신으로 살아가면 어떤가 라고. 자기 자신을 사랑하듯이 이웃도 사랑하며 살아가라고.

신문을 보거나 방송을 들으면 이 세상이 너무도 어지럽고 각박한 것처럼 느껴진다. 그래서 이런 사회에서 어떻게 살아갈 수 있을까 걱정을 하게 만들기도 한다. 하지만 그렇지 않다고 나는 주장하고 싶다. 그 여름, 우리 모두는 경험했던 것이다. 이웃을 위해 즐거운 마음으로 땀 흘리고, 대가를 바라지 않고 헌신하며, 또 고마운 마음으로 받을 줄도 아는 그 아름다운 세상을 우린 똑똑히 보았던 것이다. 눈에 보이는 사랑을 우린 실제로 경험했던 것이다. 그때 일을 회상하면, 지금도 내 입가에 슬며시 미소가 피어오른다. 살맛나게 만드는 아름다웠던 여름이었다.

JCWP2001 파트너

건축비 후원

주택은행, 라이온스클럽, 한국가스공사, 제일은행, 한국통신, 한국담배인삼공사, 포스코개발주식회사, 신한은행, SK텔레콤, 볼보건설기계, 대한항공, Cargill, Cetelem, 대보건설/서원밸리 골프클럽, 대구도시가스, 도이치은행, 두산그룹, 여의도순복음교회, 창천교회, 시카고지역 한인교회, 플러싱제일감리교회, 인천순복음교회, 금란교회, 광림교회, 광성교회, 명성교회, 노원순복음교회, 온누리교회, 삼성제일교회, 사랑의교회, 천안중앙장로교회, 소망교회, 분당마을교회, 디트로이트/애틀랜타 한인교회, Washington DC. Family Radio Foundation, 진주호산나교회, 엑스폼닷컴, GM코리아, 골드만삭스, 하나은행, 현대투자신탁증권, 현대자동차, KOICA(국제협력단), 한국마사회, KTF, 행정자치부, P&G, 푸르덴셜, 삼일회계법인, 서울도시가스, 태평양, 세계성령운동중앙협의회, 동국무역, 충청남도, 경기도, 전라북도, 강원도, 경산시, 태백시, 강원랜드, 세인트제임스, SFAA모델라인, Harper's Bazaar, Unicity Network Korea Ltd, 충남건축사회, 시티그룹, 시티은행, 성주인터내셔널, 우드뱅크, Boeing International Korea, Cisco Systems, Computer

Associates International, Inc., Dow Chemical HQ, 에모리대학, The Farris Foundation, Friends of Korea, Indianapolis Life, Lehman Brothers, AFC Enterprises, Lions Club of Tokyo(Lions of Kawaguchi), Lions Club of Tokyo(Lions District 330C), Michigan State(HFHI), 로터리클럽, 전북라이온스, 강원라이온스, 경북과학대, 경북공동모금회, 경북과학대, 경북공동모금회, 대구로터리3700지구, 대구은행, 대구 동구교구협의회, 기타

건축자재 및 물품 후원

삼성물산, (주)정림건축, 대한항공, 다우케미칼(주), 볼보건설기계, 라파즈한라시멘트, 라파즈석고, 경동보일러, 린나이코리아, 대우건설, 토비스 콘도, 현대 G-네트, 국립종자관리소 아산지소, 한화종합화학, 한화연화사업부, 아산시, 호서대학교, 국민일보, 캐리어(주), 조광페인트, Masonite Corporation, 오구건설, (주)롯데리아, 윌로엘지펌프(주), (주)규장&책마을, 알톤스마트자전거, Maersk Korea Ltd., 알칸대한알루미늄(주), 웨스틴 조선, 야후 코리아, 한국로버트보쉬기전, 한국휴렛팩커드, 현대투자신탁, 코오롱스포츠, Yale-Guli Security Products, 미국임산물협회/목조건축협회, (사)한국합판보드협회(대성목재, 선창산업, 성창기업, 이건산업), 반도환경개발주식회사, 이원조경, (주)한국목조건축협회, 경상대학교병원노조, (주)다롬, 대영컨테이너, 대화, 빙그레(주), 동양합판, Levi Strauss Korea, 커뮤니케이션크리, 미국비닐사이딩협회, 서울충정로타리클럽, KLC 인터넷 교육방송국, 보오미거울(주), 보람E마

트, (주)발해, 브리앙산업(주), BMC West, 서울조명, (주)석정수, 성안세이브, 태영안전, (주)세턴바쓰, 경희전기, 중앙일보, 서울우유, 압구정프라자약국, Certainteed, 연건축, 연세우유, 유니뱅크, Westwood Shipping Lines, 엔젤금속(주), 이다판화공방, (주)E-KCC, 제일타카(주), 진주성남교회, 주택은행 오장동지점, 중앙건축설계사무소, 한국신용평가정보(주), 한성레미콘, 홍진크라운, 제림금속, Luxaflex(window shade), 광주요, 풀무원 샘물(주), 가인로갤러리, 안전한세상, 한비산업, Grand Hyatt Seoul, 한국전기안전공사 도고연수원, 노스웨스트 항공, 바카디-마티니, 유나이티드 항공, 이경민아트쿨, 차 커뮤니케이션, Cartier Ltd., Fendi, 크리스찬투데이, 한국코카콜라(주), 대구도시가스, 김명환 기사, GAF Materials Corp., Group Seb Korea, 대화, 카터 홀트 하비, Harper's Bazaar, 하이트맥주 퓨리스생수, 인스케어닷컴, 광혜병원, Paragon Pacific, 한양대 양창삼 교수, 서중인터내셔널, 현대자동차, 순천향대학교, 헌터 더글라스, 부천시청, (주)샤인샤시, (주)대아기술단, (주)은성폐기물, (주)오아시스생수, 온누리관광, 파리바게뜨(천안한라점), SK뷰.

8. 시련의 벽을 넘어서

2000년 12월 30일, 한국사랑의집짓기운동연합회(이후 사랑의집 짓기) 전체 이사회 개최를 끝으로 그 해의 업무는 모두 끝이 났다. 그렇게 다사다난했던 한해가 가고 이듬해인 2001년 드디어 JCWP2001의 해가 찬란하게 떠올랐다. 2001년의 새해 아침을 희망 속에서 맞이했건만 나에게는 엄청난 고난의 해가 시작된 것이다. 새 해 벽두에 미국에 살고 있는 내 아들이 중환자실에 입원했다는 소식 이 왔다.

나의 아들 진후가 만성 신장염으로 고생하기 시작한 것은 내가 한국과학원(KAIST) 교수를 휴직하고 미국으로 되돌아가 있던 1974 년 여름이었다. 어느 날 잠자리에서 일어난 진후의 몸이 통통 부어 있었다. 만성 신장염이라는 병이었던 것이다. 그 지경이 될 때까지 도 아들의 병에 대해 몰랐다는 사실은 우리 부부를 심한 자책감에 빠뜨렸었다.

진후의 병세는 해가 갈수록 점점 더 나빠지기 시작, 한 번에 4시간이 소요되는 투석치료를 받지 않으면 안되었다. 그러다 급기야는 신장 이식 수술을 받아야 할 지경에까지 이르고 말았는데, 당시는 내가 뉴욕공대 핵공학과 및 전기공학과 교수로 재직하던 1979년 9월의 일이었다.

나는 진후에게 나의 신장을 떼어 주기로 결심했다. 하지만 아내 역시 자신의 신장을 주겠다고 강력하게 주장했다. 우리 부부는 서로 자신의 신장을 주겠다고 우기다가 정밀검사 결과에 승복하기로 결정하고 나란히 병원에 갔다. 그런데 다행스럽게도 내 신장이 아내의 그것보다 진후와 더 맞아서 나의 신장 하나가 진후에게로 갔다.

자신의 재능을 한껏 펼칠 수 없는 나약한 육체를 가진 진후는 한때 좌절의 늪에서 헤어나지 못해 방황을 하기도 했다. 그러나 나중에는 좋지 않은 건강 속에서도 왕성하게 일을 하는 등 삶에 의욕을 가지고 씩씩하게 살았다. 그러다 다시 건강이 나빠져 2000년 7월 두 번째 신장이식 수술을 받게 되었고, 2001년 1월 이번엔 담석제거 수술을 받았던 터였다.

10살부터 고통을 받아온 진후는 복막투석, 신장이식, 투석을 위한 혈관수술, 재투석을 위한 수술, 신장 재이식 등 여섯 번의 큰 수술을 받으면서도 꿋꿋하고 밝게 살고 있었다. 그런데 간단한 줄로만 알았던 담석제거 수술의 후유증으로 중환자실에 입원하게 될 줄이야.

나는 아내와 함께 급히 미국으로 떠났다. 병원에서 진후를 간호하던 3주일은 내게 많은 기도와 영적 단련의 시간이 되었다. 그간 위험한 수술을 몇 차례나 받으면서도 진후는 늘 오뚝이처럼 굳세게 일어났었다. 이번에도 예전처럼 병마를 이겨내고 일어서리라 우리 부부는 믿었고, 또 그렇게 믿고 싶었다.

걱정하는 나를 보고 진후는 오히려 위로했다.

"아버지 나는 예수님을 사랑해요. 제 걱정은 마세요. 어서 한국으로 돌아가셔서 해비타트 일을 열심히 하세요."

참으로 고통스러울 텐데도 아들의 얼굴은 밝았다. 나의 아들은 하나님의 나라로 가는 걸 두려워하지 않았던 것이다. 태산같이 산적해 있는 JCWP2001 행사준비와 학교 일 때문에 나는 입원해 있는 아들을 두고 귀국해야 했다.

귀국 후인 2월 15~16일 JCWP2001 사업이 벌어지는 아산, 태백, 경산(대구·경북지회), 파주, 진주, 군산 등 6개 지역의 지회 간사들을 모아서 호서대학교에서 해비타트 연수회를 열었다. 연수회 날에는 마침 엄청나게 많은 눈이 펑펑 내리고 있었다. 건물에도 나무에도 함박눈이 소복소복 쌓여 갔다. 온 세상의 죄를 다 묻어주기라도 하듯 그렇게 대지를 깨끗함으로 색칠해 나갔다. 나는 펄펄 내리는 그 눈을 총장실 차창 너머로 하염없이 바라보며 빌었다. 나의 아들 진후가 병을 훌훌 털어 버리고 저 눈처럼 깨끗해진 몸으로 병석에서 다시 일어나 앉기를.

우리는 예로부터 눈이 많이 내리면 상서로운 일이 생길 거라 덕

담을 하곤 했다. 우리 해비타트 관계자들 역시 그칠 줄 모르고 내려
오는 눈송이를 바라보며 우리의 사업이 잘될 거라 낙관하면서, 해비
타트 운동의 발전에 대한 축복을 아끼지 않았다. 그리고 일주일 후
인 25일 가리봉교회에서 사랑의집짓기 특별예배가 있었는데, 우리
모두는 JCWP2001이 아무 탈 없이 끝나기를 기도했다.

　이러한 일련의 모임에 참석하는 한편으로 돈 구하러 다니랴, 학
교 일 보랴, 그야말로 눈코 뜰 사이 없는 바쁜 나날이 계속되었다.
하지만 이렇게 기쁜 하나님의 일을 하면서도 나의 마음 한 구석에는
아들의 일로 인한 슬픔이 늘 조용히 자리잡고 있었다.

　진후의 병세는 계속해서 일진일퇴였다. 그럼에도 불구하고 씩씩
하게 대처하고 있는 진후 덕분에 나는 3월 1일에 시행된 기공식에도
무사히 참석할 수 있었다.

　그 무렵 한국 해비타트 명예이사장으로서 지금도 우리의 사역을
돕고 있는 김대중 대통령의 부인 이희호 여사로부터 연락이 왔다.
빌 클린턴에 이어 조지 W 부시 행정부가 들어선 후 처음으로 미국
방문이 추진되고 있는데 동행하자는 내용이었다. 그래서 나는 3월 5
일 미국을 방문하게 되었다.

　그런데 바로 그 날 중대한 위기에 봉착했으니, 그건 바로 사랑의
집짓기 간사들의 파업이었다. 나는 비행기에 몸을 싣기 직전, 그들
이 이사회에 보낸 장문의 편지를 전해 받게 되었다. 비행기 안에서
그 편지를 찬찬히 검토한 나는 그 자리에서 답장을 쓰기 시작했다.

　한편 미국에 도착한 나는 이희호 여사와 함께 미국국가조찬기도
회 간부들의 기도모임에 참석한 후 곧바로 진후가 입원해 있는 병원

으로 향했다. 진후는 나를 보자 매우 반가워했지만 건강상태는 1월보다 더 악화되어 있었다. 의사는 걱정 말라고 했지만 나는 왠지 이번만큼은 퇴원이 쉽지 않을 것이라는 예감이 들었다. 하지만 난 또다시 진후를 남겨놓고 한국행 비행기를 타야만 했다.

한국에서의 사랑의집짓기 업무는 거의 마비상태에 돌입해 있었다. 사랑의집짓기 홈페이지에 비난의 글이 올려지는가 하면 이사장인 나를 비롯하여 이사진 퇴진을 공개적으로 요구하기도 했다. 당연히 매스컴에서는 이 사태에 대한 내용의 기사를 내보내기도 했다. 이로 인해 사랑의집짓기에 대한 오해의 눈길이 더러 있기도 했으나 진실은 밝혀진다는 믿음을 그때나 지금이나 나는 변함 없이 가지고 있다.

나는 이사들을 대표하여 간사들의 편지에 성의 있는 답변을 써서 보냈으나 그들은 좀처럼 사실을 받아들이려 하지 않았다. 하지만 이 모두가 해비타트 운동을 좀더 잘 해보고자 하는 지극한 열망에서 비롯된 것이라 믿기에 그들을 비난하지는 않았다.

간사들이 사무실에서 농성을 하고 있는데 무슨 일이 될 것인가. 모금도 원활치 않아지고 일 또한 진척이 되지 않았다. 기공식까지 마친 마당에 이제 와서 JCWP2001을 포기해야 되는가! 정말 눈앞이 아득해 왔다.

다행히 3월 17일 그중 일부 간사들이 파업을 중단하고 업무에 복귀하겠다는 뜻을 전해 왔고 뒤이어 24일 공개적으로 파업은 종료되었다. 나는 돌아온 간사들에게 순수한 자원봉사자의 자세로, 새로 선임된 최성락 상임이사와 이국근 사무국장의 지휘를 받아 후원금 모금

및 자원봉사자 모집과 지회를 도와주는 일에 최선을 다해 줄 것을 간곡히 부탁했다.

아울러 "국제 해비타트의 차입금을 통한 지급이라는 해결책을 외면하고 '평화를 여는 마을'의 잔금 지급을 지연한 것은 이사회의 의무와 책임을 다하지 못한 것이다(2000년 광양에서 지은 '평화를 여는 마을'의 모금 부진으로 약 1억 5,000만원의 빚을 지고 있었다)."라고 주장을 폈던 파업 간사들의 뜻을 받아들여 '평화를 여는 마을' 사업 미지불금의 일부인 9,439만 7,000원을 JCWP에서 차입금을 얻어 우선 변제하기로 했다(그때로서는 국내모금이 지연되고 있었기 때문에 국제 해비타트 본부 후원금으로 일단 차입했다. 이후 JCWP2001이 성공적으로 끝남에 따라 그 차입금은 모두 상환했다).

하지만 나는, 국제 해비타트 본부에 손을 내밀기 전에 우리 스스로 미지급금을 해결하도록 노력해야 한다는 평소의 내 주장이 옳았다고 생각하고 있다. 국제 해비타트는 JCWP사업을 위해 이미 일차로 25만불을 2000년 '평화를 여는 마을' 사업에 차입해 주었고 그후 사랑의집짓기 이사장인 나의 간청을 받아들여 5만 5,000불을 더 보내준 바도 있었다. 물론 우리가 당시 다시 한번 간청을 했다면 미리 차입금을 보내 줄 수도 있었을 것이다. 그러나 스스로 할 수 있는 일을 마다하고 돈만 빌려 달라고 한다면 이것은 매우 염치없는 일이라 생각했던 것이다.

그밖에 대구·경북지회에 약속한바 있는 3,000만원의 한국본부 후원금도 JCWP의 차입금으로 처리하기로 양해를 받았으며, 의정부지회가 안고 있는 부채 중 급한 상환금의 일부 역시 한국본부가 갖고 있었던 잔금 3,000만원으로 갚아 주었다.

그때 난 세상에서 제일 슬픈 일을 겪게 되었으니, 그건 바로 나의 아들 진후의 죽음이었다. 3월 23일 진후를 돌보고 있던 아내로부터 급한 전화가 왔다. 진후가 위독하다는 소식이었다. 그 길로 병석으로 다시 달려갔건만 결국 나의 아들은 3월 24일 새벽 3시 슬픔도 없고 고통도 없는 천국으로 떠나고 말았다. 그 날은 공교롭게도 간사들이 파업철회를 공식적으로 발표한 바로 그 날짜였다.

마지막으로 진후를 보러 가는 날, 워싱턴으로 가는 비행기 안에서 나는 아들에게 보내는 마지막 편지를 썼다. 쓰는 내내 얼마나 울었는지 모른다. 나는 편지 마지막에 이렇게 썼다. "잘 가거라. 먼저 가거라. 너 참 수고 많이 했다. 작은 십자가 지고서 큰일 많이 했다."

떠날 때의 진후 얼굴이 아직도 잊혀지지 않는다. 너무도 맑고 편안한 표정으로 평화롭게 눈을 감았다. 평생 우리 부부의 기도제목이었던 나의 아들 진후. 병석에 누운 진후가 "아버지, 저기 천사가 와 있어요." 이렇게 말했을 때 이미 나는 그가 하늘나라로 갈 것임을 예감했었는지도 모른다.

비록 진후는 하늘로 갔지만 그는 지금도 아산을 비롯한 6개 지역에 지어진 아름다운 사랑의 집을 내려다보고 있을 것이다. "저는 잘 있으니 아무 걱정 마세요"하며 환하게 웃는 진후의 모습이 보이는 것만 같다.

그 즈음 JCWP를 돕기 위해 이만섭 국회의장을 비롯한 국회위원들이 팔을 걷어 부치기로 결단을 내려주어 약간은 의기소침해진 우리 모두에게 용기를 불어넣어 주는 계기를 마련해 주기도 했다.

국가조찬기도회의 김영진(민주당), 황우려(한나라당), 원철희

(자민련) 국회의원 등 12인으로 발기된 이 국회 해비타트 지회는 모금 목표를 4억 8,000만원으로 정하고 경기도 파주에 지어질 12세대 사랑의 집을 짓는데 동참하기로 결의했다. 국회의원을 비롯하여 그 가족, 보좌관과 그들의 가족이 여야를 가리지 않고 한 마음 한 뜻으로 이웃을 위한 사랑을 나누는 일에 자원봉사자로 일을 하기로 했던 것이다.

이제 점점 더 다양한 분야에서 많은 사람들이 우리의 사랑의집 짓기운동에 지대한 관심을 가져주기 시작했는데, 4월 23일 대통령 부인 이희호 여사가 해비타트 후원자들을 청와대 오찬에 초청해 준 것도 그 한 예이다.

그 자리에서 이희호 여사는 "집은 안식처이며 삶의 기반이 됩니다. 집 없는 가정이 많은 지역사회는 행복한 지역사회라고 볼 수 없고, 집 없는 가정이 많은 나라는 행복의 나라라고 말할 수 없습니다."라고 말한 뒤 "이 사업의 기획과 시행을 총괄하는 사랑의집짓기 정근모 이사장을 비롯한 모든 임직원과 그리고 수많은 자원봉사자들에게 많은 격려와 적극적인 후원을 보내주시기를 각계 지도자 여러분께 간곡히 부탁드립니다."라고 말했다.

이렇듯 모든 일이 제 자리를 잡아가고 있다고 안심하던 시기에 또 다른 시련이 기다리고 있었던 것을 우리는 까마득히 모르고 있었다. 건축업무 총책임자로서 혼신의 힘을 다해 JCWP2001을 위해 애쓴 고 손인현 건축고문의 사고 소식이었다. JCWP2001 완료를 한달여 남겨놓은 7월 10일, 아산 현장으로 가던 중 과속으로 달려오던 자동차와 충돌, 숨을 거둔 것이다. 그의 갑작스런 사고 소식에 우리 모두는 한동안 넋을 잃어야 했다.

그는 60년대 중반에 서울대학교 건축과를 졸업하고 군대를 제대한 후 1968년부터 건설회사에 입사, 약 30여 년간 건설업에 종사했던 인물이다. 여러 분야의 건설현장을 거치면서 많은 경험을 쌓았던 그는 해비타트 사업에 동참하게 된 것을 '지난 30년간 터득했던 지식과 기술을 모두 발휘할 수 있는 마지막 공연 무대'라고 얘기했을 정도로 이 운동에 대단한 애착을 가지고 있었다. 주 사업지인 아산의 건축현장 부근에 숙소를 정하고 아침부터 밤늦도록 일한 그는 건축전문가였으며 훌륭한 인격을 갖춘 사람이었다. 주 사업지는 물론이고 부 사업지 5개 지역도 돌아보며 JCWP2001 주택건립에 지대한 공을 세운 분이었다.

우리는 JCWP2001이 열리는 기간에 마을회관을 '손인현 기념관'으로 봉헌했다. 반듯하게 지어진 마을회관은 손 고문의 손길이 닿지 않은 곳이 없었다. 지금은 그 분 역시 진후와 마찬가지로 하늘나라에서 JCWP2001이 성공적으로 끝난 것에 대해 흐뭇한 미소를 짓고 있을 것이다.

이렇게 슬픈 소식들 외에도 나를 내내 번뇌하게 만들었던 일이 있었다. 국제 해비타트 본부에서 파견한 릭 해더웨이와 한국 해비타트와의 마찰이었다. 릭 해더웨이는 1999년 필리핀에서 열린 JCWP를 성공적으로 이끈 인물로서 지미 카터의 절대적인 신임을 받고 있었다.

필리핀에서의 성공을 발판으로 릭 해더웨이는 동아시아 책임자로 승격을 하게 되어 JCWP2001을 위해 우리나라에 파견되었을 때는 사업본부장(Project Director)이라는 타이틀이었다.

릭 해더웨이는 국제 해비타트 본부에서 파견한 사람이긴 하지만 나는 그가 한국의 사위라고 생각하고 있었다. 왜냐하면 그는 한국인 여성과 결혼해서 살고 있었기 때문이다. 그래서 JCWP2001 과정에서 한국 해비타트 실무진들과 서로 의견이 맞지 않아 마찰이 생겼을 때에도 나는 그를 "한국의 가족으로 생각하자"며 우리측을 설득하기도 했다.

우리 실무진들과 마찰이 생긴 원인은 물론 문화의 차이도 있었겠지만, 그가 필리핀에서 행했던 식으로 일을 처리하려 했기 때문이다. 오랜 식민지 생활 때문인지 필리핀 국민들은 서양인에 대한 의존도가 대단히 높다. 그래서 그곳에서 사업을 진행하는 동안 릭 해더웨이는 누구의 간섭도 받지 않고 자신이 원하는 대로 사업을 추진할 수 있었다.

하지만 한국인은 자긍심이 강하고 자립심 또한 높다. 그리고 일처리에 있어서도 어느 나라 국민에게도 뒤지지 않을 만한 실력을 가지고 있다. 그럼에도 불구하고 그는 필리핀에서 했던 식 그대로 일방적으로 일을 추진하려 했던 것이다. 마찰의 요인은 바로 그것에 있었다

필리핀에서 행해졌던 JCWP의 경우, 처음엔 일이 순조롭게 진척되지 않았었다. 그럴 때 본부에서 릭 해더웨이를 프로젝트 디렉터로 임명하여 파견했는데, 거의 압도적으로 솜씨 있게 사업을 성공시켰다. 그가 용기가 충천하여 한국에 왔을 것임은 설명하지 않아도 짐작할 것이다.

그리고 또 하나의 마찰 이유는 집 짓는 방법상의 차이 때문에 생겨난 것이었다. 우리나라 주택은 필리핀(필리핀의 경우엔 집짓기가 매우 쉽다. 더운 나라이기 때문에 목재만 사용하여 매우 간편하고 빠르게 집을 완성할 수 있다)이나 서양의 그것과는 달라서 완전한 건식구조(목조건축)로만 지을 수는 없다. 건식과 습식을 병행해서 집을 짓고 있다. 건식과 습식의 차이는 시멘트의 사용여부에 의해 갈라진다.

그런데 우리나라에 목조건축 전문가가 거의 없다는 것에 문제가 도사리고 있었다. 릭 해더웨이의 관점에서는 한국의 건축기술자로는 도저히 집을 지을 수 없었던 것이다. 그가 볼 때는 자신이 헤게모니를 잡고 집을 지어야 성공적으로 끝날 것이라는 자신만의 믿음이 있었던 것이다. 밀러드 풀러 총재 역시 같은 생각이었다. 그들 입장에서 생각한다면 당연히 그럴 수밖에 없었다.

하지만 우리 실무진의 생각으로는, 가뜩이나 감정적인 대립이 있는 터에 그가 사업본부장으로 진두지휘를 한다면 일의 진척이 더딜 것임은 불을 보듯 뻔한 일이었다. 우리 실무진들은 국내에서 오랫동안 해비타트를 위해 일해왔던 고왕인 박사가 사업본부장직을 맡기를 원했다.

목조건축 전문가가 없다는 것은 한국 측의 치명적인 핸디캡이었다. 이에 고 손인현 고문을 비롯한 한국 해비타트 실무진들은 적극적인 방법을 도모하기 시작했다. 목조건축 전문가를 수소문하여(다행히 몇 사람 있었다) 아산 현장으로 초빙, '목조건축전문가학교'를 열어 기술을 습득케 하는 등 열과 성을 다하기 시작했던 것이다.

이사장을 맡고 있는 나는 실무에 간여하지 않는 것을 원칙으로 하고 있었으나, 나 역시 내심 우리 실무진이 선두에서 지휘해야 한다고 생각하고 있었음은 너무도 당연한 일이다. 그래서 2000년 봄, 코스타리카에서 열린 이사회에 참석하여 고왕인 박사가 사업본부장이 되어야 한다고 강력하게 주장했다. 하지만 밀러드 풀러와 스티븐 웨어(Steven Weir, 아시아태평양 담당 부총재)는 릭 해더웨이가 아니면 안 된다고 역시 강하게 말했다.

만약 계속 의견의 일치를 보지 못할 경우, 국제본부에서는 우리나라에서의 JCWP를 취소할 생각까지 하고 있었다. 밀러드 풀러 측과 나는 그 자리에서 "누가 사업본부장이 되면 어떠냐, 결국은 믿음으로 하는 것 아니냐"는 결론까지는 도달했다. 그리고 그 해 여름 광양에서 열릴 '평화를 여는 마을' 사업에서 성공을 한다면 우리 뜻대로 하게 해주겠다는 대답을 받아냈다.

그렇지만 상황은 급박하게 돌아갔다. 안타깝게도 '평화를 여는 마을' 건축까지 순조롭게 진행이 되지 않자 밀러드 풀러는 내게 결단을 촉구하고 있었던 것이다. JCWP는 지미 카터의 이름이 붙어있고 공식적으로는 국제 본부의 사업이니 만큼 밀러드 풀러의 요청을 거절하기는 어려웠다.

한국 해비타트는 급하게 이사회를 열긴 했지만 국제본부의 결정을 따르는 방법 외엔 다른 도리가 없었다. 하지만 그런 와중에도 우리는 다른 방법을 생각해 내기에 이르렀다. 사업본부 위에 집행위원회를 두기로 결정한 것이다. 그리고 그 집행위원회의 총괄이사로 이경회 교수를 임명했다. 다시 설명하자면 사업본부장인 릭 해더웨이가 집행위원장인 이경회 총괄이사에게 보고를 하도록 조직도를 개편해 버린 것이다. 하지만 내내 릭 해더웨이와의 마찰을 피할 수는 없었다.

이 과정에서 고 손인현 건축책임자와 이경회 총괄이사의 마음 고생이 매우 심했다. 그 때문에 후일 손 고문이 불의의 교통사고로 돌아가셨을 때 릭 해더웨이는 무척이나 많이 울었다.

이뿐만이 아니라 릭 해더웨이는 윤형주 홍보이사가 총책임을 맡고 있던 이벤트 행사에도 자신이 관여하고 싶어했다. 릭 해더웨이의 추진력과 열성은 높이 평가할 만했지만 자신의 견해를 너무 앞세웠던 게 화근이었던 것이다.

릭 해더웨이는 문장력이 뛰어난 편이라 편지를 참 잘 썼다. 자신이 어려움에 처할 때마다 일일이 지미 카터의 비서진에게 보고를 했다. 그로 인해 지미 카터나 밀러드 풀러가 한국 해비타트를 오해했음은 물론이다. 하지만 나는 릭 해더웨이에게 싫은 소리 한번 한 기억이 없다.

답답한 마음에 나 역시 밀러드 풀러나 지미 카터에게 직접 편지를 쓰기로 했다. 나는 릭 해더웨이가 가지고 있는 단점에 대해서는 일체 언급하지 않은 채 매우 완곡한 표현으로 우리의 현 실정을 써내려 갔다. 그리고 우리가 일을 처리하는 방법에 대해서도 설명해 주었다.

더러는 지미 카터나 밀러드 풀러가 내게 보낸 강도 높은 편지를 읽고서도 나는 감정에 치우친 답장은 쓰지 않았다. 릭 해더웨이에 대해 나쁘게 쓸 필요도 없었다. 그가 성품이 올바르지 않다거나 일부러 우리를 힘들게 했던 게 아니라, 시각 혹은 방법의 차이라는 걸 알고 있었기 때문이다. 또한 필리핀 사업에서 생긴 우월감이 그의 교만을 만든 것임을 알고 있었기 때문이다.

나의 끈기 있는 노력으로 지미 카터나 밀러드 풀러도 우리의 입장을 서서히 이해하게 되었고, 왜 그런 문제가 발생하게 되었는가에 대해서도 알게 되었다. 지미 카터는 후일, 그때 내가 흥분하지 않고 차분히 대처한데 대해 고마운 마음을 표하기도 했다. 오해는 풀리고 우린 전보다 더 친밀해진 감정으로 한 뜻이 되어 JCWP2001의 성공을 위해 애썼던 것이다.

이러한 일련의 모든 과정에서 애를 많이 써준 사람이 바로 스티븐 웨어이다. 한국을 방문한 그는 릭 해더웨이나 우리 실무진들이 일하는 모습을 유심히 관찰했다. 그리고 국제본부에 아주 호의적으로 보고를 해주어 우리의 집행부를 인정하게 만드는 역할을 수행했던 것이다. 그는 우리의 재조직을 인정한다는 의미에서 사인까지 해주었다.

본 행사가 시작될 시기에 밀러드 풀러가 한국에 왔을 때에도 그는 도착하자마자 먼저 내게 릭 해더웨이의 역할부터 주장했다. 하지만 우리는 행동으로 그에게 보여 주었다. 집 짓는 것에서부터 경영, 이벤트에 이르기까지 일주일에 걸쳐 모든 것을 다 본 그는 깜짝 놀라고 돌아갔던 것이다.

릭 해더웨이가 한국에서의 업무를 모두 마치고 다른 지역으로 가게 되었을 때에 우리는 성의를 다해서 그를 환송했다. 한국인의 넉넉한 마음과 친절함을 그에게 느끼게 해주고 싶었던 것이다. 우리의 진심이 전달되었는지 그 역시 떠날 때는 아주 좋은 감정을 갖고 출국했다.

참 말도 많고 탈도 많고 시련까지 겹쳤던 그때, 나는 일의 우선순위를 마음 속으로 정하고 있었다. "첫째 무슨 일이 있어도 JCWP는 하나님의 사업으로 성공적으로 마쳐야 한다. 둘째 개인적인 고생은 그 다음이다."

JCWP2001을 개최하면서 나는 배운 점이 참 많았다. 알면서도 모른 척 해야 했고, 듣고서도 못들은 척 해야 했다. 묵비권이 얼마나 중요한 것인지에 대해서도 새삼 알게 되었던 때이기도 하다. 단기간에 끝내야 하는 일, 즉 JCWP와 같은 일을 할 때에도 경영자의 자세가 어떠해야 하는가, 또 어떻게 처리해야 하는가 등에 대해서도 많이 배우게 된 기회다.

릭 해더웨이와의 마찰이나 간사들의 파업 등 이러한 일련의 일들은 JCWP를 성공으로 이끌기 위한 지극한 열망 때문에 비롯된 일들이다. 그러한 열정들이 없었다면 JCWP2001이 성공적으로 끝나지 못했을 것이라고 나는 믿는다. 무릇 모든 일에는 희생이 따르기 마련이고, 그 희생 위에 성공이라는 달디단 열매가 맺히는 것이다.

이렇듯 많은 일들이 우리를 또한 나를 힘들게 했지만, 우리 모두는 그 모든 시련의 벽을 뛰어 넘어 오히려 더 꿋꿋하게 일어설 수 있었다. 안전하고 튼튼한 가정을 입주 가정에게 마련해 주어야 한다는 사명감이 없었다면 어쩌면 중도에 좌절했을지도 모른다. 하지만 약속했으며, 그 약속은 무슨 일이 있어도 지켜져야 했던 것이다.

무주택 서민들에게 내 집을 갖게 만드는 일, 다시는 그들이 집 때문에 서러움을 당하지 않게 하는 일, 오로지 그 해비타트의 목표를 달성하기 위해 우린 모든 시련을 극복해낼 수 있었던 것이다. 결론은 역시 해비타트는 사랑이고, 즐거움이라는 것이다.

9. 자전거로 짓는 집

2001년 여름, 한국과 일본의 젊은이들도 힘을 모아 집을 지었다. 이름하여 '자전거로 짓는 사랑의 마을'이다. 한국과 일본의 대학생 220명이 대거 참가한 이 행사의 공식 명칭은 '해비타트 사이클링 2001'.

해비타트 사이클링이란 자전거로 전국을 일주하며 건축기금을 모으는 청년들의 기금모금 프로젝트를 말한다. 참가자들이 1㎞ 달릴 때마다 1,000원을 모금하는 워커톤(Walk-a-thon) 방식으로, 사전에 후원자들로부터 자신의 총 주행거리에 해당하는 만큼의 금액을 모금하는 방식으로 진행되었다.

워커톤 방식이란 원래는 장거리 보행이나 정치적 목적을 가진 데모 행진을 일컫던 말로, 행진이나 달리기 등을 하면서 일정 거리마다 일정액을 내는 후원자를 찾는 모금방식을 통칭하는 말이다. 해외에서는 학교에서 교육효과를 높이기 위한 행사로 자주 사용하고 있으며 환경보호, 암환자, 결식아동 등을 돕기 위한 다양한 행사로 자리잡고 있다.

해비타트 건축기금 마련을 위한 1998년 제1회 사이클링(300㎞)에서는 24명이 참가해 400만원을 모금했고, 1999년(600㎞)에는 70여명이 2,550만원을 모았으며 2000년에는 6,000만원을 모금했다. 특히 2,000년에는 전남 광양의 '평화를 여는 마을' 프로젝트 건축기금 모금과 해비타트 운동의 홍보를 위해 한국, 중국, 일본, 태국, 스리랑카의 젊은이 150명이 대거 참가, 6,000만원이라는 큰 돈을 모금했다.

'해비타트 사이클링 2001'은 2001년 7월 28일 히로시마와, 31일 부산 그리고 8월 1일 임진각에서 각각 출발했다. 부산팀은 부산에서 출발하여 경주-대구-대전-천안을 거쳐 주 사업지 아산으로(400㎞), 임진각팀은 임진각을 출발하여 서울-수원-이천-천안을 거쳐 역시 주 사업지 아산에 도착하기로(370㎞) 되어 있었다.

편히 누울 곳 없어 고통 받는 우리의 이웃을 위해 대한민국 국토를 힘차게 내디뎠던 아름다운 젊은이들, 그리고 일본의 여러 도시를 거쳐 현해탄을 건너 온 일본의 젊은이들. 그들의 자랑스런 얘기를 이제부터 해볼까 한다.

일본 히로시마 평화기념공원. 전쟁의 쓰라린 아픔을 직접 겪었던 히로시마의 평화기념공원은 늘 참배객이 끊이지 않는 곳이다. 그런데 이곳에 자전거를 끌고 헬멧을 쓴 일단의 젊은이들이 속속 몰려들기 시작했다. 그들은 청각장애우를 포함한 5명의 한국 청년들과 오사카를 비롯한 일본 각지에서 온 20명의 일본인 청년들이었다. 그들이 펼쳐 보이는 플래카드에는 'JCWP2001'이라는 글귀가 선명했다.

그렇다. 어려 보이기만 한 이 젊은이들은 해비타트 운동을 하려고 먼 길 마다 않고 이곳까지 달려온 친구들이었던 것이다.

이제 이 젊은이들은 이곳 히로시마를 출발하여 후쿠오카–시모노세키를 거쳐 부산, 아산까지 달려갈 것이었다. 하얀 헬멧, 하얀 티셔츠, 검은 타이츠를 입고 페달을 힘껏 밟아 가는 이들에게선 사랑의 용기가 뿜어져 나왔다. 여름방학 기간 동안 다른 친구들이 산으로 바다로 혹은 해외여행을 즐기고 있는 동안 이 젊은이들은 집 없는 사람들의 건축비를 마련하기 위해 보람된 여행을 시작한 것이다.

해비타트 사이클링의 시작은 미국의 예일대 학생들. 그들은 동부의 워싱턴에서 서부의 샌프란시스코까지 약 2달 동안 대륙을 가로지르며 이 운동을 알리는 한편 모금운동을 펼쳤다. 그것이 시작이 되어 오늘날에는 온 세계로 퍼져나간 것이다. 그러고 보면 무슨 일이든지 시작이 중요한 것이란 생각이 든다. 그 일이 뜻 있는 일이라면 이후로는 자동적으로 계속 이어지게 마련인 것이다.

히로시마에서 출발한 팀들이 처음 달려야 하는 구간은 약 28㎞. 만만치 않은 거리였다. 하지만 모질게 마음먹은 젊은이들은 페달을 밟는 발에 힘을 주었다. 가다가 쥐가 나서 쉬어야 하는 순간도 있었지만 이들은 목표를 향해 힘차게 달려나갔다.

처음 목표지점인 28㎞를 완주했을 때 한국의 젊은이들은 미리 준비해간 선물을 일본의 젊은이들에게 주었다. 일본의 젊은이들은 또렷한 한국말로 "감사합니다"라고 화답했다. 값나가는 물건은 아니었다. 남대문시장에서 사온 작은 배지에 불과했다. 하지만 그 순간 두 나라의 젊은이들에게 싹튼 우정을 어떻게 값으로 매길 수 있을까. 그들 중 어떤 젊은이는 이렇게 말하기도 했다.

"한국을 좋아해요."

백 마디의 말 보다 가슴 흐뭇하고 정다운 말이었다. 이렇게 한일 간의 우정을 쌓으며 그들은 다시 달리기 시작했다. 작은 휴식 뒤에 기다리는 긴 행군. 끝이 보이지 않는 길이지만 달리다 보면 언젠가는 목표에 도달할 수 있을 것이다.

아름다운 행렬이었다. 터널을 지나고 다리도 지나고 아슬아슬 위험한 차도를 덤프트럭과 나란히 달리기도 했다. 자갈밭도 달리고 굽은 길도 달렸다. 밤이고 낮이고 행군을 했다. 깨끗하던 옷들이 더러워지고 앳된 얼굴에 얼룩이 졌다. 그들은 서로의 얼굴을 쳐다보며 소리내어 너털웃음을 웃기도 했다.

앞서 언급한 바와 같이 우리나라에서 이 행사가 처음 시작된 것은 1998년이다. 해마다 많은 젊은이들이 사랑의 집짓기를 위해 달렸지만 2001년 작년의 구간이 가장 길고 험했다. 달리다 체인이 빠지기도 서너 번, 그러다 아예 바퀴가 빠져버린 친구도 있었고 자전거와 함께 넘어지는 젊은이도 있었다.

자전거로 먼 거리를 달린다는 건 어찌 보면 상당히 위험한 일이다. 아무리 조심해도 사고가 생기기 마련이다. 하지만 1㎞를 달릴 때마다 모아지는 1,000원이란 모금액을 생각하면 멈출 수가 없었던 것이다. 그리 튼튼치도 못해 보이는 어린 두 다리에 달려 있는 건축비, 그것은 그 순간 그들에게 부여된 임무이자 책임이었던 것이다. 그렇게 달리다 보면 한 장의 벽돌이 만들어지고 그 벽돌이 모이면 다시 튼튼한 집이 탄생하는 것이다. 그렇다. 바로 그것이었다. 이 젊은이들이 너무도 힘이 들어 주저앉고 싶어도 그러지 못하는 이유는 바로 그것에 있었다. 자신의 작은 힘이 무주택서민의 고통을 없애줄 수 있다면 이까짓 고생쯤이야.

젊은이들은 다시 이마의 땀을 훔치고 달리고 또 달렸다. 장한 젊은이들이었다. 그들은 우리나라의 그리고 일본의 혹은 전 세계의 미래였고 희망이었다. 그들이 이러한 봉사정신과 사랑의 마음을 가지고 있다면, 그리고 어른이 되어서도 그 마음이 변치 않는다면 우리 사회는 훌륭하게 변할 것이다.

쉬는 시간에도 젊은이들은 모금함을 들고 거리에 서있었다. 허리가 몹시도 굽은 일본의 어떤 할머니가 이들을 보더니 뭔가를 가져왔다. 삶은 계란이었다. 젊은이들은 환하게 웃으며 할머니에게 고맙다는 말을 잊지 않았다.

닷새 그리고 일주일이 되었다. 너무 피곤해 앉을 자리만 생기면 조는 젊은이들이 속속 늘어났다. 그러나 그런 상태가 오래 지속되지는 않았다. 찬물에 세수하고 다시 달렸다. 달리고 또 달렸다. 그리고 시모노세키를 종점으로 일본에서의 행군은 모두 끝이 났다. 그들의 모금함에는 벌써 480만원이란 돈이 모아져 있었다. 소중한 돈이었다.

행군하는 동안 한국과 일본의 젊은이들 중 어느 누구도 과거의 일을 끄집어내지 않았다. 그들은 동지였고 한 마음이었던 것이다. 단순히 사랑의 집을 짓기 위한 건축비 모금으로 시작된 행사였지만 이 행사는 양국 간의 우애를 다지는 계기가 되었던 것이다.

이제 이들은 자신들의 분신인 자전거와 함께 배를 탔다. 한국에 가기 위해서였다. 뱃길로 3시간을 항해하자 부산항에 도착했다. 부산에서는 이들과 함께 아산으로 출발할 또 다른 팀이 기다리고 있었다. 환호소리와 함께 이들을 맞은 친구들은 이제 같이 부산을 거쳐 대구, 대전, 천안 그리고 충남 아산까지 달려야 했다. 그 거리는 자그마치 400㎞. 머나먼 길이지만 결코 포기할 수 없는 길이었다. 목표액은 5,600만원.

이들 한일 젊은이들은 한반도를 같이 달리면서 지역사회의 문화현장 체험과 이천 도예단지 방문, 음성 꽃동네 봉사활동 등 서로를 알기 위한 노력도 아끼지 않았다. 가다가 너무 더우면 머리에 양동이째 물을 쏟아 부으면서 달렸다. 힘들어 쓰러지는 친구들도 속속 나타났다. 안타깝게도 도중에 체력적인 문제 때문에 자전거를 포기하고 행사차량에 타야 했던 친구들도 있었지만 그들 모두는 드디어 주 사업지 아산 건축현장에 등장했다.

이미 아산 현장에서 집을 짓고 있던 많은 자원봉사자들이 눈시울을 적시며 이 장한 젊은이들을 맞았다. 또다시 하나가 되는 순간이었다. 이 해비타트 사이클링 2001에는 서강대, 한양대, 이대, 호서대 등 24개 대학에서 220명이 참가했고 일반지원자나 외국인까지 합치면 총 300여명에 이른다. 이들은 자전거 완주 후에도 현장에 남아

끝까지 집 짓는 일에 동참했다.

그 날을 회상하노라니 다시 내 가슴이 희망과 사랑으로 충만해 옴을 느낀다. 정말로 자랑스러웠던 우리의 젊은이들, 그리고 늠름하고 대견했던 일본의 젊은이들, 그들 모두에게 힘찬 박수를 보낸다. 그들은 이 경험을 바탕으로 더욱 힘차고 당당하게 인생을 살아갈 것이다.

2장
사랑을 짓는 사람들

10. 판잣집은 이제 그만

해비타트 운동은 미국인 변호사 밀러드 풀러(Millard Fuller)로부터 시작된 운동이다. 밀러드 풀러는 1935년 앨라배마 주 몽고메리(Montgomary)의 한 독실한 크리스찬 집안에서 태어났다. 어려서부터 가난하게 살던 그는 오로지 부자가 되는 것만이 인생의 목표였다. 부자가 되기 위해 그는 변호사가 되기로 결심, 앨라배마 주 어번(Auburn)에 있는 어번 대학을 졸업한 후 다시 투스칼루사(Tuscaloosa)에 있는 앨라배마 주 로스쿨에 입학했다.

돈을 많이 버는 것이 목표였던 밀러드 풀러는 로스쿨에 재학 중이던 1957년부터 친구와 함께 사업을 시작했다. 상품을 파는 마케팅 회사를 운영한 것이다. 이때 린다를 만나게 되었는데, 후일 그녀는 그의 아내가 되어 이 사업에 동참하게 되었다.

열심히 노력한 결과 로스쿨을 졸업하던 2년 후엔 매출이 5만달러를 넘었다. 그리고 변호사 사무실을 개업한 후에도 이 일을 계속, 연매출이 1백만 달러를 넘어서게까지 되었다.

그리하여 29세가 되었을 때 그는 이미 백만장자가 되어 있었다. 초호화 주택과 별장, 두 대의 스피드 보트, 링컨 컨티넨탈 승용차, 세 개의 방목장을 소유하고 있었다. 막대한 재산은 물론이고 사랑하는 아내와 두 아이까지 있어 밀러드 풀러는 한때 세상에서 가장 행복한 사람인 듯했다. 하지만 그의 사업은 번창했지만 결혼생활에는 이미 문제가 발생, 아내와 자녀들로부터 점점 멀어져 갔다.

그러던 어느 날 아내가 "돈만 추구하는 의미 없는 삶은 살 수 없다"며 별거를 요구해 왔다. 그때가 1965년 11월이었다. 밀러드 풀러는 큰 충격을 받았다. 그는 아내를 너무나 사랑했기 때문에 그녀와 헤어진다는 것은 상상도 할 수 없었다. 일주일 뒤 두 사람은 뉴욕에서 만났다. 그 자리에서 그의 아내 린다가 이렇게 말했다.

"당신이 나를 정말 사랑한다면 우리의 재산을 모두 팔아 가난한 사람들에게 나눠주고 예수님의 사랑을 전하는 일을 같이 했으면 좋겠어요."

하나님과 아내를 극진히 사랑했던 그는 결국 아내의 말을 받아들여 하나님 앞에서 새롭고 의미 있는 삶을 찾기로 결심했다. 함께 몽고메리로 돌아온 밀러드 풀러 부부는 자기들이 살던 옛집만 남겨놓고 전 재산을 처분하여 자선단체에 기증했다.

밀러드 풀러는 물질적인 풍요 속에서 영적인 위기를 맞았으나 자신의 모든 것을 포기함으로써 아내·자녀들과 함께 새 삶을 살게 되었던 것이다. 그 해 12월 밀러드 풀러 가족은 새로운 미래의 설계 차 플로리다로 휴가를 떠났다. 휴가를 마치고 돌아오는 길에 그들은 조지아 주 아메리쿠스(Americus) 근방에 있는 코이노니아(Koinonia) 농장을 방문하게 되었다.

코이노니아 농장은 클래런스 조던(Clarence Jordan) 박사의 지도력으로 시작된 흑인 빈농 공동체였는데, 비폭력, 재산공유, 인종차별 금지를 선언한 바 있기 때문에 '백인시민협의회'와 KKK단 등에 의해 총격, 폭행, 방화, 불매운동 등 온갖 불이익을 다 당하고 있었다.

최악의 역경에 처해 있으면서도 늘 유머감각을 잃지 않았던 클래런스 조던에 대해 밀러드 풀러 부부는 크나큰 위로와 감동을 받았다. 그리하여 코이노니아 농장에 오래 머물면서 그들과 함께 사역에 동참하기로 결정했다.

이처럼 클래런스 조던은 밀러드 풀러 부부에게 가장 큰 영향과 감화를 준 사람이었다. 미국 남부 침례교 신학교에서 그리스어 신약성서 연구로 박사학위를 받은 겸허한 학자요, 신약성서『커튼 패치』(Cotton Patch) 번역판으로 당시 미국 내에서 너무나 잘 알려져 있던 클래런스 조던을 밀러드 풀러 부부는 그가 사망하기(1969년 10월) 불과 몇 년 전에 만났던 것이다. 그래서 밀러드 풀러 부부는 바로 그 특별한 시기에 클래런스 조던을 만나게 된 것은 하나님의 인도에 의한 것이라고 믿고 있다.

1968년, 신명기 15장 7,8절의 말씀('네 하나님 여호와께서 네게 주신 땅 어느 성읍에서든지 가난한 형제가 너와 함께 거하거든 그

가난한 형제에게 네 마음을 강퍅히 하지 말며 네 손을 움켜쥐지 말고 반드시 네 손을 그에게 펴서 그 요구하는 대로 쓸 것을 넉넉히 꾸어 주라')을 통해 비전을 받은 밀러드 풀러 부부는 클래런스 조던과 함께 의식 있는 기독교 지도자 15명을 불러모았다. 그리고 조지아주 아메리쿠스의 가난한 흑인 농부들에게 안락한 집을 지어주기 위해 '코이노니아 파트너(Koinonia Partners)' 라는 협동주택사업을 시작했다.

그들은 저소득층 가족들이 스스로의 노력으로 집을 소유할 수 있도록 이윤을 붙이지 않고 집을 지었다. 다만 집을 짓는 동안 입주자들이 자기의 집이나 다른 사람들의 건축에 자신의 노동을 투자하기를 바랬다. 건축비는 회전자금 방식으로 투자를 받았다. 투자 받은 돈은 집을 짓는데 사용하였고, 집 값을 되돌려 받으면 다시 더 많은 집을 짓도록 했다.

그리하여 1972년 코이노니아 빌리지를 완성, 27세대가 새로운 집에 입주하게 되었다. 이듬해인 1973년에는 두번째 주택 사업을 펼쳤는데, 장소는 아프리카의 자이레였다. 3년 간에 걸친 이 자이레에서의 집짓기는 미국 외에 다른 국가에서도 이 사업이 가능하다는 사실을 입증해준 시험대였다.

자이레에서의 집짓기를 끝내고 1976년 고향에 돌아온 밀러드 풀러는 어느 날 우연히 라디오를 듣던 중 캐나다 밴쿠버에서 '해비타트 컨퍼런스(Habitat Conference)' 가 열린다는 말을 듣게 되었다. '해비타트(Habitat, 주거지)' 라는 말은 흔히 쓰이지 않는 단어였다. 그러나 밀러드 풀러는 사람들의 안정적인 주거생활에 대하여 그 말이 내포하고 있는 의미에서 깊은 영감을 얻게 되었다.

밀러드 풀러는 그 해 가족과 함께 코이노니아 농장으로 되돌아가 함께 일할 동료 27명을 모았다. 그리고 라디오에서 들었던 '해비타트'와 자신이 설립한 '인류애를 위한 기금(Fund for Humanity, 1973년 설립)'이라는 단어를 조합해서 'Habitat for Humanity International'이라는 새롭고 독립적인 단체를 조직했다.

그는 이렇게 주장했다.

"인간이 인간답게 산다는 것은 개인의 책임일 뿐만 아니라 사회의 책임이기도 하며, 또한 국가에만 의존할 일이 아니고 사회 구성원 모두가 자발적으로 협조해야 될 일입니다."

서두가 좀 길어졌지만 이렇게 하여 1976년에 해비타트 운동이 시작되었고, 최초의 해비타트 집은 1979년 미국의 아메리쿠스에서 지은 주택이다. 하지만 해비타트 운동의 초기에는 경제적 자원의 결핍과 일반 국민 특히 무주택자들 자신의 냉소적인 반응 때문에 엄청난 어려움을 겪었다.

무주택자들은 정부와 사회복지지원에만 의존하려는 의타심에 빠져 있어서 빈곤의 악순환에서 생긴 무기력증에서 벗어나기 어려웠다. 또 도와줄 능력이 되는 사람들 역시, 생존을 위한 양식과 최저 생활비를 보태주는 것은 이해할 수 있었어도 주택을 마련해 주는 데 대한 인식은 부족했었다. 주택의 소유가 빈민들에게 줄 수 있는 사회적 가치의 의미를 이해하지 못했던 것이다.

이러한 무주택 빈민자들의 무력감, 사회의 냉소적인 몰인식 속에서 해비타트 운동이 태동되었고 추진되었으니 초기의 어려움은 당연한 결과였다. 이 해비타트 운동이 세계적인 호응을 얻기 시작한 것은 지미 카터 전 미국 대통령이 참여하면서부터.

2002년 1월 현재 해비타트는 미국의 1,500개 도시를 위시하여 멕시코, 인도, 헝가리, 루마니아, 필리핀, 한국 등 전 세계 83개 국가에서 11만 4,000채가 넘는 집을 지었다. 그리고 지금도 매 20분마다 한 채씩의 집이 어디에선가 지어지고 있는 중이다. 입주자들이 건축 실비를 상환하고 그 상환금으로 계속 집을 짓는 회전자금을 마련하기 때문에 해비타트 운동은 시간이 가면 갈수록 눈덩이처럼 자란다.

해비타트는 현재 미국에서 20위 내에 드는 정상급 비영리단체로 인정받고 있다. 그리고 지금도 세계 각지에서 50만명이 넘는 자원봉사자들이 안전하고, 아름다운 피난처를 지으며 땀을 흘리고 있다.

누군가가 "해비타트 운동의 목표가 무엇인가요?"라고 묻자 그는 지체없이 이렇게 답했다.

"지구상에서 빈민 주택을 없애는 것입니다."

해비타트 운동의 특징을 간략하게 설명하자면 다음과 같다.

1. 주택 공급을 통해 무주택 서민의 가정을 회복시킨다

입주가정이 집(house) 뿐만이 아니라 가정(home)의 안정과 회복을 누리도록 돕는다.

2. 광범위한 자원봉사자를 동원한다.

주택의 설계에서부터 입주 가정의 후속 지원에 이르기까지 모두 자원봉사자들이 돕고 있다.

3. 입주 가정의 생산적 자립을 필요로 한다.

입주 가정은 주택원가를 15년 동안 무이자 분할 상환해야 하고, 전 가족이 총 500시간 동안 건축 공사에 참여해야 한다. 입주자는 건축금을 상환하고 몸으로 참여함으로써 내 손으로 내 집을 짓는다는 자긍심이 생긴다.

4. 계층간 갈등 극복과 협력을 목표로 한다.

돈이 있는 사람은 건축 기금과 사업비를 후원하고, 땅이 있는 사람은 집 지을 토지를 기증하며, 건축 자재를 생산하는 기업들은 자재를 후원한다. 건강한 사람들은 대가 없이 자기 노동력을 제공하며, 입주 가정들은 자신의 미래와 일어서려는 의지를 내놓는다. 이렇게 형성되는 이해 속에 한 채 한 채의 집이 지어져 갈 때마다 벽을 허물기 시작한다.

5. 국제적인 협력

해비타트 지회는 십일조의 원칙으로 사업비의 10퍼센트를 다른 지회를 돕는데 사용한다. 자국의 집만 짓는 것이 아니라 이웃 나라의 무주택자들을 위해서도 자원봉사자로 활동하여 사랑을 실천한다.

그동안 교회가 사회에 봉사하는 방식은 질병을 치료하거나 교육을 하거나 혹은 음식을 제공하는 것이었다. 집의 필요성은 모두 알고 있었지만 집을 짓는 데는 비용이 많이 들기 때문에 나설 수 없었던 것이다. 하지만 밀러드 풀러는 '집은 인간이 생을 영위하는 데 기본'이라는 생각을 했기 때문에 집을 지어주기로 한 것이다. 밀러드 풀러는 그러나 원칙을 정했다.

"여기에는 네 가지 원칙이 있습니다. 기독교 단체가 주관하되, 종교에 상관없이 무주택자에게 집을 지어주고, 주택 건설비에 대한 이자는 받지 않으며, 단순하고 안락한 집을 짓는다는 것입니다."

이 일은 절대 혼자 할 수 있는 일이 아니다. 교회와 기업과 개인의 힘이 모이지 않으면 불가능하다. 해비타트 운동은 가장 현실적이고 강력한 기독교정신을 바탕으로 한 '행동하는 사랑'의 표본이 되고 있다.

밀러드 풀러는 1987년 조지아 주와 킹센터가 공동으로 수여하는 '마틴 루터 킹 주니어 인도주의상'을 받았으며 1994년에는 '해리 트루먼 사회봉사상'을 받았고 1995년 건축전문지 『프로페셔널 빌더』(*Professional Builder*)에서 선정한 '올해의 건축가'로 지명되기도 했다. 그리고 1996년에는 클린턴 전 미국 대통령으로부터 '자유의 메달'을 받았는데, 시상식장에서 클린턴 전 미국 대통령은 "해비타트 운동은 미국 역사상 가장 성공적인 공동사회 봉사 프로그램입니다. 이 운동은 수많은 사람들의 삶에 혁명을 일으켰습니다. 밀러드 풀러는 이 나라와 세계 각지에서 집을 갖고 싶어하는 사람들의 꿈을 실현시켜 주었습니다"라고 말했다.

그는 세계 각지의 빈곤 주택 퇴치에 공헌한 점과 탁월한 지도력을 인정받아 계속해서 많은 명예박사 학위와 상을 받고 있는데, 저서로는 『집 짓는 일은 즐겁다』(The Excitement is Building, 린다 풀러와 공저), 『판잣집은 이제 그만!』(No More Shacks!, 국내에서는 '행동하는 사랑, 해비타트'라는 제목으로 번역 · 출판되었다) 『망치의 신학』(The Theology of the Hammer) 등이 있다.

밀러드 풀러는 지난 2001년 8월 우리나라에서 열린 지미카터특별건축사업(JCWP)을 위해 방한, 자원봉사자들과 함께 그의 주장대로 '단순하고 안락한 집'을 지었다.

국제 해비타트 연혁

1965 밀러드 풀러 부부 헌신, 코이노니아 농장 첫 방문

1969 최초의 동역주택 완공

1973 밀러드 풀러 가족 자이레에서 동역주택 건축 시작

1976 국제 해비타트(Habitat for Humanity International) 조직

1977 첫번째 자원봉사자 참여

1978 텍사스 산 아토니오에 최초로 지회 결성

1979 아메리쿠스에서 최초의 해비타트 집 건축

　　　 과테말라에 남미 최초의 지회 설립

1983 지미 카터 전 미국 대통령 부부 해비타트 동역자로 참여

1984 제1회 지미카터특별건축사업(JCWP)이 뉴욕시에서 열림

1986 10주년 기념 1,000마일 걷기 대회

1987 동아리 프로그램 시작

　　　 적정기술분과와 언약교회 프로그램 시작

1988 지구촌 프로그램 분과 및 기업후원 분과 설립

1990 2개국(멕시코, 미국 캘리포니아) 동시에 JCWP 열림

1991 1만번째 주택 건축

1992 아메리카 원주민 첫 지회 설립

1993 앙테베 사업 승인, 전 세계 2만채 건축 달성,

      인도 1,000번째 집 완공

1994 번개 건축으로 3만번째 주택 건축

1996 5만번째 주택 건축

      50번째 가입국 루마니아에서 집짓기 사역 시작

      미국 자선단체 10위권에 선정됨

1999 필리핀에서 JCWP개최

      32개국 1만 4,000명 자원봉사자 참여 293채 건축

2000 미국 3개 지역(뉴욕, 플로리다, 조지아)에서 JCWP 열림

      10만번째 주택 건설

2001 한국에서 JCWP 열림

      35개국에서 1만 300명 참가, 행사기간 동안 136채 건축

11. 지미카터특별건축사업

해비타트 운동이 세계적인 자원봉사 및 빈곤퇴치 운동일 뿐 아니라 가정회복, 지역사회 건설로서 크게 각광을 받기 시작한 것은 전 미국 대통령 지미 카터(Jimmy Carter)가 이 운동에 참여하고 나서부터라고 할 수 있다. 미국의 제39대 대통령이었고 또 현직 '지미카터센터'의 이사장으로서 세계평화를 위해 헌신적으로 일하고 있는 그의 세계적인 명성은 해비타트 정신을 널리 알리는 데 일조를 했기 때문이다.

지미 카터가 해비타트 운동에 참여하게 된 계기는 어쩌면 하나님의 인도 때문이었을 것이다. 왜냐하면 해비타트 국제본부가 위치하고 있는 아메리쿠스(Americus)가 지미 카터가 살고 있는 플레인즈(Plains)로부터 9마일(15㎞, 10여분 거리) 밖에 떨어져 있지 않기 때문이다.

지미 카터는 매우 신실한 크리스천이다. 그는 매주 일요일마다 교회에서 성경을 가르치고 있는데 교회에 갈 때마다 해비타트 자원봉사자들이 해비타트에 대해 얘기하는 걸 자주 듣게 되었다. 해비타트 운동의 취지와 하는 일 등을 잘 알게 된 지미 카터는 해비타트에 대해 관심을 갖게 되었다. 그러던 1983년의 어느 날 지미 카터는 밀러드 풀러를 자신의 집으로 초대했다. 그리고 물었다.

"혹시 도와줄 일이 있습니까?"

그때부터 지미 카터는 해비타트 운동의 자원봉사자로서 적극적으로 참여하게 되었다. 그리고 해비타트 운동 프로젝트의 하나인 '지미카터특별건축사업(JCWP)'의 주체가 되었던 것이다. JCWP란 앞서 수 차례 언급했던 바와 같이 매년 각 나라를 돌며 집이 필요한 무주택서민들에게 집을 지어주는 일을 말한다. 일주일만에 집을 완성하기 때문에 일명 번개건축(Blitz Build)이라고도 부른다.

평범한 농부에서 백악관의 주인을 거쳐 이제는 손에 망치를 든 목수가 된 사람. 이는 해비타트 운동을 하는 지미 카터를 일컫는 말이 되어버렸다. 대통령이었던 시절, 그는 능력이 없다는 비판을 받기도 했다. 그러나 '퇴임 후 더욱 빛나는 대통령'으로, 그는 이미 전 세계인으로부터 인정을 받고 있다.

그가 돋보이는 이유 중 하나는 부인 로잘린 여사와 함께 해비타트 자원봉사자로 참여, 어려운 이웃을 돕는 일에 앞장서기 때문이다. 그는 해비타트 일을 하러 갈 때면 언제나 자신의 못과 망치가 들어있는 연장가방을 들고 다닌다. 그의 말에 의하면 그것은 '세상 어디든지 부딪힐 준비가 되어있는 예수님의 망치'이다.

1924년 조지아 주의 작은 농촌마을 플레인즈에서 출생한 지미 카터는 땅콩농장을 경영하는 아버지 밑에서 태어났다. 그의 아버지는 자녀들에게 매우 엄격했고 근면과 노동이 몸에 배도록 가르쳤다. 그의 검소하고 소탈한 성격은 아버지의 교육으로부터 비롯되었다. 미국의 전형적인 남부답게 플레인즈 사람들은 지금도 목화, 땅콩, 피캔(Pecan, 호도 비슷한 열매) 농사를 지으며 소박하게 살고 있는데, 카터가 어렸을 때 살던 집의 규모 역시 서민들이 살던 그것과 하나도 다르지 않았다.

어려서부터 해군제독이 되는 것이 꿈이었던 그는 고교 졸업 직후인 1943년 해군사관학교에 들어갔다. 사관학교 졸업 후에는 전함에서 근무했는데, 1953년 아버지가 돌아가시자 고향으로 돌아갔다.

가업을 이어 받아 땅콩농장을 하는 한편 그는 지역 교육위원회 회장을 맡는 등 사회활동에 뛰어들었다. 그리고 1962년 조지아 주 상원의원에 당선됐고 1971년에는 주지사로 선출되었으며 이어 1974년이 되자 민주당 총재가 되었다. 1976년에는 제럴드 포드 당시 대통령을 물리치고 제39대 대통령으로 뽑혔다. 사람들이 700명밖에 살지 않는 조그만 마을에서 미국의 대통령이 나온 것이다. 카터는 자신의 어머니를 지금도 마마라고 부르고 있다. 그 '마마'는 80세까지도 평화봉사단의 일원으로 봉사활동을 했던 사람으로 그 지역 사람들의 칭송을 듣고 있다.

대통령이 된 지미 카터는 파나마운하 협정이라든가 캠프데이비드 협상, 소련과의 솔트II조약 합의, 중국과의 관계 정상화 등을 주도하면서 나름대로 세계 평화에 기여했다. 이중 특히 '캠프데이비드 협상(1978년 9월)'은 서로 총부리를 맞대고 있던 사다트 이집트 대통령과 베긴 이스라엘 총리를 캠프데이비드로 초청하여 중재를 한 끝에 이스라엘의 시나이반도 반환과 양국 수교 합의를 이끌어냈고, 6개월 뒤에는 평화협정을 체결케 하여 두 나라 간의 30년 적대관계를 해소하는 데에 일익을 담당하기도 했다.

'정직하고 검소한 대통령'을 표방했던 그는 그러나 '강력한 지도자'를 원했던 미국 시민들의 욕구를 채워줄 수 없었다. 그리하여 4년 후에 치러진 선거에서 그만 떨어지고 마는데, 재선의 실패는 그를 해비타트로 이끌게 된 간접적인 동기가 되었다고도 할 수 있다. 왜냐하면 재선 실패 후 낙향하고 있었고, 바로 그곳에서 밀러드 풀러를 만나게 되었기 때문이다.

매우 숙련된 목수이기도 한 그가 망치를 들고 집을 짓는 모습은 해비타트 운동의 상징이 된 지 오래고, 그의 순수한 이웃사랑과 겸손한 봉사활동의 자세는 미국뿐만 아니라 전 세계의 사람들로부터 존경을 받고 있다.

지미 카터 부부가 일주일간 많은 자원봉사자들과 함께 수백 채의 집을 짓는 JCWP는 매년 1회씩 열린다. 1984년부터 시작된 JCWP는 미국을 시작으로 멕시코, 캐나다, 헝가리 등지에서 시행되었다. 근래에 들어서는 1998년 미국 텍사스 주 휴스턴에서 100채, 1999년 필리핀에서 293채, 2000년 뉴욕시의 빈민가·플로리다 주 잭슨빌·조지아 주 섬터(Sumter County) 등에서 157채의 집을 지었다.

그리고 작년 우리나라에서 지은 152채(본행사 136채, Post-JCWP 16채)를 거쳐 올해에는 남아프리카공화국 더반(Durban)에서, 2003년에는 미국 조지아 주의 발도스타, 라그란지와 앨라배마 주의 아니스톤 등 3개 지역에서 총 75세대 이상의 집을 지을 예정이다.

매년 열릴 때마다 CNN 등 세계 언론의 집중적인 조명과 세인의 관심을 받기 때문에 JCWP는 해비타트의 트레이드마크처럼 되어 버렸다. 특히 1999년 필리핀에서 열린 JCWP의 경우엔 이전 5퍼센트 미만에 불과하던 필리핀 국민들의 해비타트에 대한 인지도가 90퍼센트 이상으로 급격히 상승하기도 했다.

작년 우리나라에서 시행된 JCWP의 경우엔 UN이 정한 '자원봉사자의 해' 이자 해비타트 운동 25주년이 되던 해에 이뤄져서 더욱 뜻이 깊었다. 25주년 기념행사의 일환으로 '세계지도자집짓기(World Leader's Build)' 까지 병행해 더욱 의미 있는 행사가 되었던 것이다.

한편 재선 실패 후 고향으로 돌아간 그는 1982년 애틀랜타에 있는 에모리 대학 석좌교수를 지내면서 같은 해 지미카터센터를 세우게 되는데, 지미카터센터에서는 평화, 자유, 민주주의, 인권증진, 사람들의 고통을 덜어주는 것 등을 목표로 삼고 있다. 즉 세계 평화를 유지하고 휴전협상을 하거나 민주선거를 실시하는 등 고귀한 일을 하고 있는 곳이다.

지미 카터와 로잘린 카터가 주축이 되어 일을 하는 지미카터센터에서는 세계 65개국의 프로그램을 진행하고 있는데, 그 65개국 중에서 35개국이 아프리카에 위치하고 있다. '분쟁이 있는 곳에 카터가 있다'라는 말이 있듯이 지미 카터는 아이티·보스니아·인도네시아 그리고 한국 등지에서 국제 분쟁 해결사로서 활발한 활동을 하고 있다.

이처럼 지미 카터는 전 세계의 평화와 인류를 위해 중요한 역할을 하고 있는데, 지난 1994년 한반도에서 전개되었던 북핵위기를 잠재우고 북한과 미국이 협상 테이블로 되돌아가서 협상합의를 이룰 수 있도록 유도했던 중심 인물이기도 하다. 그는 당시 북한에 가서 김일성 주석을 설득, 핵무기 개발을 중단하도록 유도했다.

지미 카터가 한반도 정세에 관심을 가진 지는 매우 오래되었다. 그의 그러한 관심을 간파한 김일성 주석은 1991년 특사를 보내 지미 카터를 초청했었다. 한반도 평화에 일조를 하고 싶은 마음에, 지미 카터는 그 해부터 3년간 꾸준히 민간외교관 자격으로 북한에 보내주기를 백악관에 요청했지만 미국 정부는 이를 허락해 주지 않았었다. 당시의 미국 정부는 북한과 관계를 맺지 않으려고 했던 것이다. 그러던 중 1994년 한반도에 전쟁위기가 닥치자 비로소 미국 정부는 그의 방북을 허락해 주었다.

지미 카터는 부인 로잘린 여사와 함께 우리나라에 와서 김영삼 전 대통령을 만난 후 판문점을 통해 북한에 들어갔다. 그리고 성공적인 협상을 끌어낸 뒤 다시 서울로 돌아왔다. 지미 카터는 45년 만에 공식적으로 북한에 다녀온 최초의 미국인이 되었던 것이다. 협상 내용으로는 첫째 국제원자력기구(IAEA) 사찰단 입북허용 둘째 남북한 공히 DMZ 일정거리 후퇴·군사 규모 감축 등이 있었다.

또한 김일성 주석은 지미 카터의 제의를 받아들여 남북한 정상회담 개최를 수락하고, 카터에게 김영삼 전 대통령의 북한 초청을 부탁했다. 하지만 정상회담 준비중에 그만 김일성 주석이 사망하는 바람에 안타깝게도 불발이 되고 말았다.

그로부터 2개월 후인 1994년 9월, 지미 카터는 김정일 국방위원장으로부터 "아버지를 만나러 와줘서 감사했고 아버지가 생전에 했던 약속을 모두 실천하고 싶다"는 내용의 편지를 받아 이를 우리 정부에 전했다. 하지만 김정일 국방위원장은 아버지 김주석의 3년상을 치러야 하는 등 시일이 걸렸다.

지미 카터가 우리나라와 맺은 인연은 사실 이때가 처음은 아니다. 1950년 한국전쟁 당시 해군 잠수함 항해사로 참전했었다. 그때 지미 카터는 자유를 위해 싸우는 우리 국민들과 함께 전쟁을 치렀다. 전쟁이 끝나자 지미 카터는 드디어 한국에도 평화가 왔다는 사실에 매우 기뻐했다. 그리고 늘 한반도가 화해를 이루고 통일이 오기를 소망해 왔다고 한다. 그가 유난히 한반도 정세에 관심을 가지게 된 이면에는 바로 이러한 배경이 깔려 있기도 하다.

그러니까 지미 카터가 2001년 JCWP를 위해 우리나라에 온 것은 6·25 한국전쟁 참전이래 네번째인 셈이다.

지미 카터가 해비타트를 위해 할애하는 시간은 일년에 일주일. 나머지 51주는 지미카터센터의 일을 하고 있다. 그는 이번 지미카터특별건축사업이 남북한에서 동시에 실시될 수 있기를 원했다. 하지만 북한측에서 명확한 답변을 피했기 때문에 성사될 수 없었다.

"긍정적이고 분명하며 혼돈스럽지 않은 정책만 구사한다면 미국과 북한 관계가 개선될 수 있고, 남북한 사이의 화해도 이룰 수 있다고 생각합니다. 그렇게 해서 남한 · 북한 · 미국간에 신뢰가 쌓이면 북한에도 해비타트 조직이 들어갈 수 있을 것입니다. 그 날이 오면 북한 주민들과 우리가 함께 집을 지을 수 있을 것입니다."

지미 카터는 이렇게 말함으로써 북한에서도 해비타트 운동이 전개되기를 희망했다.

우리 국민은 지미 카터가 미국의 전직 대통령으로서 세계 평화와 인류를 위해 정말 중요한 역할을 하고 적극적으로 일하는 데 대해 깊이 감동을 받고 있다. 지미 카터는 진정 사회정의와 국제 평화를 위한 챔피언이라고 말해도 손색이 없을 것이다.

작년 8월, 사랑의 집을 짓기 위해 우리나라로 오는 길에도 방글라데시에 들러 10월 초에 진행될 선거준비를 몇 주 동안 도왔고, 태국에도 들러 일을 하는 등 그는 전 세계의 평화와 안정을 위해 헌신적으로 애를 쓰고 있다. 4년 전, 30여년 동안 내란에 휩싸여 있던 남미의 니카라과를 찾아가 쌍방의 지도자를 만난 후 미사일과 폭탄으로 할 수 없었던 자유선거를 실시하고 민주국가로 탈바꿈하는 계기를 만들어준 바 있는 지미 카터는 작년 11월에도 그곳에서 자유선거가 이루어지도록 에모리대학 학생들과 함께 다녀왔다. 이처럼 카터는 자유, 평화, 그리고 사랑의 전도사이다.

이번 JCWP2001에서는 작업장 보다 자원자 수가 더 많아서 사실 모든 자원봉사자를 받아들일 수 없을 만큼 국내의 호응이 대단했다. 그는 우리나라의 해비타트 조직이 잘 돌아가고 있음에 대단히 만족해하며 이렇게 말했다.

"이 세상에서, 가진 사람은 가지지 못한 사람을 도와야 합니다. 사랑의 집짓기는 나의 땀으로 남을 살리는 운동이자, 목수였던 예수님처럼 묵묵히 사랑을 실천하는 일입니다."

지미카터센터에서 하는 일 역시 매우 의미 있는 일이긴 하지만 전 세계인들은 그가 사람들과 함께 집을 짓는 것에 대해 더 많은 관심을 가지고 있으며 애정을 보이고 있다. 때문에 그를 보면 사람들은 "해비타트에 대해 이야기해 주세요"라고 말하곤 한다.

지미 카터의 주선으로 이루어진 캠프데이비드 협상의 공로를 인정받아 1979년에는 사다트 이집트 대통령과 베긴 이스라엘 총리가 '노벨평화상'을 받았으며 1990년에는 카터 자신이 '필라델피아 자유메달'을 받았다. '필라델피아 자유메달'은 자유를 추구하고 억압받는 사람들을 해방시키기 위하여 대안을 제시해 온 지도자나 단체에게 수여되는 상이다. 이어 1996년 라이온스협회로부터 '인도주의 자상'을 받았으며 1999년에는 로잘린 카터와 함께 인권신장과 평화외교에 기여한 공로가 큰 사람에게 미국 대통령이 수여하는 '자유메달'을 받았다.

저서로는 『왜 최선을 다하지 않는가?』(*Why not the Best?*), 『동트기 전 한 시간』(*An Hour Before Daylight*), 『얻을 수 있는 모든 것(*Everything to Gain*, 로잘린 카터 공저), 『나이 드는 것의 미덕』(*The Virtues of Aging*) 등이 있다.

지미카터특별건축사업 연혁

1984/85 New York City 19세대

1986 Chicago 4세대

1987 Charlotte, N.C 14세대

1988 Philadelphia Pa., 10세대, Atlanta, Ga. 20세대

1989 Milwaukee, Wis. 8세대 개축, 6세대 신축

1990 Tijuana, Mexico and San Diego, Calif 100세대, 7세대

1991 Miami, Fla. 14세대, 탁아소 1

1992 Washington, D.C., Baltimore, Md. 각 10세대

1993 Winnipeg, Manitoba and Waterloo, Ontario,
     Canada 18세대, 10세대

1994 Eagle Butte, S.D. 30세대

1995 Southern California 21세대

1996 Vac, Hungary, 10세대

1997 JCWP Sites Eastern Kentucky & Tennessee, 52세대

1998 Houston, Texas, 100세대

1999 Philippines 293세대

2000 New York City, 22세대, Sumter County,
     Ga 35세대 Jacksonville, Fa 100세대

2001 South Korea 136세대(Post-JCWP 16세대)

12. 행동하는 사랑, 한국사랑의집짓기운동

한국에서의 해비타트 운동은 오랜 잠재기와 초창기를 거치며 자라왔다. 미국 아메리쿠스에 있는 국제 해비타트 본부를 방문하고 또한 수련을 받은 국내 기독교 지도자들은 이 운동의 가능성을 일찍이 인식하고는 있었다. 그러나 우리나라의 경우, '주택은 곧 부동산'이라는 뿌리깊은 사상과 빈번한 이사 등의 이유로 인해 쉬운 사업이 될 수 없다는 사실 또한 아울러 인식하고 있었다.

우리나라의 해비타트 운동은 1980년도 후반에 시작되었다고 볼 수 있다. 예수원 원장인 대천덕 신부가 그의 저서에서 해비타트를 처음 소개한 바 있고, 고왕인 박사가 한국 사회의 공동체성 회복과 예수님의 영광을 위하여 이 사업에 헌신했었다.

내가 해비타트와 처음으로 인연을 맺은 것은 1992년 1월이었다. 국내 해비타트 운동의 활성화를 위해 애쓰고 있던 고왕인 박사의 요청으로 당시 한국에 파견되어 왔던 릭 해더웨이를 만나게 되었는데, 그때 해비타트 운동에 대해 보다 구체적으로 알 기회를 가졌다.

그 무렵 나는, 아주대학교에 설립한 에너지시스템연구센터의 일을 하는 동시에 아주대 대학원에 에너지학과를 만들고 에너지공학회를 설립하는 등 내 전공을 살려 활발한 활동을 하고 있던 중이었다. 또한 동시에 고등기술연구원 설립의 타당성 문제를 놓고 부심하고 있던 때이기도 했다.

말하자면 1990년 11월 과학기술처 장관직에서 물러난 이래 내 본연의 자리로 되돌아가 있던 바로 그 시기에 해비타트와 만나게 되었던 것이다. 이때만 해도 국내의 해비타트 운동은 실제적으로는 거의 이루어지지 않고 있었다.

1992년 7월 대우그룹과 함께 고등기술원구원을 발족시켜 한참 연구에 몰두하고 있을 무렵, 국제 해비타트의 밀러드 풀러 총재 부부가 방한을 했다. 그때 나는 KBS의 아침프로그램에 밀러드 풀러와 함께 출연하여 인터뷰를 하게 되었는데, 그 날 아침까지만 해도 나는 한국에서의 해비타트 운동은 실현가능성이 희박하다고 봤다. 한국인의 집에 대한 개념은 미국인의 그것과는 엄연히 다르다는 현실을 잘 알고 있는 나로서는 그렇게 생각하지 않을 수가 없었던 것이다.

방송이 끝난 후엔 우리 부부가 그들 부부를 초청, 점심식사를 함께 하는 자리를 마련했다. 그 자리에서 밀러드 풀러는, "기존의 규격화된 교회생활에서 벗어나 대중에게 가까이 가는 것이 필요하다. 해비타트는 실천하는 사랑이다"라는 요지의 말을 했다. 그의 말에 나는 깊은 인상을 받았다. 그는 내가 이제까지 봐온 그 어떤 사람보다도 '새로운 모습의 신자로서의 삶'을 얘기하고 있었던 것이다.

그때 우리 부부는 밀러드 풀러 부부가 벌이는 해비타트 운동에 대해 보다 명확히 알게 되었고 그 일이 얼마나 중요한 것인가에 대해서도 새삼 느끼게 되었다. 무주택자에게 집을 지어준다는 것은 단지 '집'이라는 겉모습의 변화뿐만 아니라 한 가정을 바로 서게 하는 것이고, 나아가서는 우리 사회를 변화시킨다는 사실, 그것은 정말로 중요한 일이었던 것이다.

미국의 대학에서 교수로 재직하고 있던 시절, 우리 역시 내 집이 없어 고생을 한 적이 있었다. 첫번째 내 집을 갖게 되었을 때의 일을 나는 지금도 기억하고 있다. 새 집을 살 돈은 턱없이 부족해서 헌 집을 샀는데, 다달이 불입해야 하는 월부 이외에도 은행융자까지 껴안고 사야 하는 실정이었다. 그때 우리 부부는 고생을 많이 했었다.

그런데 해비타트가 지어주는 집은 건축실비만, 그것도 무이자로 15~18년 사이에 상환하면 된다니 내 집 마련의 간절한 소망을 안고 사는 무주택서민으로선 얼마나 고맙고 기쁜 일이겠는가. 우리 부부는 곰곰이 생각에 잠겼다. 그리고 마침내 결정을 했던 것이다. 이렇듯 밀러드 풀러 부부와 우리 부부의 만남은 내가 이 일에 동참하게 되는 결정적인 계기를 부여했다.

한국 해비타트로선 처음으로 1993년 11월 의정부 지회가 설립되고 그로부터 일년 후인 1994년 11월 국내 최초의 사랑의 집 3채가 의정부에 지어졌다. 그렇긴 해도 아직은 한국에서의 해비타트 운동은 미미한 실정이었다.

아주대 석좌교수와 고등기술연구원장을 겸하고 있었던 1994년은 내게 아주 행복한 해였다. 후학들을 가르치는 한편으로 해비타트 운동을 조금씩 펴나가고, 사랑의 쌀 나누기, 사랑의 장기기증 운동 등에도 참여하면서 아주 보람된 나날을 보내고 있었다. 그리고 그 해 말 아주대학교 총장으로 내정이 되어 한참 그 작업을 하고 있는 중이던 12월, 김영삼 대통령으로부터 과학기술처 장관으로 재임명을 요청 받게 되었다.

그러는 사이에도 한국의 해비타트 운동은 조금씩 기지개를 펴기 시작했으니, 1995년 1월 로터리인터내셔널에서 로터리 빌을 지을 때 6명의 자원봉사자를 필리핀 현장에 파송하였고, 그 해 6월에도 미국 LA JCWP에 24명의 자원봉사자를 파견하는 등 조금씩 현장경험을 쌓아갔다. 말하자면 한국의 해비타트 운동은 국내가 아닌 해외에서의 자원봉사 활동으로 적극적으로 시작되었다고 할 수 있다.

내가 과기처 장관으로 한참 나랏일을 보고 있을 때인 1995년 9월 드디어 한국 해비타트는 날개를 달게 되었으니, '한국사랑의집짓기운동연합회(이하 사랑의집짓기)'가 건설교통부 산하 비영리 공익법인으로 정식인가를 받기에 이른 것이다. 내가 사랑의집짓기 초대 이사장으로 추대된 것은 바로 이때이며, 한국 해비타트의 활동은 이 무렵부터 매우 활발해지기 시작했다. 그리고 이듬해인 1996년 나는 해비타트 국제이사로 피선이 되었고 1997년 KOICA(한국국제협력단)에 공식 NGO로 등록이 되었다.

강원도 태백시와 경기도 양주 그리고 경상남도 진주시에서 작은 규모로 사랑의 집들이 지어졌다. 특히 강원도 태백시에 2차 사업을 추진하면서 1998년 '해비타트의 밤(Habitat Night)'이라는 성공적인 모금행사를 개최하였을 때에는 김대중 대통령 부부가 회원으로 가입함으로써 우리 모두를 기쁘게 해주었다. 두번째로 한국을 방문한 밀러드 풀러 총재 역시 이때 태백현장에 와서 자원봉사자들을 격려해주기도 해서 이때의 집짓기는 여러모로 뜻이 깊었다.

한국 해비타트는 의정부에서 지은 최초의 주택 3채로부터 시작하여 2002년 1월 현재까지 총 395채(해외 포함)를 지었다. 그리고 올해는 100채 건축을 목표로 잡고 있다. 아산 16채, 대구 12채, 태백 18채, 파주 4채 등 50채는 국내에 짓고 나머지 50채는 몽골, 필리핀, 베트남 등 아시아 지역에 지어줄 계획을 가지고 있다. 즉 국내와 해외의 집짓기 비율을 동등하게 할 생각인 것이다. Global Village Program이 바로 한국 해비타트의 비전이 되어야 한다고 나는 생각하고 있다.

2002년 1월 현재 사랑의집짓기 건축 실적은 다음 표와 같다.

(단위 : 세대)

구분		1994	1996	1997	1998	1999	2000	2001	소계
국내	의정부	3	4	4	4	4	-	9	28
	태백	-	-	2	6	3	5	12	28
	진주	-	-	-	-	4	-	16	20
	서울	-	-	-	-	5	-	-	5
	대구/경산	-	-	-	-	-	-	17	17
	광양	-	-	-	-	-	32	-	32
	아산	-	-	-	-	-	-	88	88
	파주	-	-	-	-	-	-	12	12
	군산	-	-	-	-	-	-	12	12
	소계	3	4	6	10	16	37	166	242
해외	필리핀	-	5	52	27	33	13	23	153
총계		3	9	58	37	49	50	189	395

① 2000년 광양 마을회관 1동, 2001년 마을회관 2동은 별도 건축임

② 2001년 건축 중 의정부 9세대와 대구/경산 5세대는
   2000년 이월사업 건축임

③ 2001년 건축 총계에는 Post-JCWP 16세대가 포함되어 있음

④ 필리핀 2001년 사업은 11월 말 현재임

미국이나 캐나다, 유럽 등지의 해비타트에서는 다른 나라의 집짓기를 많이 도와주고 있다. 우리 역시 우리보다 못사는 나라들을 이제부터는 도와주어야 한다. 국내보다 훨씬 돈을 적게 들이고도 많은 수의 집을 지을 수 있다. 이때 우리나라의 청년들이 자원봉사자가 되어 참여했으면 좋겠다는 바람을 나는 가지고 있다. 해비타트 국제본부에서도 우리 한국 해비타트에 기대를 걸고 있다. 아시아를 이끌어 가는 주요국가인 한국, 일본, 중국 중에서 이 일을 할 나라는 한국 밖에 없기 때문이다. 일본은 기독교 인구가 많지 않고 중국은 아직 집짓기에 눈을 돌릴만한 여력이 없다. 당연히 기독교 인구가 많은 우리가 해야할 일인 것이다.

한국 해비타트는 우리가 단순히 국제 해비타트의 지부로서만 인식할 것이 아니라 이번 JCWP2001을 계기로, 한국인을 위한 사랑의 집짓기운동으로 정착시키겠다는 확고한 의지를 가지고 있다.

해비타트를 가장 잘 이해할 수 있는 방법은 현장에 직접 참여해서 땀을 흘리는 것이다. 이 사랑의 집짓기는 매년 봄부터 늦가을까지 진행되고 있는데, 전국의 현장에서 개인이나 단체로 자원봉사 활동을 할 수 있다.

해비타트는 기적을 신뢰하는 믿음을 가지고 있다. 소위 오병이어의 기적, '예수님의 경제학'이다. 우리가 가진 것들을 나누기 시작하면 예수님께서는 그것을 축복하셔서 모든 사람들이 누리고도 부족함이 없도록 도우신다는 사실을 많은 사람들이 믿기를 바란다. 현재 학생동아리를 비롯하여 교회, 기업 등에서 이 일에 열성적으로 참여하고 있지만 아직은 도움의 손길이 턱없이 부족한 실정이다. 한국 해비타트에서는 이 운동을 더 널리 알리고자 하는 의미에서 매년 8월 첫주를 해비타트 주간으로 정했다.

해비타트 즉 사랑의 집짓기는 교회의 도움 없이는 효과적으로 진행될 수 없다. 교회가 어떻게 사랑의 집짓기에 동참할 수 있는가에 대해 나는 말하고 싶다.

첫째 해비타트 사역과 사회의 소외된 계층을 위해 기도를 하는 것도 사랑의 집짓기에 동참하는 방법의 하나이고, 둘째 해비타트를 소개하는 설명회를 열어 많은 이들에게 사랑의 집짓기에 대해 홍보를 하는 것 역시도 이 사업에 동참하는 길의 하나이다. 해비타트에서는 강사단을 파견할 준비가 항시 되어 있으므로 언제든지 환영이다. 셋째 바자회 등 다양한 이벤트를 통해 기금을 마련할 수도 있고, 넷째 집짓기 현장에 직접 동참하는 방법도 있다.

학생동아리 역시 해비타트에서 빠지지 않는 핵심조직의 하나이다. 1987년 처음 발족한 학생동아리는 현재 미국, 보츠나와, 캐나다, 온두라스, 일본, 파푸아뉴기니, 필리핀, 폴란드, 우간다, 잠비아 등에 그 자치조직이 있다. 국내에서는 한국 최초로 호서대에서 공식 해비타트 동아리가 설립된 것을 시작으로 순천향대, 단국대, 서강대, 숭실대, 한양대, 한남대, 경인여대, 명지대, 중앙대, 서울여대, 홍익대, 연대, 이대, 청운대, 한동대, 영남대, 온누리교회, 충현교회, 의정부 중앙감리교회 등에 있는 학생동아리가 활발히 활동중인데, 그간 이들은 국내뿐만 아니라 필리핀 바콜로드, 제너럴산토스, 파라나케, 두마게티, 타그빌라란, 카가얀밸리 등에서 사랑의 집을 지었다. 학생동아리는 행사가 열릴 때마다 사이클링 행사를 벌여 기금을 모으기도 한다.

사랑의집짓기는 해외워크 캠프로 1994년 4월 이후 지금까지 1,000여명의 자원봉사단을 필리핀 무주택 영세가정을 위해 파견한 바 있다. 지난 1998년 2월에는 어려운 국내 사정에도 불구하고 12명으로 구성된 자원봉사단을 파견해 2채의 집을 지었다. 이 과정을 통해서 한국 해비타트는 필리핀 지역과의 협력 프로그램에 대한 중요성을 인식하며 많은 경험을 습득, 1999년 필리핀에서 개최된 JCWP에는 197명의 자원봉사단을 파견하기도 했다. 그리고 오는 6월 3일에서 7일까지 아프리카 더반에서 열리는 JCWP에 참가할 자원봉사자들을 한국 해비타트에서는 기다리고 있다

김대중 대통령의 부인 이희호 여사가 명예이사장으로 봉사하고 있는 사랑의집짓기는 현재 의정부, 태백, 진주, 대구·경북, 천안·아산, 파주, 군산, 수원·용인·오산, 서울 등 9개 지회를 두고 있다. 그리고 각 지회에서의 집짓기는 지역 사정을 고려해 상환기금·기간 등을 지회 이사회를 통해 결정한 뒤 본부에 보고를 하게 되어 있다. 그러면 본부는 지회에 대해 경비·인력 등 제반 필요한 사항 모두를 최대한 지원한다. 각 지회에 따라 건축비라든가 상환기간의 차

이가 약간씩 있는 것은 이 때문이다.

사랑의집짓기는 이제까지 모금이나 땅 구입 등 전반적인 사항 모두를 한국본부 중심으로 주관해 왔다고 볼 수 있는데, 2002년부터는 보다 더 지회 중심으로 나갈 예정에 있다. 즉 지회에 독자적인 재량권을 더 많이 주어서 지회의 중요성을 부각시키고 책임의식 또한 강화하기로 했다.

또한 지난 2001년 12월 10일 이경회 교수를 이사장으로 한 서울지회의 재설립(지난 97년 10월 설립, 99년 5채의 집을 짓긴 했으나 이후 조직의 재정비가 필요했다)을 계기로 앞으로는 서울과 같은 대도시에서 해비타트 운동을 뿌리내리게 하는 것 역시 중요한 과제로 보고 있다. 그래서 서울지회의 경우, 과거에 건축위원을 맡았던 이들이 이사진의 대부분을 차지하고 있다.

서울의 구 단위는 24개. 그중 아직도 많은 세대가 반 지하 혹은 빈민가 등 위생적으로 불량한 곳에서 기거하고 있는 형편이다. 때문에 기존의 불량주거를 건강한 주택으로 개조하는 방법 또한 모색하고자 한다. 그리고 한 채의 집을 다세대로 개축해서 인근 무주택자들에게 제공하는 방법 또한 강구 중인데, 이렇게 되면 지방과는 다른 양상으로 집짓기를 추진할 수 있을 것이다. 하지만 이 모든 일이 성사되기 위해서는 관·민·후원자·봉사자·교회가 모두 함께 힘을 합하지 않으면 불가능한 일이다.

또 하나 이제부터는 집을 지어만 줄 것이 아니라 사후관리에도 좀더 신경을 써줘야 할 것이라고 생각한다. 집 안에서 발생하는 것은 입주 가정 각자가 해결해야겠지만 외관관리 같은 경우엔 주민과 사랑의집짓기가 서로 힘을 합쳐 깨끗하게 유지되도록 해야 할 것이다.

실제로 광양 '평화를 여는 마을'의 경우 입주 1년이 되는 시점에서 외관보수(3,000만원을 들여 계단 보수를 해주었다)를 해주었다. 또한 생계유지에 도움이 될 수 있도록 지회가 발벗고 나서서 생산업체와 입주 가정을 연계시켜 주는 일까지 해준다면 훨씬 더 바람직할 것이다.

한국 해비타트는 참 할 일이 많다. 하지만 서두르지 않고 차근차근 해나갈 작정이다. 그러다 보면 하나 둘 불량주택이 없어질 것이고 보다 많은 무주택서민들이 나은 환경에서 살아갈 수 있을 것이다. 이처럼 외관상의 변화도 중요하지만 무엇보다도 중요한 것은 사랑의 집짓기 운동이 주는 사회적 파급효과라고 나는 생각하고 있다.

70년대부터 급속한 경제성장을 통하여 팽배해진 물질만능주의, 이기주의로 인한 경쟁, 갈등, 분열의 사회정서 등으로부터 해방되기 위해서는 이제까지처럼 말로만 외치는 화합보다는 사랑의 집짓기 운동처럼 실제적이며 미래지향적인 시민운동이 더욱 많은 공감을 얻을 수 있는 것이다.

무주택 가정들에게 깨끗하고 안전하며 안락한 주택을 지어주는 것은 이 사랑의 집짓기 운동의 외면적인 모습이다. 그러나 이 운동은 이처럼 깊은 의미를 갖고 있는 것이다. 즉 무주택자들이 스스로는 내 집 마련을 할 수 없다고 포기했다가 이웃들의 협력으로 내 집 마련을 성취함으로써 긍정적인 사고로 전환된다는 사실이다. 그 새로운 소망의 분위기가 사회공동체에 널리 퍼질 때에 우리 사회는 협조와 화합을 이룰 수 있는 것이다.

따라서 이 사랑의 집짓기 운동은 가정회복 운동이요 사회공동체 강화 운동이다. 현대 자본주의 경제가 안고 있는 빈부계층의 격리와 공동체 의식의 약화를 극복할 수 있는 화합의 운동인 것이다.

지쳐 쓰러질 듯한 한여름의 폭염 속에서도 하나가 되어 이웃을 위해 자신의 땀을 바친 많은 자원봉사자들, 그들을 보면서 나는 용기를 얻었다. 우리 사회도 가능성이 있다는 것을, 그리고 이 사랑의 집짓기 운동이 지금은 미약하지만 머지않아 우리나라 전역으로 확산되어 무주택자의 설움을 깨끗이 씻어줄 수 있을 것임을.

한국 해비타트 연혁

1992 한국 해비타트 시작

1993 11 해비타트 의정부지회 설립

1994 11 의정부 제1차 건축 사업 3세대 완공

1995 01 필리핀에 제1차 자원봉사단 파견

　　 06 미국 LA JCWP에 24명의 자원봉사단 파견

　　 09 건설교통부 산하 비영리 공익법인 인가

　　　　 (한국사랑의집짓기운동연합회)

1996 08 필리핀 바콜로드에 자원봉사단 41명 파견

　　 10 정근모 이사장 국제 해비타트 이사 선임

　　 11 의정부지회 제2차 공사 4세대 완공

　　 12 재정경제원 지정 기부단체로 선정

1997 01 필리핀 4개 지역에 주택 보조사업 전개

02 한국국제협력단(KOICA) 공식 NGO로 등록

04 태백지회 설립

05 주택설계공모전 Love in Action 개최

07 제1회 '자전거로 짓는 사랑의 집 98' 성공적 개최

10 태백지회 제1차 사업 2세대 완공

10 진주, 서울지회 설립

10 의정부지회 제3차 사업 4세대 완공

11 한국담배인삼공사 자금지원으로 전국 6개 지역 토지구입

1998 11 의정부지회 제4차 사업 4세대 완공

12 태백지회 제2차 사업 6세대 완공

1999 02 대구 · 경북지회 설립

03 필리핀 JCWP에 197명 자원봉사단 파견

08 제2회 '자전거로 짓는 사랑의 집 99' 성공적 개최

10 의정부지회 4세대 입주

11 진주지회 4세대 입주

11 태백지회 3세대 입주

12 서울지회 5세대 입주

2000 06 태백지회 3세대 입주

06 의정부지회 9세대 건축 시작

08 광양 '평화를 여는 마을' 건축 시작

08 제3회 '자전거로 짓는 사랑의 집' 개최 (150명 청년 참가)

09 천안 · 아산지회 설립

10 '평화를 여는 마을' 32세대 입주

10 수원·용인·오산지회 설립

11 태백지회 2세대 입주

2001 03 아산현장 기공식

04 진주현장 기공식

05 군산지회 설립

05 파주지회 설립

08 전국 6개 지역 JCWP2001 개최 136세대 입주

2002 01 Post-JCWP 16세대 입주 완료

전년도 이월사업으로 의정부 9세대,

대구·경북 5세대 입주 완료

13. 해비타트의 고향, 아메리쿠스에서

　미국 조지아 주의 작은 도시 아메리쿠스. 이곳은 세계 빈민들에게 희망을 안겨준 해비타트 운동이 시작된 곳이다.

　아메리쿠스의 북쪽에는 아름다운 숲을 배경으로 '부활절 아침 마을(Easter Morning Community)'이라는 이름의 아름다운 공동체가 세워져 있다. 마을 이름이 '부활절 아침 마을'이 된 데에는 그만한 이유가 있다.

　지난 1998년에서 2000년 사이 이곳에서는 '부활절 건축사업'이라는 특별한 행사가 매년 진행되었다. 1998년 부활절을 일주일 앞두고 1,100명의 자원봉사자들이 20채의 주택을 건축한 것이 그 시작이다. 이후 다음해인 1999년에도 부활절을 일주일 앞두고 1,500여 명의 자원봉사자들이 25가구의 주택을 지었고, 2000년에도 마찬가지로 집을 지어 총 142채의 주택을 세운 것이다. 마을의 이름이

'부활절 아침 마을'이 된 데에는 이러한 연유가 있다.

우리나라에서 열린 지미카터특별건축사업(이하 JCWP)이 끝나고 처음으로 열린 가을 국제이사회(2001년 11월 1~3일)가 바로 이 아메리쿠스에서 있었다. 원래는 남아프리카공화국에서 열릴 예정이었지만 비용절감 차원에서 해비타트 국제본부가 있는 이곳에서 열기로 결정한 것이다. 현재 미국의 경제사정이 좋지 않다 보니 국제해비타트 모금 역시 예년에 비해 저조해졌기 때문이다.

나는 국제이사의 일원으로서 매년 봄, 가을 두 번에 걸쳐 열리는 국제이사회에 특별한 일이 없는 한 늘 참석하고 있다. 그런데 나는 그 어느 해 보다 이 이사회를 기다리고 있었다. 왜냐하면 우리나라에서 시행되었던 JCWP2001이 성공적으로 끝났기 때문이다. 우리는 각계 각층의 도움으로 사업을 무사히 끝냈고 그 덕에 국제이사회석상에서 자신 있게 결과보고를 할 수 있을 것이기에, 나는 이번 이사회 참석이 그 어느 때 보다 기쁘게 느껴졌다.

또한 이번 국제이사회에 참석하러 가는 길에는 지미 카터에게 명예박사학위까지 수여하기로 되어 있어 나의 기대는 그 어느 때 보다 컸다. 지미 카터 부부를 비롯하여 밀러드 풀러 부부, 그리고 중요 국제이사들의 숙소를 제공하기도 했고, 일반 자원봉사자들의 숙소는 물론이고 교육문화관이나 체육관 등을 행사장소로 제공하는 등 JCWP2001 행사에 적극적으로 참여했던 호서대학교에서는 지미 카터에게 명예 인문학박사학위를 수여하기로 결정한 바 있고, 지미 카터 또한 이를 쾌히 승낙했었다.

지미 카터는 학위 수여식 날짜를 국제이사회 개회 바로 전날인

10월 31일이 좋겠다고 내게 말해 왔다. 그때엔 국제이사들이 전부 모일 수 있기에 더 한층 학위수여의 뜻이 깊지 않겠느냐는 것이 그의 의견이었다.

나와 내 아내는 한국 해비타트 본부의 손미향 홍보실장과 이정은 행사지원실장(현 지회협력실장), 국민일보 이지현·곽경근 기자 등과 함께 10월 29일 출국하여 LA를 경유, 약 27시간의 비행 끝에 해비타트의 발상지 아메리쿠스에 도착했다. 국민일보 기자들은 국민일보 13주년기념 특대호 특집기사 현지취재 및 촬영협조 차 우리와 동행하게 되었다

도착한 시각은 새벽 1시. 데니 벤더(Dennis Bender) 국제 해비타트 홍보담당 선임부총재와 밀러드 풀러 총재 비서 등의 도움으로 우리는 그 날 밤 윈저호텔에 묵게 되었다. 윈저호텔은 낡았지만 매우 유서 깊은 호텔로서 아메리쿠스가 자랑하는 명소 중의 하나이다.

이튿날인 30일 오전 6시 아침식사를 끝마친 후 7시 30분에 본부(headquarter)에 도착 경건회에 참석한 다음, 나보다 앞서 27일에 출국했던 선발팀(이상직 교목실장, 박진규 대외협력실장, 김동환 대학원장 : 이상 모두 호서대)에게서 현지의 상황에 대해 보고를 받았다. 그리고 그 자리에서 지미 카터 학위수여식 진행과정에 대해 최종적인 결정을 내렸다.

그러는 사이 한국 해비타트 본부의 직원들과 국민일보 기자 등은 처음 와보는 해비타트 국제본부를 설레는 마음으로 견학하고 있었다. 그들은 아메리쿠스의 첫 해비타트 집을 둘러보는 등 필기까지 해가면서 해비타트 역사 투어를 하고 있었다. 그들은 특히 아산 '화

합의 마을'과 비슷한 형태로 지어진 '부활절 아침 마을'의 그림 같은 모습을 보면서 몹시 부러워하기도 했다.

그리고 저녁 7시 30분에는 밀러드 풀러 부부의 초대로 우리 부부, 지미 카터 부부, 호서대의 세 교수, 한국 해비타트 직원들, 국민일보 기자들이 함께 하는 저녁식사 자리가 마련되었다. 한국 해비타트 직원들은 밀러드 풀러 총재가 직접 밴을 끌고 픽업하러 왔다는 사실에 대해 매우 놀라워하는 것 같았다. 이 날 우리 일행은 밀러드 풀러가 직접 낚시했다는 캣 피시(Cat Fish, 민물고기인 메기) 요리를 아주 맛나게 먹었다.

할로윈 데이(Holloween Day)이기도 했던 이튿날인 31일은 지미 카터의 모교인 플레인즈 하이스쿨(Plains High School)에서 명예 박사학위가 있는 날. 이날 10시에 시작된 수여식은 밀러드 풀러 총재의 사회로 진행되었는데, 그는 내내 매우 유쾌하고 노련하게 식을 끌고 나갔다. 밀러드 풀러의 개회사를 시작으로 이상직 교목실장의 기도, 나의 환영사, 김동환 대학원장의 공적사가 이어지고 드디어 학위수여가 시작되었다.

지미 카터는 그 자리에서 "명예 박사학위를 받게 되어 영광입니다. 저 개인만을 위해서가 아닌, 해비타트를 위해 그리고 해비타트의 전 세계적인 영향력에 대해…"라고 감사의 말을 시작했고, 이어서 양성철 주미 한국대사가 축사를 해주었다. 이상직 교목실장은 "이렇게 존경스럽고 감화를 주는 지도자를 만나게 되어 행운입니다"라고 치하의 말을 했다. .

나는 그 자리에서 "지미 카터는 단지 전직 미국만의 대통령이 아니라 전 세계 평화를 사랑하는 모든 국가의 대통령이다"라는 요지의 연설을 했는데, 그 말은 나의 진심이었다. 나는 그가 세계 평화를 위해 헌신하는 모습에서 늘 감동을 받고 있었던 것이다.

학위 수여식은 댄 아리아일(Dan Ariail) 목사의 축도를 끝으로 폐회되었는데, 해비타트 국제본부 측에서 미리 준비해둔 밀리터리 채임버 그룹(Millitary Chamber Group)과 데니 벤더의 비서인 마이라(Myra) 등에 의해 좋은 음악이 제공되었다. 모든 식이 끝난 후 우리 모두는 윈저호텔에 가서 점심식사를 했다.

한국 해비타트 직원들은 식사가 끝난 오후 1시 30분부터 레스터 (Lester) 지역에 가서 직접 페인트칠도 해보는 등 현지체험을 한 뒤 5시경 본부로 돌아와 데니 벤더와 함께 교육 프로그램에 대해 회의를 했다.

국제 이사회가 시작되는 11월 1일이 되었다. 언제나 이사회 첫날은 가장 중요한 안건이 토의되는 날이다. 국제 해비타트 신임 이사장직을 맡게된 폴 레너드(Paul Leonard)는 이 자리에서 "9·11 테러 참사로 세계의 관심과 기부금의 초점이 미국과 아프간 양국의 테러와 그 희생자들에게로만 맞춰짐에 따라 재정적 기부금과 지원이 줄어든 것은 사실이다. 그러나 우리의 계획은 변함이 없다"고 전제한 뒤 "세계적인 관리구조를 세워 더 커진 필요를 더 작아진 자원으로 더 많이 일함으로써 채워나갈 것"이라고 말했다.

그는 또한 향후 5년 동안 100개국에서 해비타트 운동이 펼쳐지도록 노력할 것이며 10만 가구의 집을 지을 것이라고 포부를 밝히기도 했다. 그리고 아울러 가까운 시일 안에 북한에서도 해비타트가 집을 지을 수 있게 되기를 희망한다고 말했다.

이번 이사회에서 가결된 주요 이슈 중 하나는 '해비타트대학 (Habitat University)'을 설립한다는 것이었다. 밀러드 풀러 총재는 "해비타트대학은 유형의 대학이 아닌 무형의 대학으로 프로그램의 개념이다. 하버드대학이나 예일대학 등에 해비타트 프로그램을 개설해 미래의 세계복지를 위해 일할 수 있는 지도자들을 키워낼 것" 이라고 말해 박수갈채를 받았다. 밀러드 풀러는 나에게 해비타트대학 설립 소위원회를 이끌어달라고 부탁해서 해비타트대학 건립은 현재 내 숙제가 되어 있다.

또한 이번 이사회에서는 태평양 지역과 아프리카 지역에 위치하고 있는 네 나라의 가입을 새로이 결정했다. 이로써 국제 해비타트는 79개국에서 83개국으로 그 회원국이 늘어났다. 회의가 끝난 후 밀러드 풀러 총재를 비롯한 우리 이사들 모두는 늘 그래왔듯이 현장의 집짓기 행사(이날은 물론 아메리쿠스에서 집을 지었다)에 참여했다.

앞서도 수차 언급한 바 있지만 작년은 국제 해비타트가 25주년이 되던 해였다. 그 기념행사의 일환으로 세계 곳곳에서 '세계지도자집짓기' 자원봉사 행사도 열렸지만 또 하나의 중요한 행사로서 '글로벌 리더십 컨퍼런스(Global Leadership Conference)'가 9월 10일부터 16일까지 개최되었었다. 미국 인디애나 주 인디애나폴리스의 앰버시 스위트 호텔(Embassy Sweet Hotel)에서 열린 이 행사는 매 3년마다 개최되는데, 한국 해비타트에서는 나와 최성락 상임이사가 참석하기로 되어 있었다.

일정은 9월 10∼12일 글로벌 리더십 컨퍼런스, 13일 25주년 기념식, 14일은 전·현직이사 오찬 모임, 그리고 이날 저녁부터 이튿날인 15일에 걸쳐 지미 카터를 비롯한 밀러드 풀러 등과 함께 하는 대규모의 저녁행사가 예정되어 있었다.

최이사는 본 행사에 참석하기 앞서 9월 5일에서 9일에 걸쳐 밀크리크(Milcreeck, 미국 1,600개 지회 중 하나로서 오하이오 주에 위치하고 있다) 지회의 현장을 방문하기로 되어 있었기 때문에 먼저 출국하고, 나는 학교 일 때문에 12일에 가기로 했다. 그런데 그만 9월 11일 그 끔찍했던 9·11테러 참사가 미국에서 일어난 것이다. 이후 항공사마다 모든 비행 일정이 취소되는 바람에 나는 결국 참석하지 못하고 말았다.

이리하여 최이사가 한국 해비타트의 대표로 모든 일을 처리했는데, 그는 그곳에서 우리나라에서 JCWP를 준비하고 실행하는 과정에서 부닥쳤던 많은 어려움에 대해 연설하면서, 그럼에도 불구하고 당초 계획했던 120채 보다 16채가 더 많은 136채의 집을 완성할 수 있었다고 말해 참석자들과 함께 감격을 나누었다.

이처럼 나는 글로벌 리더십 컨퍼런스에도, 25주년 기념행사에도 참석하지 못했지만 이후 열린 지미 카터 명예 박사학위 수여식과 이사회에는 무사히 참석, 소기의 성과를 거둘 수 있었다.

내가 이사회에 참석하는 기간이었던 11월 1일 한국 해비타트 직원들은 해비타트 본사로부터 10분 거리에 있는 코이노니아 농장을 방문, 해비타트의 시작점을 살펴보는 한편 자료취합에도 주력하고 있었다. 그곳에서는 오래 전부터 지역 특산품인 땅콩과 피캔을 상품화하여 방문객에게 판매하고 있는데, 한국 해비타트 직원들은 그 공정과정까지 자세히 구경할 수 있었다.

점심식사를 한 후에는 플레인즈에 있는 지미 카터의 생가 및 선거 캠페인 시 유명한 기차 정거장(Train Depot)을 방문했다. 그리고 그곳 가정선정팀의 도움으로 하게된 입주가정 인터뷰를 통해 한국 해비타트 직원들은 미국 해비타트 입주자의 생각과 마음을 접하게 되었다. 그곳의 입주자들이 해비타트 주택에 살고 있는 것을 매우 자랑스럽게 여기고 있다는 것을 그들은 알게 되었고, 아울러 해비타트에 대한 사랑과 열정은 국경을 초월하고 있다는 것도 깨닫게 되었다.

그리고 2일에는 플린트 리버 지회(Flint River Affiliate)를 방문했는데, 이 지회는 지역사회와 함께 재난을 극복해낸 대표적인 해비타트 지회로 꼽히고 있는 곳이다. 플린트 리버 지회는 조지아 주 앨버니 공항 부근에 위치하고 있는데, 지난 1994년과 98년 이 지역을 끼고 흐르는 거대한 플린트 강이 태풍으로 범람해 수많은 수재민이 생겨났을 때 헌신적인 역할을 해냈던 지회. 1990년부터 이 지역에서 활동해오던 플린트 리버 지회는 이때 앨버니 지역의 피해 상황을 일일이 체크하면서 열성적인 구호활동을 편 결과 시정부, 교회, 개인의 후원을 이끌어내는 데 성공했다.

적극적인 활동 덕에 어느 때 보다도 자원봉사자들이 많이 몰려와 홍수가 휩쓸고 간 그 자리에 94년 30여 채, 98년에는 30여 채의 해비타트 집을 지어, 오갈 데 없어진 수재민들에게 따뜻한 보금자리를 선물해 주었다. 특히 이 지역엔 교회가 십일조를 내서 건축한 7채의 집도 지어져 있다.

또 플린트 리버 지회는 4년에 걸쳐 독특한 행사를 갖고 있는데, Midnight Madness Build 행사가 바로 그것. 이는 한달 반 동안 기초공사를 마친 상태에서 수백명의 자원봉사자들이 밤 12시부터 다음날 밤 12시까지 주택을 완공하는 번개건축 행사를 가리킨다. 최근엔 600여명의 자원봉사자들이 참여해 이곳에 2채의 집을 완성했다. 그간 플린트 리버 지회는 앨버니 지역에 총 94채의 집을 건축했다.

그리고 또 하나 특이한 것은 중고품 가게를 통해 사무실로 들어가도록 유도해 놓았다는 점이다. 방문객이 중고품을 사면 그 판매대금은 해비타트 기금으로 다시 활용된다. 가게 한쪽 구석에 소박하게 해비타트 사무실이 자리잡고 있는 것 역시 우리가 활용할 만한 아이디어가 아닐까 생각된다.

그리고 또 하나 눈에 띄는 사실은, 정부가 영세민에게 제공하는 정부주택(Government House)과 해비타트 주택(Habitat House) 그리고 일반주택(Regular House), 이렇게 세 파트로 구분이 되어 있다는 점이다. 월 상환금(12만원)을 제대로 납부하는 가정은 해비타트 주택에 머물 수 있지만 상환금을 내지 못하는 입주자는 바로 정부주택으로 보내져 버린다는 것. 그러다가 그들이 다시 직장을 가지고 월 상환금 납부가 가능해질 정도가 되면 다시 해비타트 주택으로 와서 살게 되는 시스템이다.

이 제도 덕으로 이곳은 마침내 슬럼가가 사라진 상태다. 말하자면 해비타트와 정부가 서로 긴밀하게 협조를 하는 구조로 해비타트 사업이 진행되고 있다는 사실이다. 우리도 이처럼만 사업이 전개된다면 더 바랄 게 없을 것이다.

또한 나는 이곳에서 전개되고 있는 RV Care Program에 대해 소개할까 한다. 이것은 미국적인 문화를 해비타트와 적절히 접목시킨 것으로, 이동주택을 지닌 사람들이 모여 자원봉사비를 내며 전 미국을 순회하면서 집짓기를 하는 프로그램이다. 이처럼 미국에서의 해비타트 사업은 우리와는 비교도 되지 않을 만큼 완전하게 뿌리를 내리고 있다.

약 60억의 세계 인구 중 10억여명이 열악한 주거환경 속에서 허덕이고 있으며 그중 1억에 달하는 사람들이 집 없는 노숙자들이라고 유엔은 추정하고 있다. 해비타트는 바로 이러한 이들을 위해 세계 곳곳에 집을 지어주고 그들이 안정된 가정을 이룰 수 있도록 도와주고 있는 것이다. 그 헌신적인 정신의 고향, 아메리쿠스. 아주 작은 도시 아메리쿠스에서 보내는 희망의 메세지는 지금도 세계 곳곳으로 퍼져 나가고 있다.

14. 내가 만난 해비타트 사람들

지미 카터 (Jimmy Carter: 전직 미국대통령, 수석 자원봉사자)

내가 지미 카터 전 미국 대통령을 처음 만난 건 그가 현직 대통령이던 70년대 말로 거슬러 올라간다. 당시 나는 미국과학재단에서 일을 하고 있었다. 백악관의 요청으로 에너지 연구의 총체적인 기획을 맡고 있었는데, 진행사항 보고차 그를 만나게 되었던 것이다.

그후 사적인 자리에서 지미 카터를 다시 만나게 된 시기는 1998년 미국의 아메리쿠스에서 해비타트 집을 지을 때였다. 지미 카터를 비롯한 국제 해비타트 관계자들과 낮 동안 땀흘리며 함께 집을 지은 후 저녁 만찬에서 다시 만났다. 메이저 도너(Major Donner : 중요 후원자들)를 위한 만찬행사였는데, 이때 나와 내 아내는 국제 해비타트 관계자들의 배려로 지미 카터 부부와 함께 헤드 테이블에 앉게 되었다.

그와 나는 그 자리에서 사적으로 상당히 많은 대화를 나눌 기회를 가졌는데, 자신이 방한했을 때 당시의 박정희 대통령에게 전도하려 했다는 소문은 헛소문이 아니라고 말해서 우리는 함께 웃었다. 그는 그때, 이제는 유명한 말이 되어버린 한 마디를 내게 했다.

"하나님이 나를 미국 대통령에 당선시킨 것은 대통령을 잘 하라는 뜻이 아니라 대통령직을 마친 다음 시키시고 싶은 일이 있어 그리 하신 것 같습니다."

그런데 당시만 해도 지미 카터는 우리나라 정부에 대해 긍정적이지 않았던 것 같다. 냉정했고 중립적인 입장이었다. 본인이 현직 미국 대통령 재직시 우리나라가 독재국가로서의 이미지를 심어준 때문이었다. 나는 그때 그에게 이렇게 말한 기억이 난다.

"미국이 부럽습니다. 전직 대통령이 망치 들고 무주택자를 위해 집을 짓는다는 건 우리로선 상상도 할 수 없습니다. 우리 국민은 당신처럼 서민적이고 봉사하는 대통령을 원하고 있습니다."

다 아시다시피 지미 카터는 박정희 정권 당시, 인권운동가로 세계적으로 유명했던 김대중 대통령의 목숨을 구해준 인물. 그런 만큼 그는 지금의 우리 정부에 대해서는 매우 호의적이며 김대통령에 대해서도 극진히 생각하고 있다. 그리고 그 자리에서 한때 내가 국제원자력기구 IAEA 의장으로 일했다는 사실과 내가 그렇게 될 수 있었던 것은 한국의 원자력발전기술이 세계 5위였기 때문에 가능했다는 말을 하자, 지미 카터는 놀라움을 금치 못하기도 했다. 그는 우리나라가 개도국이기 때문에 원자력기술 분야는 까마득하리라고 생각하고 있었던 것이다. 나는 그에게 우리의 원자력발전에 대해 알릴 수 있게 되어 매우 기뻤다.

그 다음 만나게 된 것은 1999년 필리핀에서 열린 JCWP1999 행사 때였다. 이때도 우리는 뙤약볕에서 함께 집을 지었다. 그리고 JCWP2001 때문에 수 차례 편지를 주고받으면서 JCWP를 성공적으로 이끌기 위한 방안에 대해 서로 얘기를 나눴다. 그는 이번 집짓기 행사에 참여하면서 우리나라를 보는 눈에 변화가 생겼다. JCWP의 성공적인 개최와 그 기간 동안 내내 우리측이 보여준 넉넉한 마음 때문이었다. 우리는 지미 카터 부부가 자유롭고 여유 있게 머물 수 있도록 가능한 한도 내에서 최대한 배려를 해주었다. 그는 그것에 대해 매우 고마운 마음을 갖고 출국했다.

밀러드 폴러 (Millard Fuller: 국제 해비타트 총재)

국제 해비타트 총 책임자인 밀러드 폴러 총재는 변호사 출신이어서인지 비상하다고 말해도 지나치지 않을 만큼 머리가 좋다. 일년의 거의 대부분을 해비타트 모금을 위해 미국 전역 혹은 해외로 다니기 때문에 미국 아메리쿠스의 국제본부에 앉아 있을 여유조차 없는 사람이다.

6척 반이나 되는 커다란 키의 소유자인 그는 타고난 모금가이기도 하다. 해비타트가 미국에서 10위 내에 드는 NGO로 인정받기까지 그가 바친 각고의 노력은 가히 존경할 만한 것이다. 그는 매우 유머러스하고 소탈하며 아이디어 박스이다.

세계 각국을 다니면서 나 또한 많은 사람과 대화를 나누고 여러 종류의 연설, 설교를 들었지만 밀러드 풀러처럼 설교를 잘하는 사람을 여태껏 만나본 기억이 없다. 그만큼 그의 설교는 감동적이며 확신에 차있다. 앨라배마 출신이기 때문에 남부 사투리 특유의 액센트가 있는데, 듣기에 매우 좋고 구수하다. 그 사투리는 사람들로 하여금 그의 말을 재미있게 듣게 만드는 요소로 작용하기도 한다.

그는 누굴 만나든 첫 마디가 '해비타트'이다. 비행기를 탄든 기차 여행을 하든 걸어다니든 간에 그는 사람을 만나기만 하면 해비타트에 대해 말한다. 그는 타고난 해비타트 운동가인 것이다.

밀러드 풀러에게는 모두 7명의 비서가 있는데, 그중 6명이 오로지 편지만 쓰는 비서이다. 하지만 6명의 비서가 진종일 일을 해도 밀러드 풀러 한 사람을 쫓아가지 못할 정도로 매우 바쁜 사람이다. 그는 하루에도 몇백 통의 편지를 보내고 있다. 늘 녹음기를 손에 들고 거기에 대고 편지에 들어갈 내용을 말한다. 그리고 녹음을 마치면 녹음 테이프를 비서에게 보낸다. 비서는 그것을 편지로 옮기는 작업을 하고 사인까지 해서 각국으로 보낸다. 이처럼 해비타트는 매우 조직적으로 움직이고 있다.

밀러드 풀러는 일년의 거의 대부분을 세계 각국으로 다니기 때문에 본부 내부의 실무는 신경 쓸 겨를조차 없다. 그래서 내부 실무책임자를 따로 두고 있는데, 그 사람의 이름은 데이비드 윌리엄스이다.

데이비드 윌리엄스 (David Williams: 국제 해비타트 본부 실무책임자)

국제 해비타트 본부 실무책임자인 데이비드 윌리엄스는 실무책임자답게 매우 침착한 사람이다. 밀러드 풀러가 CEO(Chief Executive Officer, 최고경영자)라면 데이비드 윌리엄스는 COO(Chief Operating Officer, 최고 운영책임자)라고 할 수 있다.

국제 해비타트 본부의 행정은 모두 데이비드 윌리엄스가 도맡아 하고 있는데, 이 사람의 특징은 새로운 아이디어를 아주 진지하게 듣는다는 것이다. 그는 내게도 많은 도움을 준 바 있는 매우 고마운 사람이다. 앞서 여러 번 언급했듯이 2000년 광양에서 '평화를 여는 마을'을 지을 때에는 어려운 일이 많았다. 건축과정이라든가 입주시기 · 자금 등에 이르기까지 총체적으로 힘이 많이 들었던 사업인데, 이때 도움을 요청하자 25만불을 국제본부에서 선뜻 빌려주게 만든 장본인이다. 이 때문에 '평화를 여는 마을'의 진행이 가능해졌던 것이다. 그뿐 아니라 우리의 어려운 사정을 돕기 위해 집 2채 값(5만 5,000불)도 선뜻 스폰서를 해준 사람이다.

재정담당 즉 살림을 도맡아서 하는 일은 까다로울 뿐만 아니라 요것조것 따지는 것 또한 많기 마련이다. 그런데 우리나라 사업에 대해서만큼은 매우 호의적으로 처리해주고 있어 위급할 때마다 도움을 많이 받고 있다. 광양의 일 뿐만 아니라 2001년 JCWP 때도 공식적인 면을 떠나 인간적인 측면에서 굉장히 잘 대해 주었다. 윌리엄스 부부에게 나는 늘 감사하는 마음을 가지고 있다.

데이비드 윌리엄스 밑으로는 선임부총재가 있어서 그의 일을 지원하고 있는데, 프로그램담당 선임부총재를 맡고 있는 로빈 쉘

(Robin Shell), 홍보담당 데니 벤더(Denny Bender), 모금담당 폴 토마스(Paul Thomas), 재정담당 마이크 카사카든(Mike Carsacadden) 등이 바로 그들이다.

스티븐 웨어 (Steven Weir: 국제 해비타트 아시아 태평양 담당 부총재)

실무책임자인 데이비드 윌리엄스를 지원하는 파트인 선임부총재(로빈 쉘, 데니 벤더, 폴 토마스, 마이크 카사카든) 밑으로는 또 지역별 부총재가 따로 있다. 예를 들면 라틴아메리카 담당 부총재, 아프리카 담당 부총재, 아시아태평양 담당 부총재, 유럽 담당 부총재, 북미 담당 부총재 등이 그들이다.

스티븐 웨어는 우리나라가 속해 있는 아시아태평양 담당 부총재. 그는 JCWP2001 집행위원회 위원으로 일하면서 우리를 실제적으로 많이 도와주었다. 한국 해비타트의 국제관계 고리 역할을 하는 사람이 바로 이 사람이다. 그래서 우리로선 매우 중요한 인물이며 나하고도 무척 친밀한 관계다.

스티븐 웨어는 한국 사정을 이해해 주는 사려 깊은 인물이다. 홍콩에서 오랫동안 근무한 적이 있기 때문에 동양인이 일하는 성격을 잘 알고 있다. 점잖으면서도 일 처리에 있어서는 매우 정확한 그는 방콕에 지역사무실을 갖고 있기도 하다.

내가 판단하기로 그는 국제 해비타트 본부의 스텝 중 기획문제에 있어서는 단연 뛰어난 인물이다. 이번 JCWP2001 때에도 스티븐 웨어의 기여도가 컸다. 앞서도 수차 언급된 바 있는 릭 해더웨이와 한국 해비타트와의 의견이 서로 상충될 때도 슬기롭게 문제를 해결해

주었다. 스티븐 웨어는 릭 해더웨이의 직속상관이다.

릭 해더웨이 (Rick Hathaway: 국제 해비타트 동아시아 지역 담당)

동아시아 지역(한국 · 필리핀 · 몽골) 담당자. 이번 JCWP2001에서 사업본부장(Project Director)으로 일했던 인물로서 우리나라와 무척이나 인연이 많은 사람이다.

릭 해더웨이를 내가 처음으로 만난 것은 1992년이었다. 그때만해도 미혼이었는데, 1993년 경기도 의정부의 집짓기 현장에서 자원봉사를 하던 한국인 여성과 사랑을 한 끝에 결혼을 했다. 우리 부부가 릭 해더웨이의 결혼식에 참석했던 기억이 새삼스럽게 나기도 한다.

릭 해더웨이는 1999년 필리핀에서 열린 JCWP에서 일을 매우 성공적으로 끝마쳤다. 그 해의 성공으로 필리핀에서는 해비타트에 대한 인지도가 적십자 다음으로 높아지기도 했으니 굉장한 일을 한 것이다. 매사추세츠 출신인 그는 우월감이 대단한 인물이다. 일을 워낙 잘하기도 하지만 필리핀에서의 성공이 그를 더욱더 자신만만하게 만들었을 것이다. 그는 특히 번개건축 일을 매우 잘한다. 이 일에 관한 한 거의 완벽하게 꿰뚫고 있다.

필리핀에서의 성공으로 국제 해비타트 본부의 신임을 얻은 릭 해더웨이는 동아시아 책임자로 승격을 하게 되었다. 그리고 JCWP2001을 위해 우리나라에 파견되었을 때는 사업본부장이라는 타이틀이었다.

릭 해더웨이로 인해 우리 실무진들이 고초를 겪긴 했지만 그가 이번 JCWP2001에서 매우 잘한 점이 몇 가지 있다. 첫째 국제본부에서 일 잘하는 간사들을 동원해서 왔다는 점, 둘째 한국주재 미국회사로 하여금 집 짓는 일에 참여하도록 권유했다는 점, 셋째 한국사랑의집짓기운동연합회 간사들이 파업을 했을 때 신속하게 결원된 간사들을 픽업해 왔다(그는 온누리교회를 다녔는데, 그곳에서 간사들을 많이 데려왔다)는 점 등을 들 수 있다.

폴 레너드 (Paul Leonard: 국제 해비타트 신임 이사장)

내가 국제이사로 일하게 되면서부터 가장 가깝게 지내는 이사 중의 하나. 국제 해비타트에서는 장기적인 안목의 전략발전계획을 수립한바 있는데, 그 내용은 향후 5년 동안 100개국에서 전 세계에 10만 채의 집을 짓는다는 것이다. 그 계획의 입안자가 바로 이 은퇴한 건축전문가 폴 레너드이다. 그는 평생 해비타트맨이라 할 수 있다.

나는 폴 레너드가 입안한 전략발전계획의 소위원회 위원 중 한 사람으로 일하고 있는데, 그와 나는 상당히 의기 투합하여 장래에 대한 청사진을 함께 그려보기도 했다. 10만 채라는 숫자는 해비타트가 지난 25년 간 지은 집과 맞먹는 것이다. 그는 그것의 목표 달성을 위해 미국 내에서 매우 헌신적으로 모금활동을 하고 있고 있는 중이다.

믹 킥라이더 (Mick Kicklighter: 국제 해비타트 전임 이사장)

믹 킥라이더는 미 육군 아시아 태평양지역 사령관을 거쳐 미 육군성 국제담당차관보를 지낸 바 있는 장군 출신이며 미국 국가조찬기도회의 핵심멤버이다. 6·25 한국전쟁 참전용사이기도 한 믹 킥 라이터 역시 한국에 대해 매우 우호적인 인물이다.

미국에서는 지난 2000년 5월부터 2003년 7월까지 6·25 50주년기념행사를 지속적으로 열고 있는데, 그가 바로 그 기념행사의 위원장이었다. 그는 우리 아들하고도 매우 잘 알던 사이였다. 그런 저런 연유로 그와 나는 계속 친하게 지내고 있었는데, 해비타트 일을 함께 하면서부터는 훨씬 더 친밀한 관계를 유지하고 있다. 국제 해비타트 이사회에서도 늘 함께 다닐 만큼 가까우며 그렇기 때문에 내 의견을 이사회에 많이 반영해주고 있다. JCWP2001을 한국에서 열도록 이사회의 의결을 유도해준 인물이어서 항상 기억해야 뒤야 할 것이다.

짐 어바인 (Jim Irvine: 전 국제 해비타트 모금위원장)

미국 오래건 주 태생의 현직 건설회사 사장. 엔지니어 출신이기 때문에 나하고는 배짱이 잘 맞는다. 국제 해비타트 모금위원장을 했을 만큼 모금에도 일가견이 있고, 우리나라에서 열린 JCWP2001에 관심이 지대해서 우리 일에 발 벗고 나서 주었다. 이번 JCWP2001에서는 어바인 부부·우리 부부가 함께 아산 현장에서 13동을 지었다. 여러 말하지 않고 딱 결론만 내리는 아주 사나이다운 면모를 가지고 있다.

리처드 셀레스티 (Richard Celesti: 국제 해비타트 이사)

클린턴 대통령 재직 당시의 주 인도대사. 전 오하이오 주지사였던 리처드 셀레스티는 이사회가 열릴 때마다 사실상 이사회를 리드하는 인물이었다. 1997년 가을 이사회에서 이사장이 되었어야 마땅한 인물인데, 극구 사양을 해서 피선이 되지 않았다.

셀레스티와 나는 미국과학한림원에서 기술문제를 다루는 소위 원회 멤버로 함께 일하기도 했던 친분관계가 있다. 당시 그는 과학기술개발과 국가개발에 관련된 큰 프로젝트를 맡아서 하는 과학기술정책위원회의 위원장이었고 나는 그 위원회의 유일한 외국인이었다.

그런 인연 때문인지 그는 내가 국제본부 이사로 일해주기를 원했다. 처음 그에게서 이사선임의 제의를 받은 것은 내가 과기처 장관으로 재직하고 있을 때였다. 하지만 당시엔 도저히 그럴만한 여유가 없었다. 그러다 1996년 8월 장관직을 물러나자 그가 다시 한번 프로포즈를 했고 그해 10월 클리블랜드에서 열린 이사회에서 나는 이사에 피선되었다. 하지만 무슨 일 때문인가 그 이사회에 참석하지는 못했다. 내가 이사회에 처음 참석한 것은 애틀랜타에서 열린 그 이듬해 3월 이사회 때부터였다.

고왕인 (한국사랑의집짓기운동연합회 전직 상임이사)

'해비타트' 라는 단어조차 생소하던 시절부터 해비타트 운동을 한국에 도입하고, 일반인에게 알리고자 애쓴 인물. 한국 해비타트 운동에 한 획을 그은 사람이라 할 수 있다.

강원도에서 믿음의 공동체 '예수원' 을 운영하는 대천덕 신부 (Reuben Archer Torrey. 저서를 통해 국내에선 처음으로 해비타트를 기록한 분)로 인해 해비타트 운동에 대해 알고부터 이 일에 관심을 가지기 시작, 해비타트 국제본부가 있는 미국의 아메리쿠스에 직접 다녀오기도 하는 등 매우 열의를 가지고 일했다.

미국 텍사스 대학에서 석유공학을 전공한 바 있는 고왕인 박사는 꿈이 크고 열정적인 사람이다. 민족의식 또한 투철하여 우리나라의 평화에 대한 염원이 매우 간절하다. 남북통일에 대해 유난히 관심이 많아 다각도로 연구를 하고 있기도 하며, 『통일논단』이란 신문의 발행인이기도 하다.

그는 지난 1984년, 성경에 입각해서 땅에 대한 개념을 바로 세우자는 뜻을 가진 '헨리조지협회'를 설립, 회장직을 맡기도 하고, 사단법인 '기독학술교육동역회(DEW, 기독교 세계관의 확산을 위한 모임)'의 태동에도 뜻을 가지고 참여하는 등 독실한 크리스천으로서의 삶을 살고 있다. 이렇듯 고왕인 박사는 해비타트 뿐 아니라 선교단체도 여럿 만드는 등 기독교운동을 활발하게 펴는 인물이다. 그는 지금도 수많은 선교단체를 이끌고 있다.

그는 올바른 해비타트 정신을 이 땅에 심어주기 위해 노력을 해왔고 이 일에 온 정열을 다 바쳐 헌신했다. 내가 해비타트에 참여하게 된 계기도 고왕인 박사 때문이다. 내가 처음 그에게서 해비타트에 대한 얘기를 들었을 때는 우리 국민이 집에 대해 갖고 있는 생각, 즉 '집은 곧 부동산'이라는 뿌리깊은 인식 때문에 이 일이 과연 성공할 수 있을까 하는 데에 다소 회의적이었다. 하지만 그는 매우 열성적으로 내가 이 일에 참여하도록 설득했었다.

2000년 광양에서 지은 '평화를 여는 마을' 건설을 주도하여 전라도와 경상도 주민 각각 16세대를 입주시키는 뜻 있는 일을 하기도 했다. 사랑이 가득하고 나눔의 아름다움이 있는 해비타트 운동에 내가 참여하도록 해준 데 대해 나는 늘 그에게 감사하고 있다. 고왕인 박사와 같은 인물이 없었다면 오늘날의 한국해비타트는 존재하지 않을 수도 있다. 그는 우리나라 해비타트 운동의 씨앗과도 같은 존재라 할 수 있다.

최성락 (한국사랑의집짓기운동연합회 상임이사)

KOICA(한국국제협력단)의 실질적인 설립자이자 현 몽골문화원 원장. JCWP2001에서는 주로 모금활동에 주력했다. 타고난 언변과 폭넓은 인간관계로 후원자를 모으는 데 결정적인 역할을 했다. 한국해비타트 초창기인 1995년부터 이사로서 해비타트 운동에 참여했으며 상임이사직을 맡은 것은 2001년 2월.

그는 영어, 불어, 독일어, 중국어, 일어 등 언어소통에도 능란해서 이번 JCWP2001 때 밀러드 풀러 총재를 수행하고 다니면서 가끔은 불어로 얘기를 나누기도 하는 등 자신의 탤런트를 발휘하기도 했다. 유머감각 또한 뛰어나서 행사 내내 밀러드 풀러와 유쾌한 농담을 주고받기도 하고, 헬기를 이용해 현장을 방문하는 도중 지나치게 되는 고장에 얽힌 얘기도 구수하게 해줘, 민간외교관 노릇을 톡톡히 했다.

특히 경주의 에밀레종에 얽힌 사연을 얘기할 때는 린다 풀러의 눈에 눈물이 맺히게 하기도 했으며, 적장을 껴안고 살신성인한 촉석루의 논개 얘기를 했을 땐 우리의 정서를 이해하지 못하는 밀러드 풀러 부부의 고개를 갸웃거리게 만들기도 했다.

그는 백만장자였던 밀러드 풀러가 20대에 자기의 전 재산을 기부한 것에 대해 대단한 존경심을 갖고 있는 한편, 자기 자신 역시 그 사람처럼 사회에 헌신하고 봉사하면서 남은 생을 살고 싶다는 소망을 가지고 있다.

특히 그는 이번 JCWP2001을 위한 모금활동중 위종양 수술을 받는 등 힘든 일이 있었으나 이에 굴하지 않고 병실에서도 쉬지 않고 전화를 통해 후원 모금을 하는 등 맡은 바 책무를 다했다. 다행히 위종양은 양성으로 판명이 나서 해비타트 관계자들의 놀란 가슴을 진정시켜 주기도 했다. 그는 "하나님이 자신을 살려 두시는 것은 해비타트를 위해 일을 더하라는 뜻"이라며 앞으로는 더욱더 사랑의 집짓기 운동을 열심히 하겠다고 말한다.

그는 캄보디아 대사로 발령 나기를 기다리던 중 나이 때문에 좌절을 겪기도 했는데, 그러던 중 나의 권유로 상임이사직을 수락하게 되었다.

최성락 상임이사는 8년 전부터 6.25 한국전쟁 참전용사인 이디오피아의 한 가족을 계속해서 돕고 있는 숨은 독지가이기도 하다. 그 가족을 돕게 된 이유는, 한국전쟁에 참전해서 우리나라의 자유를 위해 싸워준 것이 첫째 고마웠고 둘째는 전쟁터에서 생명을 담보로 하여 번 그 귀한 돈으로 자기 나라에 가서 고아원과 양로원을 지었다는 말에 감동을 받은 탓이었다. 그 나라에서는 우리 돈 100원이 있으면 한끼가 해결되고 2만5,000원이 있으면 한 달을 먹고산다고 한다. 그의 통장에서 매달 빠져나가는 돈은 바로 이디오피아 그 가족의 생명줄인 것이다. 최성락 상임이사는 하나님이 자신을 살려 주신 이유 중 또 하나는 "내가 죽으면 그 사람들도 죽으니까"라고 말하기도 한다.

윤형주 (한국사랑의집짓기운동연합회 홍보이사)

가수. 한빛기획 대표이사. 이번 JCWP2001의 기획자이자 총감독·연출·MC·출연가수의 역할까지 담당한 매우 중요한 인물. 가수로 한참 줏가를 올리던 1976년부터 광고에 뛰어들어 한때는 국내 CM송의 3분의 1(노출빈도 90퍼센트)을 점령하기도 할 정도로 이 분야에선 탁월한 인물로 꼽힌다. 그러다 열린음악회(KBS)를 비롯하여 청소년음악회(MBC), 음악세상(SBS) 등을 기획하면서 기획자로 변신, 1988년 서울올림픽 때에는 올림픽조직위원회에서 국제청소년캠프를 맡아 20개의 행사를 기획하기도 했다.

윤형주 홍보이사는 한국 해비타트 외에 백혈병소아암협회·청소년 선교단체의 일도 하고 있으며 호스피스 활동이나 장애인을 돕는 일에 이르기까지 총 10개가 넘는 단체에 관련하여 봉사활동을 하고 있다. 그는 '일 하지 않으면서 이름만 걸어 놓는 것'을 매우 싫어한다. 그러니 그가 얼마나 바쁘게 살아가고 있는가는 짐작할 수 있을 것이다.

해비타트에 대해서는 지미 카터나 밀러드 풀러 등 알려진 인물의 삶을 통해 일찍이 알고는 있었으나 자신이 이 일에 이렇듯 깊숙이 참여하게 되리라고는 생각지 못했었다. 1994년 학교 선배인 고왕인 박사의 권유에 의해 해비타트 운동에 발을 담기 시작했고 본격적인 활동을 하게 된 것은 1995년부터.

내가 윤형주 이사를 만나게 된 건 해비타트 때문이지만 그와 나는 학교 선후배 사이이기도 하고 신앙적인 선후배 사이이기도 하다. 참 재미있는 것은 좋은 목적을 가진 모임에 내가 갈 때마다 그곳에서 거의 반드시 윤형주 이사를 우연히 만나게 되었다는 사실이다. 그러다 보니 그와 나는 삶의 공감대 같은 것을 형성하게 되었다.

2000년 광양에 세워진 '평화를 여는 마을' 집짓기에도 그는 가족 모두를 동원하여 집을 지었을 뿐 아니라, 현장인 섬진강변에서 '열린음악회'를 유치하기도 했다. 그러다 특히 이번 JCWP2001에서는 그야말로 자신이 가진 '끼'를 유감 없이 발휘해 18년 JCWP 사상 유례 없는 이벤트를 만들어내고야 말았다. 지미 카터도 놀랐고 밀러드 풀러도 놀랐다. 나 역시 감탄했음은 물론이다.

이번 이벤트에서 그는 쌍방향 커뮤니케이션을 중시했다. 무대와 객석이 일치가 되어 교감이 오갈 수 있게 한 것이 이번 이벤트를 성공적으로 이끈 요인이 되지 않았나 하는 생각을 개인적으로 가져본다. 그는 객석이 뭘 원하지를 알고 있는 사람이다. 32년간 이 일에 훈련되어 온 사람이기 때문이다.

이번의 경우엔 이벤트 장소가 날마다 바뀌었기 때문에 무대설치에 어려움이 많았다. 그럼에도 불구하고 거의 완벽하게 해냈다는 평을 받았다. 그의 탁월한 재능에 감복한 밀러드 풀러는 인천국제공항에서 출국하기 직전 그에게 전화를 걸어 말했다.

"남아공에서 개최되는 JCWP2002에도 꼭 오십시오."

이경희 (한국사랑의집짓기운동연합회 건축이사 겸 서울지회 이사장)

건축공학박사이며 연세대 공과대학 교수. 한국생태환경건축학회 회장. JCWP2001에서는 집행이사 겸 기획 및 건축위원장을 맡아 현장과 서울 사이를 열심히 오가며 땀을 흘렸다.

나와 이경희 교수와는 충정로터리클럽 멤버로서 예전부터 알던 사이였다. 1998년 말 그가 사랑의집짓기 이사로 영입되었을 당시 그는 대한건축학회 회장이었다. 나는 이경희 교수야말로 우리 해비타트가 필요로 하는 인물이란 생각을 했었다. 그래서 나는 그에게 적극적으로 해비타트 운동에 참여해 줄 것을 권유했고, 그 역시 그런 뜻 있는 일이라면 얼마든지 참여하겠다고 쾌히 수락을 해주었다.

그 즈음에 그는 회갑을 맞이하고 있었는데 "내 가족, 내 학교, 내 제자 위주로 살아가던 삶에서 탈피, 이젠 남을 위해 무엇인가를 해봐야 하지 않겠는가"라는 생각을 하고 있던 터였다. 그러던 차에 마침 해비타트와 만나게 되어 그는 더욱 이 일에 정성을 다하게 되었다.

건축에 문외한인 사람들도 그처럼 열심히 일하는데, 소위 건축전문가라는 사람이 무관심해서는 안되겠다는 책임의식도 크게 작용했다. 자신이 알고 있는 조그만 지식이라도 해비타트를 위해 쏟아 보겠다는 열정적인 생각이 그를 해비타트로 강하게 이끌었던 것이다.

1999년 건축문화의 해를 맞았을 당시에도 그는 전국의 대학생을 대상으로 사랑의집짓기 표준설계도 공모를 하는 등 자신이 속한 전문분야에서 나름대로 열심히 해비타트를 위해 일했다. 물론 학생들의 습작이라 어쩌면 실제 집짓기에 활용되지 못했을지라도 사랑의

집짓기가 널리 홍보되는 효과는 있었다.

1999년 봄, 필리핀 JCWP에 자원봉사자로 참여한 이후 해비타트의 깊은 의미를 새삼스럽게 알게 되었고, 그때의 경험이 이번 JCWP2001에 실제적인 도움이 되었다고 말한다. 그는 이번 JCWP2001은 하나님의 역사라고 확신하고 있다. 부지선정, 모금, 그밖에 많은 일들이 그렇게 밖에는 해석할 수 없도록 만들었기 때문이다.

이경회 교수는 자신의 전공이기도 한 생태주거마을을 만들고 싶어한다. 이번에는 그렇게 하지 못했지만 언젠가 기회가 된다면 지방 마을에 그러한 컨셉을 넣어서 집을 지어보고 싶다는 포부를 밝힌다. 창을 크게 뚫어 에어컨 없이도 건강한 여름을 날 수 있고, 빗물을 받아 정화해서 다시 사용할 수 있는 자연생태적인 환경을 가진 주택을 건축하는 것이 그의 소망인 것이다. 대도시야 그렇게 되기 힘들겠지만 지방이라면 가능한 얘기일 것도 같다. 그런 마을이 건설되어 보다 좋은 주거 환경에서 입주 가정들이 살아갈 수 있다면 더 이상 바랄 게 없을 것이다.

김길자 (한국사랑의집짓기운동연합회 이사)

전 경인여자대학장. 김학장은 당초에 학생들의 자원봉사활동을 적극적으로 전개한 분이다. 사랑의집짓기운동을 알게 된 뒤부터 경인여자대학 학생들에게 적극 참여를 권고했고, 학생들의 여비·숙식비를 지원하는 등 특별한 배려를 했다.

JCWP1999(필리핀)에는 직접 교수들과 참여하여 한국여성의

집짓기를 선두에 나서서 이끌었다. '화합의 마을' 행사에도 열심히 참여하고, 기업을 하는 가족들(백창기 회장은 남편이시다)에게 헌금으로 참여하라고 권하기도 하면서 한국 해비타트 운동을 적극적으로 지원하고 있다. 헌신적인 신앙과 행동으로 앞서는 헌신 때문에 김학장은 많은 사회단체에서 현재 활발하게 활약중이지만, 특히 한국사랑의집짓기운동의 이사로서 앞으로도 계속 많은 일을 하실 분이다.

황무임 (한국사랑의집짓기운동연합회 이사)

안양대학 행정학과 교수. 헌법 특히 북한헌법전문가인 황무임 교수는 나와는 오랜 인연이 있다. '한모음회' 때부터 같은 사회활동을 하였고 사랑의집짓기운동에는 일찍부터 이사로 활동하였다. '평화를 여는 마을'에는 직접 참여하여 자원봉사자들의 배식을 책임 맡았고 '화합의 마을' 건축 행사에도 내내 젊은 자원봉사자들과 같이 일하면서 격려하여 주위의 감동을 자아냈다.

황교수는 일부 간사들이 파업하였을 때 간사들과의 대화에도 앞장서서 나서줌으로써 오해를 푸는 데도 큰 공헌을 하였으며, 아직까지도 응어리가 남아 있는 곳마다 찾아가서 따뜻한 말로 위로해주는 한국사랑의집짓기운동연합회의 자상한 어머니 노릇을 하고 있다. 그러면서도 논리적으로 따질 것은 무섭게 따져주는 훌륭한 이사의 역할을 하고 있는 황무임 교수는 모금활동과 자원봉사자 모집 일에도 발벗고 나서줌으로써 귀한 이사로서의 역할을 훌륭하게 수행하고 있다.

이창식 (한국사랑의집짓기운동연합회 감사)

현대투자신탁 대표이사. 한국사랑의집짓기운동 초창기부터 임원으로 활약해주는 이창식 사장이야말로 가장 본받아야 할 자원봉사 임원이다. 그는 소리 없이 또한 자기 주장 없이 봉사하는 참된 신앙인이다. 임원들이 이사회로 모일 때나 JCWP2001 집행위원회로 조찬모임을 할 때마다 자신이 참석하면 어느새 식사비를 지불해 놓고 조용히 회의를 마치고 돌아가는 분이다.

JCWP1999에는 아들과 함께 필리핀의 폭염 속에서 건축행사에 직접 참여하면서, 부자가 함께 일하는 게 이렇게 은혜스러울 수 있느냐며 고마워하던 모습은 내 눈에 아직도 뜨거운 추억의 모습으로 남아 있다. 현대투신이 경제적으로 어렵지만 않았으면 한국 해비타트를 더욱 후원할 수 있겠다는 말을 뇌이는 그를 볼 때마다, 나는 저렇게 훌륭한 후배를 둘 수 있다는 것이 얼마나 행복한가를 다시금 생각하게 만든다.

김성이 (한국사랑의집짓기운동연합회 이사)

이화여대 사회복지학과 교수. 정부에서 청소년보호위원장(차관급)을 지낸 김성이 교수는 청소년 지도에 있어 한국에서 제일가는 전문가이다. 청소년적십자운동에 어려서부터 참여한 이래 지금껏 청소년의 올바른 지도를 위해 애쓰는 김교수는 JCWP2001에는 지금 도미 유학중인 딸과 함께 봉사를 했었다. JCWP2001 일이 한참 어려울 때 김교수의 딸이 밝은 모습으로 영어 등 외국어를 구사하면서 간사 일을 수행해준 것이 아직도 고맙기 짝이 없다. 그녀는 대학원 교육 때문에 JCWP 본 행사에 참여하지 못함을 못내 아쉬워했지만 사랑하는 아빠가 바쁜 중에도 땀 흘리며 현장 일을 하는 것을 생각하며 자랑스러워했을 것이다.

김성이 교수는 정부 일을 수행하는 바쁜 일정 속에서도 사랑의집 짓기운동 회의에는 늦게라도 꼭 참석해 중요한 결정에 도움을 준다. 침착하고 결단력 있는 성품의 그는 청소년 봉사자들의 훌륭한 선생이다.

설원봉 (한국사랑의집짓기운동연합회 이사)

TS그룹(대한제당) 회장. 설원봉 회장은 조용히 또한 꾸준하게 한국 해비타트 운동을 뒤에서 밀어주고 있는 후원자이다. '평화를 여는 마을' 사업장에는 직원들과 함께 참여하였고 화합의 마을 사업장에도 수시로 가족·직원들과 함께 참여한 설원봉 회장은 절대로 자기의 봉사를 나타내지 말아 달라고 부탁하였다.

이사들과 간사들이 회의장이 없어서 고생할 때 자기 사무실을 사용하라고 쾌히 승낙을 해줬을 뿐 아니라 '평화를 여는 마을' '화합의 마을' 건설에는 집 한 세대씩 선뜻 스폰서를 해주고 회사 직원들의 참여도 넌지시 권고하는 한국 해비타트의 귀한 후원자이다. 내가 실망하고 걱정될 때마다 "형님, 걱정 마십시오. 신앙으로 의존하여 사는 분이 소망과 열정을 잃으시면 되나요?" 하며 격려해주는 설회장의 고운 마음씨를 나는 잊을 수 없다.

김영훈 (한국사랑의집짓기운동연합회 이사)

대성그룹 회장. 김영훈 회장은 온 가족이 해비타트 운동에 참여하는 독실한 기독교 가정 출신이다. 서울도시가스 김영민 회장은 김영훈 회장의 형이고 연세대 김정주 교수는 손위의 누님이다. 독특한 그림 솜씨로 좋은 작품을 만들고 있는 큰 누님 김영주 화백은 1998년 '해비타트 밤'에 참석한 자리에서 의정부의 한 입주가정이 피아노를 갖고 싶다는 소원을 고백하자 그 자리에서 기증한 일도 있다.

김영훈 회장이 직접 경영하고 있는 대구도시가스는 대구지역 해비타트 사업에 중추적인 후원자이며 일산에 근거를 둔 경기방송에서는 해비타트의 아름다운 홍보물을 계속 제작해 방영해주고 있다. 한국의 APEC 경제 대표도 겸하고 있는 김영훈 회장이 항상 기도해주는 것을 나는 고마워한다. 기도 속에서 해비타트를 후원하고 가족마다 해비타트 세대의 스폰서가 되어주는 그에게 깊은 감사를 드린다.

김종렬 (한국사랑의집짓기운동연합회 의정부지회 전 실행위원장)

광적종합건재 대표. 한국 해비타트의 산증인이라 불려도 좋을 만큼 초창기부터 활동했다. 한국 최초 사랑의 집을 의정부에 지었던 김종렬 대표는 해비타트에 대해 알기 전부터 이미 선교활동을 위해 필리핀, 베트남, 피지 등지에 가서 집을 지어왔던 인물. 그가 선교활동을 시작한 것은 90년대 초반부터이며 공동체운동에 관심을 가져 두레공동체에 참여하기도 했다.

그러던 중 해비타트 아시아권 담당으로 일하던 릭 해더웨이를 알게 되었다. 릭 해더웨이는 당시 한국에 해비타트를 알리기 위해 노력 중이었는데, 여건조성이 되어있지 않아 고전하던 중이었다. 릭 해더웨이와 고왕인 박사, 그리고 두레공동체의 한응수 목사 등과 함께 한 자리에서 해비타트 정신과 사업운영에 대해 자세히 듣게 된 김종렬 대표는 그 자리에서 감동하여 아무런 의심 없이 해비타트를 선뜻 받아들였다. 그것이 1992년의 일이다.

해비타트를 알고서 김대표가 맨 처음 한 일은 노인 혼자 사는 집의 울타리 공사를 해주는 일. 본격적으로 이 일에 동참하기로 결심하고 나서 그는 자신의 회사 사무실에 해비타트 현판을 내걸었다. 그가 처음으로 한 해비타트 집짓기는 두레공동체 땅 2000평 중 230평을 기증 받아 자신의 회사 벽돌을 사용해 정성껏 지은 3세대. 이후 7년에 걸쳐 해비타트 일에 헌신했다.

그가 이 일을 하는 목적은 이웃을 사랑하고 복음을 전하기 위해서. '이웃을 내 몸같이 사랑하라' 는 예수님의 말씀을 쫓아 그것을 실현하고 있는 중이니 그는 순수한 그리스도의 정신으로 이 일에 동참하고 있는 것이다. 그러기에 7년을 쉬지 않고 이 일에 매달릴 수 있었다.

그가 7년 동안 이 일을 하면서 느낀 것은 입주 가정들의 해비타트 정신 이해부족으로 자신들이 감당해야 할 500시간의 노동시간이 잘 지켜지지 않는다는 것이다. 물론 생업 때문에 시간 내기가 힘이 들긴 할지라도 '내 집' 을 지어준다는 데에 그만한 협조도 하지 못할까 하는 안타까움이 있다. 하는 수 없이 자원봉사자들과 함께 김대표가 집짓기에 매달릴 수밖에 없었는데, 그러다 보니 끼니를 거르는 것 정도는 예삿일이 되어 버렸다. 쓰러지기도 수 차례. 하지만 그럴 수록 내가 아니면 누가 하랴 싶은 마음에 다시 몸을 추슬렀다.

"영리가 있으니 하지 봉사정신만으로 이 일을 하랴" 하는 오해를 받을 땐, 실망을 느끼기도 했다 한다. 하지만 그는 후원금에서 단 한 푼이라도 사사롭게 쓴 적은 없다. 해비타트 운동을 위한 차량유지비나 전화요금, 기타 사무실 운영비로도 쓴 기억이 없다. 교통사고를 당해 아직도 몸이 불편하지만 그는 자나깨나 해비타트를 위해 기도하며 살아가고 있다.

그는 지금껏 진정한 해비타트 정신을 가진 자원봉사자를 찾기 위해 애를 써왔다. 하지만 아직도 찾지 못했다고 토로한다. 철저하게 교육받은 자원봉사자가 절실히 필요한 시점이라고 그는 강조한다.

최준만 (한국사랑의집짓기운동연합회 태백지회 실행위원장)

태백연동교회 목사. 최준만 목사가 해비타트 운동의 권유를 받은 것은 지난 1996년 4월. 한국 해비타트의 고왕인 박사와 최영우 국장, 그리고 릭 해더웨이 등이 그를 찾아갔을 그 당시, 그는 6년간의 사회봉사활동을 마무리하고 새로운 교회 개척을 준비하느라 여념이 없었을 때였다. 교회 안정을 위해 최선을 다해야 할 시점에서 또 다른 일을 한다는 것은 그에게 대단한 심적 부담이었다. 당연히 쉽게 결정을 내릴 수 없었다. 그는 기도하면서 하나님의 인도하심을 기다렸다.

고민 끝에 최목사는 해비타트 일이 하나님의 뜻인가를 알기 위해 그 해 8월에 한국봉사단 41명(태백에서는 8명)과 함께 필리핀의 해비타트 현장에 갔다. 그곳 바콜로드 현장에서 일주일간 열심히 봉사하여 2세대의 집을 건축하여 헌정식까지 마치게 되었을 때, 최목사는 하나님의 인도하심을 받게 되었다고 한다. 그들의 어려운 주택사정, 집 때문에 생겨나는 숱한 문제들, 집에 대한 애절한 열망, 집 짓는 헌신자들, 자원봉사자들의 수고를 보면서 눈물이 절로 흘러내렸고 그 눈물 속에 그의 하나님이 계셨다. 그리하여 그는 한국 해비타트 일에 동참하기로 결심하게 되었다.

태백은 최목사의 고향이다. 고등학교 때 고향을 떠난 그는 목사가 되어 고향에 다시 왔다. 태백에서 3년, 진주에서 3년 목회자로 봉사하다 신학공부를 하러 미국으로 건너갔다. 하지만 그는 미국이 별로 마음에 들지 않았다. 고민하던 중 하나님의 음성을 들었다. 하나님은 그에게 고국으로 돌아가라고 말씀하시고 계셨다. 높은 데로 가지 말고 낮은 데로 가라 하셨다. '낮은 데'란 그에게 광산촌 태백을 의미하는 것이었다.

JCWP2001은 해비타트를 태백에서 완전히 뿌리내리게 하는 발판의 역할을 해주었다고 최목사는 말한다. 집짓기의 성공은 물론이려니와 행정기관·해비타트·교회 3자가 파트너십이 되는 기회가 되었고, 광산촌인 태백으로선 상상하기조차 힘든 국제행사(국내외 자원봉사자 100여명 참여)를 치를 기회를 부여받았던 것이다. 게다가 지미 카터 전직 미국 대통령이 현장 방문까지 해줘서 향후 지회의 행정력 확보에 큰 도움을 주었다.

태백이 JCWP2001을 성공적으로 치를 수 있었던 것은 다 최목사의 헌신적인 노력 덕이라는 것을 나는 알고 있다. 그는 실무진들과 함께 JCWP2001을 위해 장장 1년 반 정도나 준비를 했던 것이다. 그 과정에서 기념음악회를 유치하기도 하고 김진선 강원도지사를 초청하여 지원을 약속 받기도 하는 등 혼신의 힘을 다해 뛰었다. 최목사는 이렇게 말한다.

"하나님의 인도하심을 따르니 교회도 되게 하고, 해비타트도 되게 하셨다."

염경호 (한국사랑의집짓기운동연합회 진주지회 실행위원장)

진주외율교회 목사. 염경호 목사가 해비타트에 대해 알게 된 것은 1992년. 당시 염목사는 교회 개척을 준비하던 중이었다. 지금은 그 자리에 외율교회가 들어섰지만 그때까지만 해도 조그만 농가에 불과하던 그곳에서 처음으로 고왕인 박사, 김인수 사랑의집짓기 이사 등과 함께 해비타트 운동에 대해 얘기하게 되었다. 그들은 첫 만남부터 매우 진지했고, 이 일의 숭고함에 감동을 받은 염목사는 주저 없이 해비타트 운동에 참여하게 되었다.

나와 염목사는 2000년 광양 '평화의 마을'에서 함께 집을 지으면서 친밀하게 지내기 시작했다. 당시 진주에서는 집짓기 행사가 없었다. 가까운 광양에서 대규모의 집을 짓기 때문에 힘을 분산하지 말고 광양을 지원하자는 뜻에서 그리 된 것이다. 그런데 다행스럽게도 진주에서 첫 사업으로 지은 집(1999년 입주)이 스틸하우스였기 때문에 염목사를 비롯한 진주지회의 스텝들이 그때의 노하우를 십분 발휘, 광양 집짓기에 적용할 수 있었다.

이번 JCWP2001에서 진주지회는 16채의 집을 지었는데, 그 와

중에 염목사는 몸무게가 10㎏이나 빠질 정도로 헌신적으로 집짓기에 임했다. 새벽 4시30분에 일어나서 교회 가서 기도하고 6시면 곧장 현장으로 나갔다. 그리고 뒷정리까지 끝내고 나면 밤 11시. 밥 먹을 짬도 없어 하루 한끼로 때우거나 심지어는 이틀에 한끼를 먹은 적도 있었다. 그러니 몸이 축나는 건 당연하다. 그럼에도 그는 식구들에게 이렇게 말하곤 한다.

"JCWP2001에서 가장 축복 받은 사람은 나일 것이다."

왜냐하면 몸무게는 빠졌지만 건강은 전보다 훨씬 더 좋아졌기 때문이다. 축복 받은 일을 했기 때문이었을까? 아니면 사랑을 나눠주었기 때문일까. 하지만 그는 후원금 모금이 잘 되지 않아 마음 고생을 무척 많이 했다. 라이온스클럽이 후원을 하지 않은 지역은 이번 JCWP2001 6개 지역에서 이곳 단 하나. 그만큼이나 기금 모금이 부진했다. 하지만 예상외로 결과는 좋았다. 당초 예상인 12채 보다 4채나 많은 16채를 지은 것이다. 목회자들이 적극적으로 많이 도와준 덕이라고 그는 말한다.

첫번째 집을 지을 때만 해도 주위의 반응이 썩 호의적이지 않았지만 광양에서 집을 짓는 과정에서 일반인에게 홍보가 많이 된 탓이다. 그리고 목회자들 사이에서 "이 일은 기독교가 할 일이다"라는 인식이 자리잡게 된 탓이다. JCWP2001에서는 심지어 부산에 있는 교회에서까지 도움을 주었다. 그리하여 처음엔 도저히 불가능하다고까지 생각되던 집짓기가 성공을 하기에 이른 것이다.

아직 우리에겐 해비타트 일을 위한 '잠재적인 일꾼'이 없다는 데에 그는 아쉬움을 토로한다. 행사가 있으면 몰려 왔다가 끝나면 금세 잊어버리고 마는 일시적인 봉사자들보다는 장기적으로 책임감을 갖고 참여해주는 봉사자가 필요하다고 그는 말하고 있다.

신상길 (한국사랑의집짓기운동연합회 대구·경북지회 실행위원장)

대구 밀알장로교회 목사. 계명대학교 강사. 신상길 위원장이 해비타트에 대해 알게 된 것은 지난 1980년으로 거슬러 올라간다. 당시 그는 파트너십(선교사)으로 미국 장로교회 초청을 받아 장로교회 본부에서 일을 하고 있었다. 그 과정에서 밀러드 풀러와 지미 카터를 만나게 되는데, 이때 처음으로 해비타트에 대해서 듣게 되었다.

이후 킹대학(King College) 교수를 거쳐 1988년 멕시코국립대학 선교학 교수, 이어 하버드 신학대학원 객원교수로 재직하게 되는데, 하버드에서는 중남미 선교에 대해서 가르쳤다. 귀국한 것은 1997년 2월. 한국에 돌아와서 경북대의 정충영 교수(경영학)와 송재기 교수(통계학) 등과 함께 인터넷 사이트에서 '설교은행'을 운영하기도 했다.

내가 신위원장을 처음으로 알게 된 것은 1999년 봄 무렵으로 기억되며, 해비타트에 대해 두터운 공감대를 형성하게 된 것은 그 해 봄 필리핀에서 열린 JCWP1999 때. 신위원장은 당시 8명의 교수와 함께 그곳에 왔는데, 이때 우리는 함께 집을 지으면서 많은 얘기를 나눌 수 있었다.

2000년 광양 '평화를 여는 마을'을 지을 때는 자원봉사자 130여명을 동원하는 등 매우 열의를 가지고 한국본부의 일과 국제관계 일까지 도맡아 해주었다. 이때 신위원장(당시 부이사장)은 후발주자로 프로젝트 디렉터를 맡아 발벗고 나서서 어려웠던 상황을 마무리 짓는데 공헌을 해주었다. 자금이 딸려서 사업진행이 힘들게 되자 패션쇼를 개최해서 2,300만원을 모금하기도 하고 개인적으로 신용대출을 얻어 미리 비용을 대는 등 정말 헌신적으로 일을 해주었다.

그는 이번 JCWP2001 때 기억에 남는 두 사람을 만났다. 자원봉사자로 참여했던 어떤 젊은이가 매달 5만원씩의 후원금을 스스로 약속해주는가 하면 포철에서 근무하다 9월에 은퇴한 어떤 이는 남은 여생을 해비타트에 봉사하고 싶다고 그에게 말했던 것이다. 그때 그는 크나큰 보람을 느꼈다고 말한다.

신위원장의 기상시간은 매일 새벽 3시. 이때 그가 빠뜨리지 않고 하는 기도제목이 있다. 바로 한국 해비타트를 위한 기도이다. 하지만 그는 한국 해비타트에 대해 몇 가지 경고를 하고 있다. 첫째 자칫 관변단체가 될 위험이 있고 둘째 평등사상이 결여되면 절대 안되며 셋째 애써 지은 사랑의 집이 향후 슬럼화 될 위험이 있다는 것이다. 어린이에서 어른에 이르기까지, 그리고 입주 가정에서부터 사회지도급 인사에 이르기까지 모두가 평등하다는 인식을 가지고 집을 지어야 참된 해비타트 정신에 입각한 집짓기라고 그는 강조한다. 집지으러 올 때만큼은 특별대우를 기대하지 말라는 그의 말에 뼈가 숨어 있다.

특히 대구에서는 올해 대규모의 집짓기 행사가 개최될 예정이라 실행위원장직을 맡고 있는 그로선 매우 바쁜 한해가 될 것이다. 신위원장은, 해비타트 운동이 작년 JCWP2001로 인해 제법 알려졌으니 올해의 대구사업은 해비타트를 국내에 토착화시킬 매우 좋은 기회로 여기고 있기도 하다.

이 순 (한국사랑의집짓기운동연합회 천안 · 아산지회 이사장)

천안 중앙장로교회 목사. 이 순 목사는 자기 관리에 매우 철저한 인물이다. 부지 선정이 끝나고 기공식을 하던 작년 3월 1일은 꽃샘추위로 날씨가 엄청나게 추웠다. 그럼에도 불구하고 외투를 입지 않고 참석한 그의 모습이 내 뇌리에 아직도 강하게 남아 있다. 그가 외투를 입은 모습을 나는 본 기억이 없다.

지난 2000년 9월 천안 · 아산지회를 결성하면서 이사장직을 맡아줄 덕망 있는 인물을 물색하던 차 이상직 호서대 교수의 적극적인 추천으로 이사장으로 추대된 인물이 바로 이 순 목사이다. 이상직 교수로부터 권유를 받긴 했지만 그때까지만 해도 그는 해비타트가 뭔지 몰랐다고 한다.

산적해 있던 일들을 해결하느라 바빴던 지난 일년을 그는 회고해 본다. 부지는 확정되었는데, 마을 사람들 모두가 그곳은 물이 나오지 않는 곳이라며 비관적으로 말했다. 그는 걱정이 되어 잠조차 잘 수 없었다. 하지만 땅을 파는 과정에서 여기저기서 물이 터져 나오기 시작했다. 그리고 집을 다 지어 놓고도 파이프를 얕게 묻었다는 생각에 파이프가 얼어 터지면 어쩌나 겨울 내내 또 근심이 가시지 않았다. 하지만 그러한 일 또한 일어나지 않았다. 집 짓는 과정 또한 어땠는가. 얼마나 땀을 많이 흘렸던지 혁대 안쪽을 뒤집어 보면 소금기가 가득했다. 몇 년 치의 땀을 작년 여름에 다 흘렸다고 말한다.

해비타트에서 흘리는 땀의 의미를 잘 몰랐던 입주가정은 처음엔 남의 집 짓는 것처럼 건성이었다. 그러다 함께 노력하는 과정을 통해 점점 변해 가는 그들을 이 순 목사는 목격할 수 있었다. 해비타트의 위대함은 바로 여기에 있었다. 그리하여 Post-JCWP때에는 처음 지을 때 보다 훨씬 더 단단하고 좋은 집을 만들 수 있었다.

올 여름에는 4동 16세대를 지어 입주시킬 계획에 있는데, 아마도 작년의 경험을 밑바탕으로 하여 훨씬 더 좋은 집이 지어질 수 있을 것이라 자신 있게 말하기도 한다. 그 모금활동의 일환으로 4월에 대규모의 갈라 콘서트를 계획하고 있다. 이제까지는 아산에서만 집을 지었으니 내년쯤에는 천안지역에서도 사랑의 집을 지어볼까 생각하고 있기도 하다.

천안 중앙장로교회는 5,000여명의 교인을 가지고 있고(주일 낮에만 2,500여명 정도가 예배에 참여한다) 부목사가 6명이나 되는 천안지역에서는 가장 규모가 큰 교회. 그 교회에서 이 순 목사는 올 1월 현재 14년 2개월째 교인들을 이끌고 있다. 그는 JCWP2001 행사 때 그 자신도 3,000만원을 기부하는 등 적극 참여했지만 교인을 통한 성금 또한 독려해서 3,000여만원을 모금해 집 짓는 비용으로 충당하기도 했다.

본부에서 간사들의 파업이 있었을 때도 주위에서는 회의적인 눈으로 보았지만, 천안 중앙장로교회 교인들만큼은 "우리 목사님이 하시는 일이니까 된다"고 자신 있게 믿어 주었다. 그만큼 그는 신망이 두터운 인물이다.

이상직 (한국사랑의집짓기운동연합회 천안 · 아산지회 전 실행위원장)

호서대학교 교수(교목실장). JCWP2001 때 이 순 목사와 함께 헌신적으로 봉사해 주었다. 이상직 교수는 내가 총장으로 취임하기 전부터 호서대학교에 몸담아 있던 인물이다. 서울신학대학 교수를 거쳐 현재는 호서대 신학 · 인간개발학부 교수로 재직중이다. 그는 국내 조직신학의 권위자로 손꼽히고 있다.

사실, 그가 해비타트 운동의 적임자란 생각에 동참해 줄 것을 권유하긴 했지만 이렇게까지 사업을 성공적으로 이끌 줄은 몰랐다. 그는 자원봉사자로서 물동이를 나르는 등 궂은 일도 마다 않고 입술이 부르틀 정도로 고된 일만 도맡아서 해주었다. 아산 '화합의 마을'이 탄생하기까지에는 이상직 교수의 헌신이 곳곳에 숨어있다고 보면 된다. 특히 그는 온양 그랜드호텔에서 자선콘서트를 개최, 2억 8,000여만원이라는 거액을 모금하기도 해서 아산의 집짓기에 지대한 공헌을 세운 인물이기도 하다.

행사기간 동안 아산과 한국본부와의 중개역할까지도 도맡아서 해준 이상직 교수는 JCWP2001을 위해 2000년 9월부터 행사 직전까지 가동되었던 실행위원회에도 빠지지 않고 참석해준 열성적인 인물이다. 서울까지 매주 토요일 아침 7시까지 빠지지 않고 참석한다는 건 여간한 정신력 가지고는 턱도 없는 일이다. 행사기간 동안 내가 심적으로 많은 부분 그에게 의지했음을 이 자리에서 밝힌다.

그는 2000년 '평화를 여는 마을' 집짓기에도 박진규 대외협력실장 · 염행철 교수 · 이정수 교수 등 호서대 교수 10명 그리고 해비타트 동아리 학생들 45명과 함께 참여했다. 해비타트 운동에 대해 아직 확신이 서지 않았던 시기에 참여했던 '평화를 여는 마을' 집짓기는 그에게 많은 감동을 안겨주었고, 이것이야말로 진정한 가정회복 운동이며 우리 사회가 안고있는 많은 문제를 근원적으로 해결할 수 있는 운동이라는 확신을 갖게 되었다.

이상직 교수는 JCWP2001 기간 중 호서대의 호스트 역할을 완벽하게 해냈으며, 이병선 호서대 생활관장과 파트너가 되어 어려웠던 일들을 슬기롭게 잘 넘겨주었다. 참가비를 내고 땀을 흘려준 국내외 자원봉사자들과 후원자들, 간사들, 아산시 등 지방자치단체들의 눈물겨운 협조에 깊이 감동을 받은 그는 행사기간 내내 충만했던 사랑에 어쩔 줄 몰라했다. 그 감격이 앞으로도 계속되어지길 그는 바라고 있으며 아울러 이제 한국교회가 자원봉사와 이웃사랑의 본보기가 되었으면 하는 바람 또한 가지고 있다. 다만 이 운동을 하면서 순수성이 침해받지 않도록, 그리고 제도나 돈의 힘보다 사랑이 더 위대한 힘이 되도록 기도해야 할 것임을 절감했다.

지난 2001년 10월 31일 있었던 지미 카터의 호서대 명예 인문학 박사 학위수여식에 나는 이상직 교수·김동환 대학원장과 함께 참석했었다. 그때 이상직 교수는 자신이 미국에서 공부를 하긴 했지만, 18년 만에 처음으로 다시 와보는 것이라고 내게 말했었다. 나는 이상직 교수와 더불어 그곳 아메리쿠스에서 매우 즐거운 시간을 보낼 수 있었다.

권도웅 (한국사랑의집짓기운동연합회 서울지회 이사)
(주)정림건축 상임고문. '평화를 여는 마을'·'화합의 마을' 설

계고문. 권도웅 고문에 대해 얘기를 하기 전에 나는 우선 (주)정림건축의 김정철 회장에 대해 말하지 않을 수 없다. 김정철 회장과 나는 오랫동안 친분관계를 유지해 왔다. 그러다 지난 1999년 우연히 사석에서 내가 해비타트에 대한 얘기를 꺼내게 되었는데, 그 자리에서 김회장은 자신도 해비타트를 위해 봉사하고 싶다고 말했다. 해비타트와 (주)정림건축과의 인연은 이래서 시작되었다.

김회장은, 아무리 작은 16평짜리 주택이지만 한치의 오차도 허용치 않는 해비타트 집의 중요성 때문에 권도웅 고문에게 직접 지시를 내렸다. 그리하여 (주)정림건축은 2000년 '평화를 여는 마을' 부터 JCWP2001에 이르기까지 '주택설계 및 감리'를 무상지원 해오고 있다. 행사 때마다 (주)정림건축에서는 '사내설계자원봉사자' 시스템이 가동된다. 이것은 올 여름의 집짓기에서도 마찬가지로 적용될 것이다.

지난 1968년 (주)정림건축에 입사, 사장직을 거쳐 현재 상임고문으로 일하고 있는 권도웅 고문은 NGO 활동에 진작부터 관심이 많았던 터라 이 일에 아주 적역이었다. 김회장 덕에 권고문과 나와의 인연이 또 시작되었는데, 프로젝트의 총괄을 맡은 그는 방명세(팀장), 유종옥 씨 등 (주)정림건축의 젊은 건축사들과 함께 김회장의 지시대로 '한치의 오차도 없는' 안락하고 튼튼한 집을 설계하기 위해 심혈을 쏟았다. '도면상에서 거의 완벽하게 지어 보고 실제로 집을 짓는 개념'으로 일을 했던 것이다. 그래서 누가 봐도 예쁘고 튼실한 집이 섬진강변(평화를 여는 마을)과 아산(화합의 마을)에 세워졌던 것이다.

(주)정림건축은 영종도 신공항을 비롯하여 상암동 월드컵경기장, MBC 여의도사옥, 새 국립중앙박물관(현재 건축 중)을 비롯하여 각 은행 본점 등 대형건물 만을 설계하는, 우수한 건축전문가들로만 구성된 훌륭한 회사로 나는 알고 있다. 그러니 (주)정림건축으로선 16평 주택을 설계한다는 건 아마 회사 설립 사상 최초의 일이 아니었을까 생각된다.

특히 권도웅 고문은 두 자녀까지 동원하여 2000년부터 집짓기에 참여하고 있어 나는 그가 참으로 고맙다. 그는 지난 34년간 건축가로서 일한 기술적 노하우를 이제 해비타트를 통해 봉사하고 싶다고 말한다. 그는 높은 지위보다는 현장에서 직접 뛰면서 실제적인 일에 참여하기를 원하고 있는 사람이기도 하다.

그는 대학원에 가서 특강을 할 때마다 건축학도들에게 이렇게 말하곤 한다. "건축전문가가 되고 싶다면 해비타트 집을 직접 지어 보아라. 일주일이라는 짧은 기간에 어디 가서 실제적으로 집 지을 기회가 있겠는가. 자원봉사자로서 보람을 얻는 동시에 하나의 건물이 내 손으로 완성되는 것을 볼 수 있다는 것은 참여 자체만으로도 큰 행운이 될 수 있을 것이다."

최영우 (한국사랑의집짓기운동연합회 전직 총무 및 사무국장)

고왕인 박사와 함께 초창기부터 해비타트 정착을 위해 애쓴 인물. 관료적이라기보다는 낭만이 있는 사람이며 믿음 또한 매우 뜨겁다. 모금활동에 타고난 탤런트가 있으며 기금모집의 귀재라 불러도 손색이 없을 만큼 이 방면에 소질이 있다. 따라서 그의 가장 큰 무기는 지난 8년간 대기업과 외국계 기업을 상대로 모금활동을 하면서 쌓은 노하우.

한국 해비타트 본부 재직시 지회관리 또한 매우 잘해서 지회가 그 지역에서 뿌리내리게 하는 데에 큰 공헌을 했다. 해비타트는 풀뿌리 조직이기 때문에 지회관리는 무엇보다 중요하다.

그는 NGO를 위해 태어난 인물이라고 말하고 싶다. 특히 현장에서 능력을 백분 발휘하는 순발력을 가지고 있고, 언어능력도 뛰어나다. 해외경험도 많아 대외적인 일, 즉 대변인 겸 프로젝트 디렉터로서의 자질이 풍부한 사람이다. 발로 뛰는 일을 매우 잘하고 리더십 또한 탁월하다.

경영학 석사 출신인 그는 산업연구원, 『통일논단』 편집장으로도 일을 한 바 있으며, 현재는 기부ㆍ자원봉사 인터넷 통합사이트 벤처기업 '도움넷'(www.doumnet.net)의 대표로 일하고 있다.

한국 해비타트 초창기 멤버로서 열정과 헌신을 다해 이 땅에 해비타트 운동을 널리 퍼뜨리고자 애를 많이 썼다. 최영우 전 사무국장은 고왕인 박사와 더불어 한국 해비타트의 태동에 기여한 바가 큰 인물로서 우리가 기억해 둬야 할 인물이다.

이국근 (한국사랑의집짓기운동연합회 사무국장)

KOICA 봉사사업국 전직 국장. 이국근 국장은 매우 어려운 시기에 한국 해비타트 본부에 들어와서 심적 고생이 많았던 인물이라 그 일을 돌이켜 보면 내 마음이 상당히 아프다. 간사들의 파업으로 인해 업무가 마비되어 해비타트 관계 인물이나 그들의 연락처조차 알길 없는 상태에서 일을 시작하게 되었지만, 그 모든 어려움을 말없이 참고 버텨내 주었다.

JCWP2001을 목전에 둔 당시엔 이국근 국장과 같은 인물이 한국 해비타트 본부에 필요했었다. 내규확립도 해야 했고 관리체계도 수립해 놓아야 했기 때문이다. 이국장은 그런 일만 평생 해온 인물이라 나는 그가 그 어려운 상황을 이겨내고 사랑의집짓기에 헌신해 준 것에 대해 감사하게 생각한다.

이국근 국장이 근무하던 KOICA의 NGO 지원예산은 한해 약 6억원 정도. 그는 KOICA의 전신인 '한국해외개발공사' 시절부터 근무하기 시작, 대외원조기관인 '국제협력단'으로 바뀌고도 임기가 끝나기까지의 7년을 더 그곳에서 근무했다(1976~1998년 8월). 한 곳에서 무려 23년간을 근무한 것이다. 그것 하나만 봐도 그가 얼마나 성실한 사람인가는 짐작이 가능한 일이다. KOICA에 근무하기 전의 공무원 생활 한 것까지 포함한다면 30년간을 공직에 종사한 것이다.

그가 KOICA에 근무하던 시절, 현 사랑의집짓기 최성락 상임이사(KOICA 설립위원, 당시 KOICA 개발협력 이사)를 통해 해비타트에 대해 듣게 되었다. 하지만 국제봉사기구로서 집을 지어주는 일을 하고 있다는 정도로만 막연히 알았지 해비타트의 정신까지 다 이해한 것은 아니었다.

그러다 2001년 2월 말 사랑의집짓기에 근무하면서 해비타트에 대해 명확히 알게 되었는데, 그는 해비타트에 대해 "사명을 가지지 않으면 도저히 할 수 없는 숭고한 일이며, 여인들이 흘리는 감격의 눈물을 가슴으로 받아들이지 않으면 할 수 없는 일"이라고 표현한다.

집 없는 서러움으로 인해 힘들게 살던 주부들이 성경책과 열쇠를 받아 줄 때 흘리던 감동의 눈물을 보면서 그는 이것이 하나님의 사업임을 확신하게 되었다. 그러면서 하나님을 받아들이게 되었고, 그는 이제 크리스천이 되었다. 이국장이 교회를 다니자 가족이 따라나가게 되었고, 이젠 그의 아내의 친구 세 가족이 같은 교회에 다니고 있다. 그걸 보며 그는 자신의 삶이 헛되지 않았음을 느끼게 되었으며 자신이 현재 하고 있는 해비타트 운동이 보람된 일임을 새삼스레 깨달았다고 한다.

살림을 꾸려나가는 일을 맡고 있는 사무국장으로서 그는, 사무실 내의 작은 일에서부터 건설교통부나 환경자치부, 필요하면 외교통상부 혹은 주요 후원단체들과의 행정업무까지 관장하는 일을 하고 있다.

권이영 (한국사랑의집짓기운동연합회 상임고문)

권이영 고문과 나와의 인연은 1982년으로 거슬러 올라간다. 내가 원자력 에너지 일에 몰두하고 있을 무렵, 권이영 고문 역시 같은 분야에 종사하고 있었기 때문에 그와 나는 공식·비공식적으로 종종 만나곤 했다.

그러다 1982년 내가 한국전력주식회사(KOPEC) 사장으로 재직하고 있을 당시 그가 보좌관 겸 홍보실장을 맡게 되면서 친밀하게 지내게 되었고, 이제는 해비타트 일까지 함께 하게 되었다. 해비타트 운동에 대해 일찍부터 알고는 있었으나 적극적인 참여 권유를 받은 것은 1995년. 하지만 그가 해비타트 일에 깊숙이 관련되게 된 것은 이보다 더 늦은 2000년 말이었다.

당시 한국 해비타트에는 국제관계 일을 도맡아 해줄 사람이 절실히 필요했다. 프로젝트 매니지먼트 협회 사무국장을 할 정도로 사업 관리에 소질이 있으며 외국어에도 능통한 사람이 꼭 필요하던 차에 내가 그를 이쪽으로 이끌었다. 미국인이 경영하는 행동과학연구소에서 10여년이나 일을 한 경력이 있는 그가 우린 필요했던 것이다.

한국 해비타트 본부에서 그가 주로 하고 있는 일은 국제 해비타트 본부와 주고받는 영어 문서에 관한 것. 주요문서가 해외로 나가게 될 때, 검토·수정·조정하는 일을 하고 있다. 국제본부와 우리가 이해의 공감대를 가질 수 있게 하고, 우리가 바라는 바대로 그쪽이 헷갈리지 않고 올바르게 이해할 수 있게 만드는 중요한 역할을 하고 있는 것이다. 그리고 대외적으로는 해비타트에 대한 인식을 목적하는 방향으로 올바로 인식하고 호응하게 만드는 홍보 역할도 하고 있다.

권고문은 1991년 『심상』지를 통해 등단한 시인이기도 하다. 어쩌면 주관적이고 창의적인 시의 세계에 비해 그가 하는 일은 너무 객관적이고 논리적일 수도 있다. 하지만 홍보의 언어 역시 판에 박힌 듯해 보여도 어느 면에서는 창의적이라고 볼 수도 있다. 그런 측면에서 시인이란 신분이 그의 일에 도움을 주고 있지 않나 하는 생각을 해보기도 한다.

그는 JCWP2001 때 사업본부장이었던 릭 해더웨이의 고문을 맡아, 관리와 커뮤니케이션 관계의 일을 주로 해주었다. 그 과정에서 한국 해비타트 관계자들과 릭 해더웨이와의 중간 입장에서 어려운 일이 많았지만, 두 집단 간의 엇갈리는 감정을 해소해보고자 나름대로의 선에서 애를 많이 써주었다. 그때 그는 "릭이 잘했으면 나도 잘한 것이고 릭이 잘못했다면 나 역시 잘못한 것이다"라고 말하면서 Adviser로서의 고충을 내게 털어놓기도 했다.

15. 평화를 여는 마을

영·호남이 접경한 섬진강변의 전남 광양시 다압면 신원리에 가면 32채의 단아하고 튼튼한 주택 32채가 있다. 이곳을 사람들은 '평화를 여는 마을'이라 부른다. 널따란 1800평의 대지에 건축면적이 354평인 이곳은 이름에 걸맞게 영남 출신 16세대와 호남 출신 16세대가 머리를 맞대고 오순도순 살아가고 있다.

섬진강을 향해 탁 트여있는 산기슭에 자리잡고 있는 '평화의 마을(이하 평마)'은 마을 뒤와 좌우가 모두 산이어서 마치 삼태기 안에 들어 있는 것처럼 안온해 보인다. 마을길을 따라서 1개동 마다 4세대가 거주할 수 있도록 지은 연립주택 8채가 좌우에 배치되어 있고, 마을 한복판에는 대소사를 논의할 수 있는 마을회관이 들어서 있다.

2000년 8월 6일부터 11일에 걸쳐, 1,400명의 국내 자원봉사자들과 150명의 외국인 자원봉사자들이 땀방울을 흘려가며 만든 이 마을은 경량 철골(Steel House)로 뼈대를 세웠고, 자원봉사자들이 쉽게 집을 지을 수 있도록 조립식 주택 형태를 취하고 있다.

벌써 지은 지 1년 6개월이 넘었으니 지금이야 입주 가정들 모두 자리를 잡아 행복하게 살고 있지만, 사실 처음 지을 때만 해도 과연 이 사업을 무사히 마칠 수 있을까에 대해 불안한 마음을 많이 가졌었다. 1994년부터 의정부, 태백, 진주, 서울 등지에서 소규모로 집을 지어오긴 했지만 이 마을의 경우 너무 준비가 안된 상태에서 대규모로 일이 진행되었고, 그런 만큼 시행착오 역시 만만치 않았다.

2000년 1월 부지를 확정하고 2월에 입주신청을 받기 시작, 4월 부터는 입주가정을 선정하기 시작했다. 입주가정선정팀이 입주가정 심사를 하는 동안 건축팀은 기초공사에 돌입하기 시작했다. 그리고 8월 초까지 골조공사를 마친 상태에서, 자원봉사자들을 동원한 지붕과 내외장 마감 작업을 시작한 것이었는데 이때부터 문제점이 불거져 나오기 시작했다.

자원봉사자들이 들이닥치기 시작한 8월 6일에 임박해서야 겨우 끝난 사전 건축공사. 설상가상으로 건축자재까지 이때 한꺼번에 반입되어 미리 정리할 겨를조차 없었다(원래는 자원봉사자들이 오기 전에 동 별로 필요한 물량을 정확히 배분해 놓아야 일이 순조롭게 진행되는 것이다).

게다가 자원봉사자들을 위한 숙소도 완전하게 마무리되어 있지 않았고 전기가 들어오지 않는 층도 있었으며, 물 공급도 원활치 않았다. 급수 펌프가 고장나서 소방차로 물을 공급해야 하는 상황이 발생했던 것이다. 모든 간사들이 며칠 동안 밤을 세워가며 준비했지만 역부족이었다.

그 뿐만이 아니었다. 인근 마을 주민들이 몰려와 항의까지 하고 있었으니 얼마나 정신이 없었겠는가. 그들이 항의를 하는 이유는 "왜 여기에 슬럼가를 만드는가?"였다. 무주택서민들에게 지어주는 집이니 오죽하랴, 라는 편견을 그들은 가지고 있었던 것이다. 하지만 튼튼하고 아름다운 집이 다 완성되고 나자 그들은 자신들의 생각이 잘못되었음을 알게 되었다.

그리고 일부 주민들은 공짜로(절대 공짜가 아니다. 입주가정은 500시간 건축봉사와 매달 무이자의 건축비를 상환해야만 한다) 집을 지어준다니까 "서울에서 사기꾼들이 내려 왔다"며 사람들을 선동하기도 하고, 이 사업 자체를 불신했다. 그러나 집이 지어지는 과정을 지켜보면서 마음이 바뀐 어떤 이들은 그제야 자신들도 입주가정이 되고자 시도해 보기도 했었다.

현실과 동떨어진 일을 하고 있던 우린 당시 그들의 눈에 보기에 마치 '이상한 나라의 앨리스'에 나오는 사람들이었던 것이다.

국제 해비타트 아태지역 부총재인 스티븐 웨어와 2001년 지미카터특별건축사업(JCWP2001)에서 사업본부장을 맡았던 릭 해더웨이가 이때는 자원봉사자로 참여, 함께 수고를 해주기도 했다. 릭 해더웨이 외에 지미 카터가 파견한 사람들도 있었는데, 지미 카터가 '평마'에 관심을 보인 이유는 이 사업의 성패여부에 따라 이듬해 우리나라에서 벌일 JCWP2001 역시 성공여부를 점칠 수 있기 때문이다. 즉 평마는 JCWP2001의 전초전 성격을 띠고 있었던 것이다. 그런데 지미 카터가 가장 중요하게 여기는 '정해진 시간 안에 끝마치기' 역시 지키지 못해 우리로선 매우 안타까웠다.

이러저러한 문제점을 안고서 집을 짓기 시작했고, 끝내고 나서도 해결해야 할 문제가 곳곳에 산적해 있었으나 집 하나만큼은 정말 잘 지어졌다. 과정은 무척 힘들었지만, 또 그만큼 보람은 더 큰 법. 입주식 때 자원봉사자들은 그예 감격의 눈물을 흘리고야 말았다.

일이 끝난 마당에서는 그 누구도 불편했던 점에 대해 말하는 법이 없었고, 오히려 그 모든 고생을 추억으로 간직하며 다음에 다시 만나기를 기약했다. 나 또한 벽 마무리 작업에 참여했는데, 얼마나 큰 감명과 은혜를 받았는지. 그때 나는 이 은혜스러움을 더욱 많은 사람들과 나누고 싶다는 간절한 소망을 가졌었다.

평마는 주택은행이 부지를 내놓았고, 토목공사는 삼성물산이, 설계감리는 (주)정림건축이 후원해 주었다. 이밖에도 시티은행·현대투자신탁·라이온스클럽·온누리교회·필리핀 해비타트 등이 건축비를, 포항제철·경동보일러 등이 자재를 지원해 주었다. 이들은 2001년 JCWP에도 다시 지원을 해준 업체들이어서 그 고마움을 이루 말로 표현할 길이 없다.

평마 건립에는 순수건축비(대지를 포함하여 공구비, 자재비, 인건비, 장비임대료 등 포함) 16억 2,600만원, 행사비(행사 인건비, 자원봉사자 식대·숙소비 등) 3억 8,500만원, 일반경비 6,100만원 등 소요된 총 공사비가 20억 7,200만원. 위에 열거한 기업 외에도 개인이나 단체들이 기금을 마련해 주었고 해비타트 국제본부도 5만 5,000달러를 선뜻 기부해주었다. 그러나 집을 다 완성하고 결산을 해본 결과 그 당시 거의 4억원 이상의 빚을 지고 있었다. JCWP2001 기부금 중 25만불을 미리 차입해 쓴데다 거래처에도 1억이 넘는 돈을 지급하지 못한 상태였기 때문이다. 하지만 다행이도 후일 JCWP2001이 성공적으로 끝남에 따라 이 빚은 모두 갚을 수 있었다.

대통령 부인 이희호 여사도 직접 현장을 둘러보는 등 평마 집짓기에 대해 많은 관심을 보이면서 자원봉사들에게 격려의 말을 아끼지 않았다. 이희호 여사는 그 자리에서 "평화를 여는 마을의 건설을 통해 우리 모두가 하나의 가족이요, 한민족 공동체임을 재확인하는 선언식이라는 생각도 해봅니다."라고 말한 뒤 "여러분은 사랑의 집 짓기 운동을 통해 삶의 보금자리인 집을 얻었을 뿐 아니라 내일에 대한 소망도 가질 수 있게 되었습니다. 그리고 무엇보다 일생 동안 함께 할 좋은 친구들을 얻게 되었습니다"라는 내용의 축하의 말을 해주기도 했다.

평마에는 32세대의 주택 외에 마을회관 2동을 더 지었다. 한국 해비타트 본부에서는 20세대가 넘으면 마을회관 1동을 지어주는 것을 원칙으로 삼고 있다. 마을회관이 입주 가정에게 매우 중요한 역할을 한다는 것을 알고 있기 때문이다.

마을회관이 있음으로 해서 공동체운동을 유도할 수 있고, 주민들끼리 대화의 장을 나눌 수 있는 공간으로도 활용할 수 있다. 평마를 짓게 된 취지대로 영호남 사람들이 지역 간의 벽을 무너뜨리고 서로 화합해서 평화롭게 살게 되기를 우리 한국 해비타트에서는 진심으로 바라고 있다. 또한 마을회관은 아이들을 위한 학습지도의 공간으

로도 사용될 수 있어서 매우 중요한 공간이다. 현재 평마의 마을회관은 잘 활용되고 있는 걸로 알고 있다

평마 집짓기를 통해 우린 많은 교훈을 얻었다. JCWP2001까지 모두 마친 이 시점에서 돌이켜 생각해 보면, 평마에서 경험했던 그 모든 시행착오가 초석이 되어 JCWP2001을 성공적으로 끝마칠 수 있었던 것이다.

하지만 아쉬운 점이 또 하나 있으니 그것은 교회의 참여가 많지 않았다는 사실이다. 한국교회는 폭발적으로 부흥했지만 아직도 교회 밖으로는 눈을 돌리지 않고 있다. 하지만 미국의 경우 교회의 10퍼센트 이상이 해비타트를 직·간접으로 돕고 있다.

예수는 병들고 가난한 사람을 예수로 보라고 했다. 하지만 전체 인구의 3분의 1이 기독교 신자인데도 예수의 말씀은 제대로 실현되지 않고 있는 것이다. 나도 교회 장로이지만 부족한 것이 참으로 많다. 이렇게 말할 자격조차 없을지도 모른다.

나는 해비타트 운동을 통해 기부 문화가 정착되었으면 하는 바람을 개인적으로 가지고 있다. 해비타트 운동에서 제일 어려운 것이 바로 모금이다. 자본주의 사회는 돈을 벌기만 하면 안 된다. 잘 쓰는 것이 더 중요하다. 가진 자들이 잘 써야 사회적 갈등과 불화가 해소되는 것이다.

광양 '평화를 여는 마을'에 이어 아산 '화합의 마을'도 건설되었다. 나는 남북한 우리 민족 전체가 이처럼 '평화'와 '화합'으로 한데 어우러질 날도 머지않아 오리라고 굳게 믿고 있다.

16. 그래서 집 짓는 일은 즐겁다

한국 해비타트 본부에서는 사랑의 집짓기에 대한 전반적인 기획
과 진행, 홍보활동, 예산집행관리, 후원교회와 기업들, 개인후원회
원 관리 등을 하고 있으며, 각 지회가 독립적으로 운영하기 위한 제
반 사항들을 지원하고 있다. 현재 한국 해비타트는 본부인 한국사랑
의집짓기운동연합회 아래 의정부, 태백, 진주, 대구·경북, 천안·
아산, 파주, 군산, 수원·용인·오산, 서울 등에 9개 지회를 두고 있
다. 그 중 태백, 진주, 경산(대구·경북지회), 천안·아산, 파주, 군
산 등 JCWP2001이 열렸던 6개 지회만 소개하고자 한다.

사랑의집짓기는 풀뿌리 운동이기 때문에 각 지역에 분포되어 있
는 지회가 없이는 사실상의 사업이 불가능하다. 각 지회는 나름대로
특색을 가지고 그 지역의 사정을 고려하여 본부와의 긴밀한 협력 아
래 독립적으로 사업을 운영하고 있다.

태백지회

1997년에 조직되어 2002년 1월 현재까지 28세대를 건축했다.

태백 관산촌에 망치로 그리스도의 사랑을 전하고자 사무실을 연 것은 1997년 봄. 시작은 조용했지만 5년 동안 망치소리가 끊이지 않고 계속 울려 퍼지고 있는 곳이 바로 이 태백지회이다. 최준만 실행위원장의 헌신 덕이다.

사무실을 연 첫해인 1997년 2세대를 건축하였고, 1998년에는 밀러드 풀러 총재와 함께 6세대, 1999년에 6세대(3세대만 입주), 2000년 김진선 강원도지사와 함께 2세대(99년 이월사업 3세대와 합해 5세대 입주), 2001년도에는 지미 카터와 함께 12세대를 건축하여 지금까지 총 28세대가 입주했고 현재 8세대가 건축 중에 있다.

태백지회는 올 2002년도에는 인근 광산지역인 삼척과 정선으로도 현장을 확장하여 10세대를 건축할 예정에 있기도 하다. 해비타트 주택의 건축으로 가정이 바르게 세워지고 교회들이 연합하고, 교회와 사회가 가까운 이웃이 되고 지역공동체가 활력을 얻게 되는 것은 분명 소망스러운 일이 아닐 수 없다. 망치 소리가 기적을 일으키며 지역을 살리고 사회·가정을 살리고 있는 태백 탄광촌에는 오늘도 끊임없이 해비타티스(Habitatis)가 외쳐지고 있다.

태백은 지회가 설립되기까지 최준만 실행위원장의 고뇌가 서려 있는 곳이다. 그는 이 일의 시작에 앞서 정순미, 김태자, 안도현, 강영기, 권영수, 신행림, 고석태 씨 등과 함께 1996년 8월 필리핀에서 가서 집을 지어보기로 했다. 그 현장에서 그는 해비타트 정신의 위대함을 깨닫게 되었고, 지회 설립을 결심하게 된다.

그 해 9월부터는 지회 설립을 위한 기도회를 격주로 열고 11월에는 최준만 목사를 위원장으로 하여 권영수 부위원장, 박애리 서기를 주축으로 한 지회 준비위원회를 구성했다. 그들은 적은 인원으로 태백시의 각 교회를 다니며 홍보를 하는 한편 1997년 1월에 있을 필리핀 본사 현장참여를 적극 권장하기도 하였다. 그리고 실제로 최준만 실행위원장을 비롯하여 최기섭, 주진환, 주명재, 정승모, 권영길, 권요한 씨 등 7명이 합류하여 해비타트를 경험하러 필리핀으로 또다시 나갔다. 이들 모두는 태백 지회 초기의 중요 일꾼이 되었다.

해비타트가 하나님의 사역임을 인식하는 사람들이 늘어가면서 기도하는 분들도 많아졌다. 해비타트의 열기가 높아져간 것이다. 지회 설립의 요건이 모두 갖춰졌다고 판단한 최준만 실행위원장은 그 해 2월 지회설립 실무를 위해 한국 본부에 실무간사의 파송을 요청했다(모든 재정은 태백에서 담당했다). 한국 본부에서는 기쁜 마음으로 잘 훈련된 권정후 간사를 파견했다.

권간사는 세련된 젊은이로서 영어에도 아주 능통하여 실질적으로 큰 역할을 해줬다. 지역조사를 하고 행정기관을 방문하여 협조를 구하기도 하고 교회를 방문, 열심히 홍보했다. 지회설립에 필요한 것을 서로 공부하면서 협조를 요청하기도 했다. 그들 모두는 정말 열심히 협력하면서 해비타트를 태백에 뿌리내리게 하기 위해 애썼다.

권간사의 체계적인 행정력에 의하여 최목사를 위원장으로 하는 실행위원회(위원 : 정영숙, 정순미, 정승모, 권영수, 권영길, 주진환)와 김정수 씨를 이사장으로 하는 이사회(이명재(현 이사장), 고석태, 오영식, 민경찬, 황원만, 황해숙, 권영수, 최준만)가 구성되고 정관도 만들어졌다. 그리고 1997년 1월 국제 해비타트의 인준을 거쳐 4월 24일에는 태백 사무실을 개소하게 되었다. 권간사의 해비타트 매뉴얼에 의한 교육은 태백지회의 건실한 기초가 되었다. 태백은 지회설립 초기에 이처럼 한국 본부의 행정적인 지원을 잘 받아 튼튼한 토대를 마련하게 되었다.

태백지회의 설립이 이루어지기까지는 하나님의 예비하심이 계셨다. 아울러 한국본부의 적극적인 지원(행정과 인력), 대천덕 신부의 신앙적인 격려, 현장 경험을 통한 확신, 실무간사의 예비, 봉사사역 경험자의 예비, 적극적으로 동참하는 교회의 예비, 장기봉사자의 참여 등이 모두 합쳐진 결과라고 말할 수 있다. 태백지회의 설립 초기에 수고했던 이러한 모든 분들의 헌신과 기도가 있었기에 태백에서는 사랑의 망치소리는 계속 울리고 있는 것이다.

태백지회는 여러 지회 중에서도 진주, 대구·경북지회와 함께 지방으로선 가장 핵심적인 곳으로 꼽히고 있다. 그리 되기까지에는 최준만 목사의 헌신적인 노력이 있었음은 두말할 나위도 없다.

주소 : 강원도 태백시 장성동 133-3

전화 : (033)581-4561~2 팩스 : (033)581-2080

이메일 : taebaek@habitat.or.kr

진주지회

1997년에 조직되어 2002년 1월 현재까지 20세대를 건축했다.

　진주에 해비타트의 소식이 처음으로 전해진 것은 1992년으로 거슬러 올라간다. 염경호 실행위원장을 주축으로 해서 그 해 당장 집 짓기에 돌입하려 했으나 사정이 여의치 않았다. 진주지회의 윤성수 전도사가 600평의 토지를 기증, 건축하기 위해 다각도로 애를 썼지만 토지가 저수지 밑이라는 이유로 허가가 떨어지지 않았기 때문이다.

　진주지회가 공식적으로 조직된 것은 1997년. 그 해에도 마찬가지로 조직 즉시 집을 지으려 했으나 또 차일피일 미뤄지게 되었다. 당시만 해도 해비타트 주택에 관한 정확한 법이 없어 관공서 일이 원활히 진행되지 않았을 뿐더러 설계도 역시 변경해야 했기 때문이다. 처음에는 한국의 일반 주택들과 마찬가지로 습식건축으로 짓기 위해 설계도를 완성했었다. 하지만 포철이 자재를 기부하게 됨에 따라 새로이 스틸하우스 설계로 변경해야 했다.

　이런 저런 이유로 자꾸만 늦춰지던 첫번째 해비타트 주택이 진주시 진성면 가진리에서 완공된 것은 1999년 4월. 이때 4세대가 입주하게 되었다. 주택의 완공을 계기로 2000년 1월 진주지회에서는 권중관 이사장, 염경호 실행위원장을 주축으로 하여 김이수 이사, 윤성수 이사, 최진용 교수, 김재식 집사 등을 중심으로 한 명실상부한 이사회가 구성되었다.

　가진리에 지어진 첫번째 주택건축에서는 홍보 부족 탓에 애를 많이 먹었다. 게다가 보수적인 지역이라 기독교세가 타 지역보다 약해 후원금 모금도 여의치 않았다. 집을 지어준다니까 처음에는 판잣집 정도로 생각해서 주민들의 호감도 역시 낮았다. 그런데 광양에 지어진 '평화를 여는 마을'에 대한 소문이 퍼지기 시작, 이번 JCWP2001의 경우엔 경쟁률이 매우 심했다. 따라서 입주가정 선정에 힘이 들었다. 정말로 해비타트의 집이 필요한 가정들인가를 가려내기 위해 주야를 막론하고 그 작업에 매달리느라 고생이 많았다.

이번 JCWP2001 때 진주지회에서 지은 사랑의 집은 총 16세대로, 당초 계획인 12세대보다 4세대를 더 입주시켰다. '생각보다 후원금이 많이 들어왔기 때문에 가능했던 일이다.

하지만 이번 JCWP2001 때 500시간 노동을 다 끝내고 열쇠를 받을 단계에서 다섯 가정이 탈락되는 아픔을 겪기도 했다. 진주지회에서도 타 지회와 마찬가지로 교육을 중시하여 매주 토요일 3시가 되면 입주가정들을 모아놓고 교육을 시켰다. 탈락된 그 다섯 가정은 서류를 속인 케이스. 지회 측에선 이미 알고 있었지만 차마 말은 못하고 교육을 통해 그 가정들이 스스로 물러서기를 끈기 있게 기다렸다. 다행히 불상사 없이 그들은 자신들의 과오를 뉘우치고 스스로 포기해 주었다.

그리고 또 가진리에 지었던 첫번째 주택에 1999년 입주했던 세대 중 한 가정 역시 퇴거를 시키지 않으면 안 되었다. 이웃에 혐오감을 주는 행위를 계속함에 따라 입주한 지 2년이 경과되었지만 하는 수 없이 퇴거를 요청했다. 그 가정은, 이미 살고 있는데 설마 나가라고 하랴, 하는 오해를 하고 있었던 것이다. 하지만 인정에 사로 잡히다 보면 위계질서가 무너지고, 결국에는 다음 사업진행 역시 차질이 생기기 때문에 진주지회로서는 용단을 내릴 수밖에 없었다. 특히 입주가정 선정에 철저함을 기하고 있는 진주지회에서는 이러한 일을 계기로 입주가정의 교육의 중요성을 강조한다.

JCWP2001 때 진주 현장에서는 기억에 남을만한 자원봉사자들이 여럿 있어 사람들을 감동시켰다. 그중 특히 마크라는 이름의 자원봉사자는 비가 퍼붓는 속에서도 혼자 지붕에 올라가서 열심히 못질을 하고 있어서 보호관찰소 사람들이 감동을 받고 돌아가게 만들기도 했었다.

진주지회에서는 올 한해 한국 본부의 도움을 받아 조그만 땅을 마련, 8세대를 지으려는 계획을 가지고 있다. 해비타트 사업은 지속적으로 이뤄지지 않으면 일반인들에게 잊혀지기 십상이라고 염경호 실행위원장은 생각하고 있기 때문에 8세대와 아울러 병행할 사업 역시 구상 중에 있다. 이미 눈여겨봐 둔 시유지를 불하받아 그 땅을 메우고 모든 기초공사까지 끝내놓겠다는 계획인 것이다. 그리하여 본 행사 때에는 건축만 하면 될 수 있도록 만반의 준비를 갖춰 놓겠다는 것이다.

하지만 그것은 올 6월경이 되어야 자세한 윤곽이 드러난다. 그 시유지는 이제까지 진주에서 지었던 어떤 땅보다 덩어리가 크기 때문에 이것이 생각대로 잘만 이행된다면 진주에도 대단위 해비타트 마을이 들어서게 될 것이다.

주소 : 경남 진주시 명석면 외율리 813-3 〈외율마을회관〉

전화 : (055)744-4280 팩스 : (055)744-4280

이메일 : chinju@habitat.or.kr

대구 · 경북지회

1999년에 조직되어 2002년 1월 현재까지 17세대를 건축했다.

지난 1998년 5월 16일 정충영, 조성표 두 경북대학교 교수가 고
왕인 박사와 만나게 되면서 대구 · 경북지역의 지회설립 얘기가 오
갔고, 이후 5차례에 걸쳐 모임을 더 가지면서 정충영 교수를 준비위
원장으로 추대, 조직의 준비작업을 해나갔다. 그러다 드디어 1999
년 2월 11일 대구남산교회에서 창립총회를 갖고 진희성 목사를 이
사장으로 추대(현 이사장 신일희 계명대 총장), 15명의 이사진과 23
명의 실행위원(당시 실행위원장 조성래 목사)으로 구성된 대구 · 경
북지회를 탄생시켰다. 당시의 주요 이사진은 정충영 교수, 김형규
교수(이상 경북대), 신상길 목사(대구 밀알장로교회, 현 실행위원
장) 등을 들 수 있다.

대구 · 경북지회는 1999년 2월 11일부터 2001년 2월 말까지의 2
년간을 '개척시대' 라 부르는데, 그 기간 동안은 정충영 교수 연구실
을 중심으로 하여 거의 모든 계획을 수립하고 결정했다.

대구 · 경북지회가 본격적으로 집짓기에 돌입한 것은 필리핀에
서 열린 JCWP1999에 참가하고 난 후인 2000년. 그 해 6월에 대구
시 동구 용계동에 1차 프로젝트를 위한 대지를 구입하고 홍보 및 기
금모금을 위한 자선음악회를 두 차례 개최했다. 대구 문화예술회관

에서 2,700여명의 관객이 참석한 가운데 열린 이 음악회에는 대구 성악가협회 회원들이 무료로 출연, 수익금 1,921만원 전액이 집짓기에 기부되었다.

이후 8월 10일에는 대구MBC 13주년기념사업의 하나로 선정된 사랑의 집짓기 홍보차 고왕인 박사와 정충영 교수가 직접 TV에 출연했다. 생방송으로 진행된 이날 방송의 ARS 모금액은 842만 5,000원. 그리고 그 이튿날에는 신상길 목사와 자원봉사 부부(전문의)가 사랑의집짓기 홍보를 위해 역시 생방송으로 진행된 TV프로에 출연했다.

이처럼 매스컴을 적극적으로 활용한 덕에 5세대를 선정하는 1차 사업의 경우 입주가정 신청수가 무려 185세대. 대구·경북지회는 입주가정 역시 행정부의 협조 하에 합리적으로 이루어졌다. 구청 단위로 입주가정 대상자를 보내달라는 공문을 띄운 덕이다. 이때에는 장애인을 최우선으로 선정, 1층에 입주하게 하고 욕조까지 만들어주는 등 세심한 배려를 아끼지 않았다. 대구시내에 만들어진 이 마을의 이름은 '평화의 집'(건축진행이 늦어져 2001년에 입주하였다)이며 JCWP2001 기간에 지어진 12세대의 마을 이름은 '사랑의 마을'이다.

JCWP2001을 위해 경산에서 땅을 보러 다니다 적합한 토지를 발견하게 되었는데, 땅 주인은 1억 5,500만원을 불렀다. 하지만 지회가 가지고 있던 돈은 1억원이었다. 하는 수 없이 지회 측에서는 최희욱 시장에게 가서 협조를 부탁했다. 최시장이 의회에 요청해서 기부해준 4,000만원과 한화갑 의원의 기부금 500만원, 그리고 기타 후원금을 합해 땅을 매입할 수 있었다.

이번 행사에서 고마웠던 사람 중의 하나로 대구·경북지회에서는 이의근 경북도지사를 꼽고 있다. 매 행사마다 한번도 빠지지 않고 참석해 주었고 헌정식 때는 나무도 심는 등 매우 열의를 가지고 이 사업에 동참해 주었다.

이번에 대구·경북지회에서 지은 경산 '사랑의 마을'에는 해비타트 집짓기 역사상 최초일 것으로 여겨지는 청동조각품이 세워졌다. 건축위원장으로 있는 김정재 경북대 교수가 직접 제작한 이 청동 조각은 남녀가 손잡고 있는 반추상 작품으로 밤이면 성부와 성자와 성신의 빨강, 파랑, 노랑의 불빛이 빛나 마을을 아름답게 만들고 있다. 이 작품을 굳이 값으로 매기자면 5,000만원 정도는 족히 된다니, 신일희 이사장과 신상길 실행위원장을 주축으로 한 대구·경북지회의 막강한 파워를 짐작케 하기도 한다.

더욱 흥미로운 사실은 지미 카터가 현장을 방문했을 때 실제와 똑같은 동상 모형을 그에게 선물했다는 것이다. 그때 지회에서는 지미 카터에게 "애틀랜타 카터센터에 놓으면 예쁠 것이다"라고 말했다. 카터는 매우 좋아하며 그 동상을 손수 들고 갔다. 대구·경북지회는 동상뿐만 아니라 마을 외벽과 내벽 디자인까지 김정재 교수가 스케치해준 그대로 만들어 어떤 해비타트 집보다 훨씬 예쁜 집이 완성되었다며 자랑이 대단하다.

JCWP2001이 끝난 10월 26일에도 김선자 사랑의집짓기 자선패션쇼를 유치, 2,250만원을 모금한 대구·경북지회는 홈페이지 구축을 위해 지금 한창 준비중이다. 지회의 올해 목표는 12~16채의 집짓기이며 현재 2억 5,000만원 안팎의 부지를 물색하고 있다.

주소 : 대구시 북구 복현1동 595번지 경북대학교 기독센터 102호

전화 : (053)620-2048

이메일 : daegu@habitat.or.kr

천안 · 아산지회

2000년 9월에 조직되어 2002년 1월 현재 88세대를 건축했다.

천안 · 아산지역의 해비타트 운동은 호서대를 중심으로 시작되었다. 지난 2000년 4월 7일 교직원과 학생 등 100여명이 모인 자리에서 해비타트에 관한 소개가 있은 뒤, 7월 13일에는 이정수 교수(건축학부)를 지도교수로 한 해비타트 학생동아리가 공식 창단되었고, 8월 5일부터는 박진규 대외협력실장, 염행철 · 이정수 · 이상직 교수 등과 동아리 학생 45명이 광양 '평화를 여는 마을'에 자원봉사자로 참여했다.

천안 · 아산지회가 창립이사회를 갖고 정식으로 설립된 것은 2000년 9월 4일. 이 순 목사(천안 중앙장로교회)를 이사장으로 하여 강일구 호서대 부총장, 권석원 · 김소윤 · 유영완 목사, 이상직 교수 등 16인을 이사로, 실행위원장(현 실행위원장 유영완 목사)에는 이상직 교수를 선임했다. 이어 11월에는 사무국(사무국장 이종태)이 조직되었다. 이로써 지회 조직을 완벽히 끝낸 천안 · 아산지회는 12월 14일에 가진 '화합의 마을' 대지 봉헌식에 이어 2001년 3월 1일

에는 JCWP2001 주 사업부지의 기공식을 가졌다.

같은 해 4월에는 '화합의 마을' 소식지 창간호를 발간, 이후 지속적으로 발행하고 있으며 5월 13일부터는 세 차례에 걸쳐 JCWP2001 본 행사 준비단계로 번개건축을 시행. 자원봉사자 1,826명이 참여했다. 8월 5일부터 JCWP2001 주 사업지로서 아산은 전 매스컴의 스폿 라이트를 받기 시작했다. 이곳에서는 지미 카터 전 미국 대통령 부부를 비롯하여 밀러드 풀러 총재 부부, 코라손 아키노 여사 등 세계적인 인물들이 집짓기에 참여 천안·아산지회를 빛내 주었다.

JCWP2001 기간 동안 78세대 입주에 이어 10월 4일부터 시작된 Post-JCWP2001로 추가 8세대를 입주시켰고 JCWP2001 본 행사 때 선정하지 못했던 2세대까지 추가 선정, 입주시키는 등 총 88세대를 거느리는 '화합의 마을'이 본격적으로 불을 밝히기 시작했다. 지금은 부녀회가 만들어지고 동 대표도 선정하는 등 한 마을의 조직 체계가 완성되었다.

행사는 끝났지만 천안·아산지회에서는 입주 가정에 대한 지속적인 지원과 관리 또한 꾸준히 신경을 쓰고 있는 분야. 천안·아산지회 이사로 활동하고 있는 왕금진 천안 YWCA 회장의 적극적인 추천으로 YWCA와 연계하여 입주가정 부모와 아이들에게 성교육을 시키기도 하고 사교육비 없는 마을을 만들기 위해 대학생 자원봉사자들을 참여시켜 방과후의 학습교실을 운영하고 있기도 하다. 뿐만 아니라 지역업체와 협력하여 입주자 취업알선에도 노력을 기울이고 있는 중이다.

특히 부녀회에서는 "지금까지 우리는 받기만 했다. 지금부터는 우리가 다른 어려운 이웃을 위해 베풀 차례다"라고 말하며 김장 담가주기, 마을 주변 청소, 쓰레기 분리수거 등에 앞장서서 일하고 있으며, 지금은 인근 지역 사회복지 시설에서 봉사할 일을 찾아보고 있다.

천안·아산지회에서는 집 짓고 남은 짜투리 땅 300평에 '도고 해비타트교회(박성식 목사)'를 완공, 금년 3월 13일 준공식을 가질 예정이다. 이곳은 부천감리교회가 해비타트에서 대여해 지은 교회로 여기에서 나오는 월 임대료 100만원은 다시 집 짓는 기금으로 회전된다. 그곳은 예배 뿐 아니라 마을 어린이 및 청소년들의 공부방으로도 이미 활용되고 있는 중이다.

천안·아산지회가 처음 설립되었을 때 지회에서는 해비타트에 대해 알리는 것이 최우선 과제였다. 무주택 가정들에게 주택을 공급한다고 하였을 때 어떤 이들은 "그거 뭐 집까지 지어 주느냐"는 등의 부정적인 이야기를 하기도 했다. 하지만 그럴수록 지회에서는 더 뛰었고 더 노력했다. 그로 인해 많은 후원자가 형성됐고 학생들과 일반인들이 자원봉사를 하겠노라고 자청해서 다가왔다.

천안·아산지회는 홈페이지 운영도 훌륭히 잘되고 있는 지회이다. 올 1월 공익법인 등록까지 끝낸 천안·아산지회에서는 오는 5월 입주가정을 위한 합동결혼식도 계획하고 있다. 그리고 올해의 목표로는 4동 16세대 건축을 계획하고 있는데, 벌써부터 입주가정들은 언제 공사를 시작할 것인가를 물어 온다.

이들은 지난해 집을 지어봤던 경험을 살려 이제는 새로 입주하게 될 후배들의 집을 튼튼하고 안락하게 짓겠다고 열의가 대단하다. 왠지 올해의 집짓기에는 '화합의 마을' 입주가정과 자원봉사자들이 더욱더 아름다운 집을 지을 것 같은 느낌을 받는다.

주소 : 충남 아산시 도고면 금산리 산 19-8
전화 : (041)541-1057~8 팩스 : (041)541-0893
이메일 : habitat@office.hoseo.ac.kr

파주지회
2001년 5월 조직되어 2002년 1월 현재까지 12세대를 건축했다.

JCWP2001을 기해 조직된 지회 중 하나. 하지만 파주지회는 송달용 파주시장의 해비타트에 대한 열의로 지난 1999년부터 집짓기 준비단계에 이미 들어서고 있었다고 할 수 있다. 송시장은 1999년 해비타트 운동에 대해 처음 듣고 나서 이 사업을 파주에서 유치하고자 하는 염원을 가졌다. 그래서 그 해 JCWP1999가 열렸던 필리핀의 가비떼주에 가서 4일간 자원봉사자로서 집을 지었다.

필리핀에서 집을 짓는 동안 송시장은 해비타트에 대해 확실한 개념파악을 하게 되었고 그 정신 역시 정확히 인지하게 되었다. 해비타트에 대해 확신을 하게 된 송시장은 귀국하자마자 파주지역의 기독교연합회를 중심으로 30여명을 모아 해비타트에 대한 교육을 시작했다. 이 과정에서 그는 한국본부에 도움을 요청, 당시 사무국장으로 있던 최영우 씨를 초청하는 등 파주지역에 해비타트 운동을 확산시키기 위해 무진 애를 썼다.

해비타트 운동이 송시장의 관심을 끈 이유는 해비타트가 다른 봉사단체와는 달리 무조건 주는 것이 아니라 입주가정에게서도 최소한의 건축비와 500시간의 노동시간을 요구하는 등 주는 이와 받는 이가 상하관계가 아닌 동등한 입장에서 행해지기 때문이었다. 그리고 송시장이 파주에서 해비타트 사업을 벌이고 싶어했던 이유는 남북이 대치하고 있는 우리의 현실에서 DMZ 가까이 있는 곳 파주에서 일이 진행된다면 여러모로 그 의의가 클 것이라 생각한 때문이었다.

빠른 시일에 파주에서 해비타트 집을 짓고 싶었던 송시장은 필리핀에서 귀국할 때 JCWP1999 로고가 새겨져 있는 티셔츠 60벌을 사오기도 하는 등 해비타트 운동에 심혈을 기울였다. 하지만 송시장의 뜻대로 일이 진행되지 않아 그때의 사업은 흐지부지되고 말았고, 이번 JCWP2001 부 사업지로 갑자기 선정되는 바람에 2001년 5월 파주지회가 급히 조직되었다.

파주지회는 이영순 이사장(파주공업고등학교 교장, 목사)과 장철수 실행위원장(장안종합건설(주) 회장)을 중심으로 한 17명으로 이사회를 결성했으며 송시장은 지회를 뒷받침해주는 역할을 하고 있다. 필리핀에서 사온 티셔츠는 고스란히 서랍 속에서 잠자고 있다가 JCWP2001 때 자원봉사자들에게 나눠주었다.

파주가 부 사업지로 결정이 나자 파주지회는 바빠지기 시작했다. 동떨어져 있으면 입주가정이 불편할 거라는 생각에 마을과 밀접해 있는 곳의 빈 땅을 알아보기 시작했다. 다행히 민통선 북방에 있는 1350평의 땅을 구입할 수 있었는데, 경의선 철도선 놓는 땅과 같은 가격으로 살 수 있었으니 매우 싼 비용이었다. 토지 승인 과정에서는 송시장과 업무상 긴밀한 관계에 있는 1사단 소속 사단장이 적극적으로 협조를 해줘 어렵지 않게 진행되었다.

한편 입주가정 선정작업은 인근 교회의 협조 덕에 별 어려움 없이 진행되었는데, 접수된 20여 가정 중 12가정이 무리 없이 선정되었다. JCWP2001 기간 중 8세대가 지어져 입주를 끝마쳤고, 나머지 4세대는 미8군과 파주지역 자원봉사자들에 의해 이후(Post-JCWP)에 완공되어 입주하게 되었다. Post-JCWP기간인 10월 18일에는 연예인집짓기라는 이벤트를 마련하여 윤형주 홍보이사를 비롯해 이휘향, 제이, 유진박 등이 건축현장에 참여, 다른 자원봉사자들과 함께 땀의 의미를 나누기도 했다.

30년 동안 정체되어 있던 이곳에 연인원 1,700여명의 자원봉사자들이 참여, 매일같이 울려 퍼지던 희망의 망치소리는 마을 전체에 생동감을 불어넣어 주는 계기가 되었다. 일을 진행하면서 가장 어려웠던 점은 건축현장이 군사지역에다 민간인 통제구역이다 보니 자원봉사자의 신상명세를 미리 군부대에 통보해야 했던 점이다. 또한 출입시에는 단 한 명이라도 검문소에서 인솔하여 현장에 참여케 해야했던 점이다.

JCWP2001 때 샀던 땅이 아직 남아있어 파주지회에서는 별도의 토지비용 지출 없이도 앞으로 8세대를 더 건축할 여력이 남아 있다. 곧 이사회를 소집하여 지역내의 무주택자 선정작업을 거쳐 주택 건축에 착수할 예정에 있다.

송시장은 "해비타트 운동은 여유가 있는 사람이나 그렇지 못한 사람이나 사랑의 마음만 있다면 자신이 가지고 있는 능력으로 봉사를 할 수 있는 좋은 사업이다. 집이 없어 괴로움을 당하는 사람들의 내 집 마련에 더 많은 사람들이 참여해서 더불어 즐겁게 사는 사회를 만들면 좋겠다"고 포부를 말한다.

주소 : 경기도 파주시 금천동 72-29

전화 : (031)941-9131 팩스 : (031)941-9131

군산지회

2001년 5월 조직되어 2002년 현재까지 12세대를 건축했다.

파주지회가 그랬듯이 군산지회 역시 JCWP2001을 기해 조직된 지회. 그리고 파주지회가 송달용 파주시장의 열의에 의해 설립되었다면 군산지회 역시 김연종 이사장(군산상공회의소 회장·원우건설 대표)의 힘으로 설립되었다고 할 수 있다.

김연종 이사장이 해비타트 운동에 참여하게 된 동기는 유종근 도지사의 "전북지역의 무주택 서민들을 위해서 좋은 일을 하면 어떻겠는가"라는 권유를 받았기 때문이다.

그 자신 마침 건설회사를 운영하는 경영인이고, 집 없는 설움 역시 직접 경험했던 터라 유종근 도지사의 말에 즐거운 마음으로 동참하기로 작정했다. 또한 그는 그동안 건설업을 하면서 수백 채의 각종 건물을 지었지만 자존심과 이익을 위해 일했을 뿐 진정 집이 필요한 사람들을 생각하고 그들이 행복해 할 모습을 떠올리며 건물을 지은 적은 없다는 생각도 하게 되었다.

김연종 이사장은 건축시공으로 박사학위를 취득한 인물이라 집짓기에 그만한 적임자도 사실 없을 것이다.

군산지회가 정식으로 조직되어 공식적인 활동을 시작한 것은 지난 2001년 5월 14일. 군산성결교회에서 강근호 군산시장을 비롯 각 기관·단체장, 시민 등 200여명이 참석한 가운데 타 지회에 비해 비교적 성대하게 발족식을 가졌다. 그에 앞서 3월 13일에는 김연종 회장을 이사장으로 추대, 원우건설 4층을 임시 지회 사무실로 쓰기로 결정했다. 이어 양태윤 실행위원장 등 20명의 이사진을 확보하는 등 조직의 모든 체계를 갖춘 후 5월 2일에는 군산시 산북동에 있는 331평의 땅을 매입했다.

어느 날 군산지회로 날아든 한 통의 편지는 "우리 엄마 소원이 이루어져서 정말 감사 드립니다. 엄마와 나의 소원은 집세 때문에 고민하지 않고 햇빛이 들어오는 따뜻한 우리 집을 갖는 것이었습니다."라는 내용을 담고 있었다. 그 편지를 쓴 여중생은 비가 오는 날이면 빗방울이 방안으로 떨어지는 집에서 살고 있었다. 그러다 사랑의 집짓기 입주가정으로 선정되자, 너무 고마운 나머지 지회로 편지를 보낸 것이었다. 그 편지가 언론에 공개되자 많은 사람들이 이웃의 아픔을 가슴 깊이 느꼈고 해비타트 운동의 필요성을 절감하게 되었다.

사랑의집짓기 군산지회가 설립되었다는 소식이 전해지자 전라북도, 군산시 공무원, 대한적십자사 여성 봉사자, 제35 보병사단 9585부대원, 군산비행장 미군 등 각지에서 자원봉사 신청이 쇄도했고, 심지어는 군산교도소에서도 죄수들의 사회복귀에 도움이 된다며 자원봉사 참여를 연락해 왔다. 군산지회는 이처럼 시민들의 뜨거운 호응에 힘입어 별 어려움 없이 사업을 진행시킬 수 있었는데, JCWP2001 기간 동안 12세대의 집을 지어 무주택 서민에게 공급했다.

토지대금은 다른 지회와 마찬가지로 해비타트 국제본부에서 지원을 해주지만, 문제는 건축비로 나가야 하는 1억 5,000만원. 모금활동의 일환으로 군산지회에서는 기금마련 콘서트를 개최했는데, 이날 행사에는 샵과 태진아, 남보원, 엄용수 등 가수와 코미디언이 출연, 약 7,500만원의 공연수입을 올렸다. 콘서트 개최에는 원우건설의 박명한 이사가 수고를 해주었다.

본 행사가 한창이던 8월 8일에는 지미 카터 내외가 공사현장을 방문, 기념식을 가졌는데, 이 자리에는 유종근 도지사를 비롯하여 강근호 군산시장 등도 함께 해주어 뜻 있는 기념식이 되었다. 이 자리에서 김연종 이사장은 지미 카터에게 선물을 전달하기도 했고 지미 카터 역시 도지사와 시장에게 선물을 주었다. 이튿날인 9일에는 밀러드 풀러 총재 부부와 스티븐 웨어 아태지역 부총재 등이 또 현장을 방문 자원봉사자들에 대한 격려의 말을 아끼지 않았다.

현재 군산시에는 생활보호대상자 4,000여 가구가 집이 없어 열악한 환경에서 살고 있다. 군산지회는 이러한 사실을 감안, 올해는 작년보다 더 많은 20세대를 짓겠다는 각오로 활발한 모금활동을 펼칠 계획에 있다. 또한 호남지역 최초로 설립되었다는 책임감 또한 무시할 수 없어 앞으로는 군산뿐만 아니라 전주, 광주, 목포에 이르기까지 지회가 설립될 수 있도록 선발주자로서의 역할까지 수행한다는 각오도 가지고 있다.

주소 : 전북 군산시 개복동 3-1 군산성광교회 내

전화 : (063)445-3115 팩스 : (063)445-3116

이메일 : gunsan@habitat.or.kr

17. 고마워요, 그리고 행복합니다

하나님이 우리 가족에게 주신 마지막 기회

태백 장성마을 102동 202호
구성이 · 허봉자 씨 가정

내가 살던 전라남도 장흥군 녹원리의 고향마을은 산 속에 자리잡은 오지마을이었습니다. 겨우 다섯 가구가 한 마을을 이루고 살 정도로 아주 작은 마을이었습니다. 내 고향집은 그림책에서나 나올 법한 전형적인 시골집의 모양새를 하고 있었습니다. 흙벽에다 초가 지붕을 얹은 그런 집이었습니다.

그곳에서 어린 시절을 보낸 나는 초등학교를 마치기도 전에 고향을 떠났습니다. 그리고 성남과 서울, 부산, 사우디아라비아, 싱가포르, 창원, 정선 등을 떠돌아다니는 부초 같은 삶을 살았습니다. 사는 게 참 힘이 들었습니다.

저는 목수입니다.

목수가 되면 먹고 살 수는 있다는 형님들의 얘기를 듣고 그들을 따라 목수가 되었습니다. 목수가 된 지는 올해로 18년째입니다. 목수기술 하나로 돈을 벌기 위해 전국의 공사장을 찾아다녔고, 사우디아라비아나 싱가포르 같은 해외에도 나갔으며 심지어는 탄광의 막장에서 광부생활까지도 했습니다. 그러나… 남은 것은 부채뿐이었습니다.

왜 이럴까? 왜 빚만 지게 되었을까? 난 어느 날 곰곰이 생각했습니다. 그러다 깨달았습니다. 나는 인생을 너무 쉽게 살았던 것입니다. 남들은 목표를 세우고 그 목표를 향해 달리는데, 저는 목표도 없었고 계획도 없었습니다. 그저 하루 벌어 하루 쓰면서 살았던 것입니다.

'하나님이 우리 가족에게 주신 마지막 기회'인 해비타트의 집에 입주하기 전까지 나와 내 가족은 강원도 정선군 고한읍에 살았습니다. 지금은 카지노로 유명해진 곳입니다. 슬레이트 지붕에 벽은 합판으로 만들어져 있는 아주 열악한 곳이었습니다. 밤이면 옆집의 코고는 소리에 잠을 이루지 못할 정도였고 방문 바로 앞에 있던 정화조에서 나는 역한 냄새 때문에 여름에도 문을 꼭 닫고 살았습니다.

우리 가족은 겨울이 싫었습니다. 합판을 뚫고 들어오는 매서운 바람은 그래도 참을 수 있었습니다. 하지만 영하로 수은주가 내려가는 날이면 실외 화장실의 물이 얼어 용변을 보고 나서도 물을 내리지 못한다는 사실은 견디기 힘들었습니다.

　일을 마치고 집에 가도 아무런 낙이 없었습니다. 아내는 한 푼이라도 더 벌기 위해 저녁 늦게까지 식당 일을 다녔고 비좁기 그지없는 집에 혼자 우두커니 앉아 있노라면 옆집에서 나는 소리까지 다 들리니 집에 있는 것이 휴식이 아니었습니다.

　집에 들어가기가 싫었습니다. 그래서 일을 마치면 술집을 향하기 일쑤였고 술을 마시고 늦게 귀가하는 날이면 잠시잠깐 눈만 붙이고 다시 출근하곤 했습니다. 그 당시의 삶은 정말이지 인간다운 삶이 아니었습니다.

　내 아내 얘기를 하겠습니다. 삶에 지친 내 아내는 몇 번이고 친정으로 도망가려고 마음먹었다고 합니다. 그런데 친정 갈 차비가 없어서 그마저 실현하지 못한 채 하루 하루를 그저 아무런 희망도 없이 견디고 있었다고 합니다. 내 아내 역시 나처럼 안 해 본 일 없이 다 하면서 살았습니다. 워낙 식당 일을 많이 해서 어지간한 중국집 주방장보다 실력이 낫고 수관주사 놓는 일을 위해 태백산맥의 험준한 산들을 넘나들기도 했습니다.

　이른 새벽 군소리 한 마디 없이 일 나가는 아내를 볼 때마다, 온종일 산을 다녀 다리가 멍들고 상처투성이가 되어 돌아와도 아무 말 없는 아내를 볼 때마다 가슴이 너무도 많이 아팠습니다. 나는 왜 이럴까 하는 죄책감이 들었습니다. 하지만 현실을 극복할 용기도 없었고, 대안도 없었습니다.

　아무리 가난한 사람일지라도 꿈은 있습니다. 나도 당연히 그렇게는 살고 싶지 않았습니다. 하지만 현실이 암담하기만 했습니다. 힘들게 살아가는 내 가족들을 볼 때마다 너무도 가슴이 아팠습니다. 우리 가족은 그 시절, 웃음이란 것이 없었습니다. 그런데, 지금은 참 행복합니다. 해비타트가 지어준 안락한 우리 집이 있기 때문입니다.

우리 부부에게는 '하니'와 '단비' 이렇게 예쁜 이름의 두 딸이 있습니다. 하니는 만화영화 '달려라 하니'에서 따왔는데 하니처럼 발랄하고 씩씩하고 명랑하게 자라라고 지어준 이름입니다. 단비는 '하늘에서 성령의 단비'가 내리듯이 메마른 세상을 적시는 단비가 되라는 의미에서 지어준 이름입니다.

아이들은 해비타트의 집을 너무 좋아합니다. 특히 화장실 문제가 해결되어서 그 아이들은 더욱 기뻐합니다. 밤이면 우리를 깨워 물을 끓여 가야 했으니까요. 아이들이 좋아하는 모습을 보면서 나는 처음으로 행복이란 걸 맛보았습니다. 그동안은 늘 언제 방을 빼달라고 할지 모르는 집주인의 눈치를 보느라 안정적인 생활을 누릴 수 없었던 것입니다. 매번 이사를 갈 때마다 아이들에게 얼마나 미안했는지 모릅니다. 이젠 친척이나 직장 동료들에게도 언제든지 놀러 와도 좋다고 자신 있게 말할 수 있습니다. 그래서 대인관계도 훨씬 좋아졌습니다.

입주가정들과 함께 땀 흘리며 직접 지은 마을이기 때문에, 이웃 모두가 가족같이 아주 친하게 지냅니다. 나는 지난 여름, 자원봉사자들을 보면서 많은 것을 느꼈습니다. 다른 사람들을 위해 헌신하는 그들의 모습을 보며 내가 살아왔던 삶이 허무하게까지 느껴졌습니다. 해비타트에 참여하여 보고, 듣고, 함께 살며 이제 새로운 인생이 시작되는 기분입니다.

입주 후 해비타트 현장 바로 앞에 아파트 건축 현장이 생겨 그곳에서 일을 하고 있습니다. 올 연말까지 모든 부채를 청산하겠다는 각오로 나는 요즘 열심히 살고 있습니다. 그리하여 내년부터는 나도 나누는 삶에 동참하려 합니다. 지금 우리 부부의 목표는 2003년 JCWP에 함께 참여하는 것입니다. 그리고 기회가 된다면 형편 때문에 치르지 못한 결혼식도 올리겠습니다.

나는 하마터면 해비타트의 집을 놓칠 뻔했습니다. 입주가정 선정 중에 몇 번이나 포기를 하려고 했었습니다. 그런데 주한옥 간사님의 격려 덕에 여기까지 오게 되었습니다. 이제는 우리가 돕겠습니다. 삶에 지친 이들에게 용기를 주겠습니다.

나는 10여년 전부터 교회를 다니기 시작했지만, 삶이 고달파서 제대로 출석조차 못하고 있었습니다. 하지만 이사 오고 제일 먼저 지역의 목사님을 모시고 입주예배를 드렸습니다.

하나님의 뜻으로 이 좋은 운동이 시작되었고 지금도 진행되고 있지만, 해비타트를 만든 밀러드 풀러 총재에게 감사하고 싶습니다. 그 분은 제가 존경하는 사람이 되었습니다. 수고하고 애쓴 자원봉사자들의 노력이 헛되지 않도록 열심히 살고 싶습니다. 나는 해비타트에 바라는 것이 있습니다. 하나님의 뜻을 받들어 가정을 지어 가는 그 모습과 노력에 감사하며, 해비타트 사역이 아무리 힘들고 어려워도 영원히 지속되길 희망합니다. 저도 열심히 동참하겠습니다. 고마워요, 그리고 행복합니다.

열심히 지어준 만큼 열심히 살아가렵니다

파주 통일을 여는 마을 2동 102호

노병선 · 남기분 씨 가정

"하나님의 은총이 이 가정에 항상 가득하시길 바랍니다."

목사님의 축복과 함께 성경책과 열쇠를 받아드는 순간, 시야를 가리는 눈물 속으로 지난 몇 년간의 세월이 떠올라 한없이 울었습니다.

장미재배를 익힌 지 10년이 지났을 때 나는 직접 농원을 운영해 보기로 결심하고 이곳 파주에 자리를 잡게 되었습니다. 하지만 이것이 불행의 시작이 될 줄은 꿈에도 몰랐습니다. 그동안 모은 돈과 파주시청의 지원으로 땅을 일구고 장미재배를 시작했습니다. 밤이면 끙끙 앓을 정도로 몸도 돌보지 않고 장미를 가꿨지만 결실도 보기 전에 큰 수해를 맞았습니다. 저의 모든 꿈도 비와 함께 휩쓸려 가버렸습니다. 그래도 그때엔 털끝만큼의 희망은 남아 있었습니다.

장미재배에 모든 재산을 투자하다 보니 방 한 칸 얻을 여력조차 없었던 나는 비닐하우스로 만든 관리사옥에서 살고 있었습니다. 아내와 두 아이를 볼 때마다 늘 미안했고, 안쓰러웠습니다. 그러나 용기를 북돋아주고 웃음을 잃지 않는 소중한 가족들이 있었기에 다시 시작할 수 있었습니다. 이번에는 잘 될 것이라는 믿음을 가지고 내 자식처럼 장미를 돌봤습니다. 그러나 또 한번의 수해가 우리 가족의 모든 걸 앗아가 버리고 말았습니다.

다시 그렇게 모든 걸 잃어버리자 이번엔 장미더미를 치울 여력도 생기지 않았습니다. 그저 망연 자실 모든 걸 포기할 수밖에 없었습니다. 하지만 더 기가 막힌 일은 그 다음에 일어났습니다. 그 해 겨울은 눈이 많이 왔습니다. 폭설로 인해 비닐하우스가 무너져 버릴 위험에 처하게 되었습니다. 그때 지붕 위의 눈을 치우다가 한 귀퉁이가 무너져내려 그만 다리를 다치게 되었던 것입니다.

나는 그 때의 사고로 장애판정을 받아야 할 정도로 한쪽 다리를 못쓰게 되었습니다. 나는 하늘을 원망했습니다. 이토록 가혹한 시련을 주는 하늘이 미웠습니다. 그때 아내의 기도와 사랑스런 두 아이, 오란이와 찬우가 없었다면 아마도 세상과의 인연을 끊었을지도 모릅니다. 도무지 살고 싶은 마음이 없었습니다.

그 후 아내는 생계를 위해 화장품 영업을 시작했고, 수도가 없어 옆집에서 물까지 길어다 먹어야 할 상황인데도 아이들은 불평 한 마디 없이 잘 버터 주었습니다. 그러던 중 아내가, 해비타트에서 집 없는 사람에게 집을 지어준다는 얘기를 다니던 교회에서 듣고 왔습니다. 아내가 신청을 하자고 했지만 나는 반신반의했습니다. 어떻게 집을 지어줄 수 있단 말인가! 나는 믿기지 않았지만 지푸라기라도 잡는 심정으로 신청을 했습니다.

한국사랑의집짓기운동연합회 간사님에게서 해비타트 운동에 관한 얘기를 모두 듣고서야 나는 이 운동의 취지를 비로소 알게 되었습니다. 그제야 모든 의혹이 씻겨져 나갔습니다. 나는 놀랐습니다. 어떻게 이런 운동이 세상에 있을 수 있는가. 그리고 한국의 그 많은 땅 중에서 어떻게 이곳 파주에서 사랑의 집이 지어질 수 있는가. 아내의 말처럼 하나님이 도우셨는지 우리는 입주자로 선정이 되었습니다.

사랑의 집짓기 운동은 단순히 집을 지어주는 것이 아니라 입주자도 건축에 참여하여 다른 자원봉사자들과 함께 집을 지어야 한다는 간사님의 설명을 듣자, 몸이 불편한 나는 내심 걱정이 되었습니다. 그래도 아내와 아이들에게 '우리 집' 을 마련해 줄 수 있다는 기쁨으로 인해 마치 나는 새 삶을 시작하는 기분이었습니다.

드디어 건축이 시작되었습니다. 집을 지어본 경험도 없을뿐더러 아무 기술도 없는 내가 과연 집을 지을 수 있을까 하는 의구심과, 나와 마찬가지로 아무런 기술도 없는 자원봉사자들이 지은 집을 믿고 입주할 수 있을까 하는 불안감을 간직한 채로 일을 시작했습니다.

하지만 건물마다 전문가가 봉사자들을 리드하고 모든 공정을 일일이 체크하는 모습을 보면서 그런 불안은 완전히 사라져 갔습니다. 그런데 무엇보다 놀라운 것은 파란 눈의 외국인에서부터 전국 각지로부터 찾아온 자원봉사자들이 마치 자신의 집을 짓는 것처럼 너무도 열심히 일을 한다는 것이었습니다. 40년이 넘게 살아오면서 단한번도 남을 위해 봉사해본 적이 없는 나로서는 참으로 놀랍고 부끄러운 일이었습니다.

건축현장이 민통선 안에 있었기 때문에 까다로운 절차를 거쳐 봉사에 참여해야 하는 불편함을 감수하고, 한여름의 뜨거운 뙤약볕 아래, 때로는 장대같이 쏟아지는 빗줄기를 마다 않고 사랑의 집을 짓는데 동참해준 수많은 자원봉사자들에게 뭐라 감사의 말을 전해야 할지 모르겠습니다.

우리는 그들이 지어준 안락한 집에 기쁜 마음으로 입주했습니다. 이젠 수돗물을 받으러 남의 집에 갈 필요도 없고, 집 안에서 화장실을 사용할 수도 있게 되었습니다. 아이들이 기뻐하던 모습은 절대로 잊지 못할 겁니다.

생애 가장 기억에 남을 성탄절을 보내던 날, 나는 혼자 조용히 기도하는 아내의 기도 내용을 들었습니다.

"… 저희에게 큰복을 주셔서 이렇게 거처할 집이 생겼사오니 내년에는 애아빠 다리가 나아서 주님을 위해 일할 수 있게 하소서 …."

물이 새고 바닥이 축축한 비닐하우스에서 지낼 때는 이런 아내의 바람도 허공에서 안타깝게 맴돌 뿐이었지만 이제는 다시 몸을 추슬러 새로운 인생을 설계해야겠습니다.

이렇게 좋은 집뿐만 아니라 다시 일어설 수 있는 계기를 만들어주신 한국사랑의집짓기운동연합회 모든 분들과, 같이 땀을 흘리며 집을 지어주신 많은 국내외 자원봉사자들에게 정말 고맙다는 마음을 전하고 싶습니다. 지난 여름 한 주간의 행사를 마치고 폐회식장에서 입주자 대표로 자원봉사자들에게 드린 말씀을 늘 기억하며 살아가겠습니다.

"… 열심히 집을 지어주신 만큼 열심히 살겠습니다. 여러분을 사랑하고, 영원히 잊지 않겠습니다."

'카터의 집'에서 늘 감사하며 살아요

아산 화합의 마을 14동 102호

박재철, 정숙영 씨 가정

지난 2001년은 우리 가족이 커다란 축복을 받은 한해였습니다. 해비타트 예비 입주가정으로 선정되어 내 손으로 500시간 동안 집을 짓고, 카터 대통령 내외분을 비롯한 전 세계 자원봉사자들과 함께 한 일주일간의 건축행사, 주택추첨, 헌정식, 그리고 입주… 정말 꿈만 같은 기쁨과 감사의 연속이었습니다.

벌써 입주한 지 만 4개월이 지났지만 우리 온가족은 밝고 깨끗한 집에서 항상 즐겁고 감사하게 생각하며 살고 있습니다. 특히 천안에서 생활할 때 좁고 추운 집에서 기도 못 펴고 살던 아이들이 훨씬 명랑해지고 밝아진 것 같아 그것이 제일 좋습니다. 우리가 도움을 받아 행복해진 것만큼, 남을 돕고 봉사하며 살 수 있는 기회가 주어졌으면 하는 마음으로 우리 가족은 오늘도 열심히 살아가고 있습니다.

이렇게 편히 살다 보니 문득 지난 일이 생각납니다. 1992년으로 거슬러 올라가야 할 것 같습니다. 그 해는 우리 가족에게 최악의 해였습니다. 부천과 대전에 각각 공장을 가지고 고무제품 제조업을 하던 중 무리한 사업확장으로 인한 자금부족으로 흑자도산을 하고 말았습니다. 우리 가족은 빈털터리가 되어 빚만 진 채 아무 연고도 없는 천안으로 내려와 정착하게 되었습니다.

천안으로 이사온 후에도 나는 만 1년여 동안을 방황했습니다. 하지만 가족의 생계를 위해서는 막노동이라도 해야 했습니다. 세상에 태어나서 삽 한번 잡아본 일이 없던 나는 일이 힘들고 힘에 부쳤지만 가족을 위해서 하루도 쉬지 않고 열심히 일했습니다. 하지만 선천적으로 노동일과는 담을 쌓아서인지 기술도 배우기 어렵고 겨울철이 되면 건축일이 아예 중단되기 때문에 생활은 항상 최악이었습니다.

우리는 보증금 100만원에 월 14만원짜리 월세집에서 8년째 살고 있었습니다. 본채 건물과 조립식 담장 사이에 단열재도 없이 슬레이트만 덜렁 얹어 놓고 블록으로 칸을 막아 방을 꾸민 날림 집이었습니다. 부엌에 들어서면 깨진 슬레이트 사이로 밤하늘의 별이 내다보이기도 하고 비가 조금만 많이 와도 그릇을 받쳐 둬야 할 정도로 열악한 환경에서 살고 있었습니다. 겨울이면 새파랗게 얼어있는 세살바기 막내둥이 세진이 얼굴을 볼 때면 너무도 가슴이 아팠습니다.

한 마디로 희망이라고는 전혀 없이 그저 하루하루를 근근히 살아가고 있었던 것입니다. 하지만 그럴수록 나는 마음속으로 계속 기도했습니다. 사랑이 많으신 하나님, 우리 자녀들이 저 밖에 있는 재래식 화장실이 춥고 지저분하여 가기를 꺼리다 보니 변비에 걸려 있습니다. 막내딸 세희의 소원은 창문이 있는 집에서 살아보는 것입니다. 부디 저희 가정에 좋은 주거환경에서 살아갈 수 있는 축복을 주십시오!

그렇게 어려운 상황에 처해 있을 때, 사랑의 집짓기 운동이 있다는 것을 알게 되었습니다. 우리 가정이 선정되리라고는 기대도 하지 않았지만 지푸라기라도 잡아본다는 간절한 소망을 가지고 신청을 했습니다. 그런데 우리가 예비 입주가정으로 선정되었다는 통보가 온 것입니다. 나는 뛸 듯이 기뻤습니다. 나의 간절한 기도에 하나님이 응답하신 것이라고 생각되었습니다.

하지만 기쁨도 잠시, 집을 지어야 하는 500시간이 문제가 되었습니다. 그 즈음 한약재를 제조하는 회사에 입사하여 근무하고 있었기 때문에 시간이 여의치 않았던 것입니다. 갑상선으로 몸이 좋지 않은 아내가 어린 세진이를 놀이방에 맡겨가며 300시간의 집짓기에 나섰습니다. 그리고 나는 일요일에 대체근무를 해 주는 조건으로 회사의 양해를 구해 나머지 200시간을 메울 수 있었습니다.

4월초부터 8월말까지 하루도 쉬지 못하는 강행군이었지만 우리 가족의 보금자리가 완성되어 가는 것을 하루하루 직접 확인할 수 있었습니다. 특히 우리와 같이 고락을 함께 하던 자원봉사자들, 간사님들, 연합회 임원님들, 후원자님들의 아름다운 사랑을 생각할 때면 정말 힘이 솟고 기쁨이 충만하게 넘쳤습니다. 짧은 기간이지만 행사기간을 통하여 많은 외국인 자원봉사자들과 만나 함께 나눈 사랑과 우정이 아직도 우리 가족의 가슴에 진한 감동으로 남아 있습니다.

우리 부부에게 페인트칠 요령을 자상하게 알려주시던 카터 전 미국 대통령 내외분, 빈센트 모녀, 마이클 부부, 에드워드, 르로이 형제분들 …. 언어는 잘 통하지 않으나 국경을 초월한 그분들의 사랑과 봉사정신에 절로 머리가 숙여집니다. 이렇게 마음이 아름다운 분들의 도움으로 우리 가족은 우리가 직접 지은 화합의 마을 14동 102호(일명 카터의 집)에 입주할 수 있었습니다.

우리에게 이렇게 좋은 기회를 제공해주신 '사랑의집짓기' 관계자님들, 후원자님들, 자원봉사자님들께 다시 한번 감사 드립니다. 아울러 사랑의 집짓기 운동이 더욱 발전하고 활성화되어 어렵고 가난한 무주택서민들에게 더 많은 기회가 제공될 수 있기를 바랍니다. 고마워요, 그리고 정말 행복합니다.